1,000,000 Books
are available to read at

www.ForgottenBooks.com

Read online
Download PDF
Purchase in print

ISBN 978-0-428-48697-6
PIBN 11303494

This book is a reproduction of an important historical work. Forgotten Books uses state-of-the-art technology to digitally reconstruct the work, preserving the original format whilst repairing imperfections present in the aged copy. In rare cases, an imperfection in the original, such as a blemish or missing page, may be replicated in our edition. We do, however, repair the vast majority of imperfections successfully; any imperfections that remain are intentionally left to preserve the state of such historical works.

Forgotten Books is a registered trademark of FB &c Ltd.
Copyright © 2018 FB &c Ltd.
FB &c Ltd, Dalton House, 60 Windsor Avenue, London, SW19 2RR.
Company number 08720141. Registered in England and Wales.

For support please visit www.forgottenbooks.com

1 MONTH OF FREE READING

at

www.ForgottenBooks.com

By purchasing this book you are eligible for one month membership to ForgottenBooks.com, giving you unlimited access to our entire collection of over 1,000,000 titles via our web site and mobile apps.

To claim your free month visit:
www.forgottenbooks.com/free1303494

* Offer is valid for 45 days from date of purchase. Terms and conditions apply.

English
Français
Deutsche
Italiano
Español
Português

www.forgottenbooks.com

Mythology Photography **Fiction** Fishing Christianity **Art** Cooking Essays Buddhism Freemasonry Medicine **Biology** Music **Ancient Egypt** Evolution Carpentry Physics Dance Geology **Mathematics** Fitness Shakespeare **Folklore** Yoga Marketing **Confidence** Immortality Biographies Poetry **Psychology** Witchcraft Electronics Chemistry History **Law** Accounting **Philosophy** Anthropology Alchemy Drama Quantum Mechanics Atheism Sexual Health **Ancient History Entrepreneurship** Languages Sport Paleontology Needlework Islam **Metaphysics** Investment Archaeology Parenting Statistics Criminology **Motivational**

Königin, ohne Makel der Erbsünde empfangen, bitt' für uns!

Die Sternenkrone

der allezeit unbefleckten

Gottesmutter Maria.

Betrachtungen
über ihr heiligstes Leben als Vorbild jeder Tugend.

Mit einer Maiandacht

und andern allgemein üblichen Gebeten,
besonders für die frommen Verehrer der seligsten Jungfrau.

Von

P. Konrad Maria Effinger,
Kapitular des Stifts Einsiedeln.

Mit Genehmigung der Ordensobern und des Hochw. bischöfl. Ordinariats von Chur.

Einsiedeln, New-York & Cincinnati, 1870.
Druck und Verlag von
Gebr. Karl und Nikolaus Benziger,
Typographen des hl. Apostol. Stuhles.

Entered according to act of Congress in the year 1870 by BENZIGER BROTHERS in the Clerk's Office of the District Court of the United States for the Southern District of New-York.

Vorwort.

Erklärung des Titelbildes und des Titels.

Zuerst erkläre ich meinen lieben Lesern das liebliche Bild, welches dem Titelblatt dieses Buches gegenübersteht. Da sehet ihr Maria, unsere theuerste Gottesmutter als die unbefleckt empfangene, allerreinste und doch demüthigste Jungfrau, von einem glänzenden Lichte wie mit einem Gewande umgeben. Sie ist, als Mutter des Welterlösers, jenes Weib, welches der barmherzige Gott schon unsern ersten Eltern verheißen hat — jene mächtige und starke Frau, die mit ihrem göttlichen Sohne den Satan fort und fort bekämpft, besiegt und das Reich der Sünde immer mehr zerstört.

Um dieser Ursache willen wird Maria auf dem Bilde vorgestellt, gleich als trete sie mit ihrem Fuße auf die Schlange, diese erste

Verführerin der Menschen. Und wenn sie wie mit Herrschergewalt auf der Erdkugel steht, warum anders, als weil der Allmächtige sie zur Königin des Erdkreises gemacht hat? Auch der **Mond** erscheint in dem Bilde, nicht oberhalb, sondern unten, um anzuzeigen, Maria sei zwar „schön wie der Mond" (Hohel. 6, 9.), aber doch erhaben über alle irdischen Güter und über Alles, was gleich jenem Gestirne veränderlich und wandelbar ist.

Was bedeuten aber jene **zwölf Sterne**, womit das Haupt der seligsten Jungfrau wie mit einem Kranze oder mit einer Krone geschmückt ist? Diese Vorstellung ist aus der Offenbarung (Kap. 12, 1.) des heiligen Johannes genommen. Der Liebesjünger des Herrn sah nämlich im Geiste ein Weib, auf dessen Haupte eine Krone von zwölf Sternen schimmerte. Nach der Erklärung der heiligen Väter ist dieses Weib die gebenedeite Mutter Maria, die durch ihre bewunderungswürdigen Vorzüge und ausgezeichneten Gnaden, sowie durch ihre allerhöchste Heiligkeit im Himmel und auf Erden den herrlichsten Glanz verbreitet.

Doch warum gerade **zwölf Sterne**? Einige kirchliche Schriftsteller nehmen hier diese

Zahl ganz buchstäblich und verstehen darunter zwölf besondere Vorzüge oder Tugenden der seligsten Jungfrau; andere aber, unter denen der heilige Bonaventura (de itin. ætern. C. 7.), sind der Ansicht, diese Zahl sei mehr willkürlich und bedeute die Allgemeinheit, die unzählbare Menge der Tugenden, die wir im Leben Mariä sehen und welche selbst die heiligen Engel in freudige Bewunderung versetzen, wie auch unser Bild darauf hindeutet.

Jetzt, meine lieben Leser, jetzt wisset ihr, warum ich diesem Buche den Titel „**Sternenkrone** der allerseligsten Jungfrau" gegeben habe. Die Betrachtungen, die darin vorkommen, handeln vorab von der wunderbaren Würde und den außerordentlichen Gnaden, welche Gott dieser heiligsten Mutter Jesu verliehen hat; da sehet ihr aber auch wie in einem Spiegel die erhabenen Tugenden, wodurch Maria allen Christen zum schönsten Vorbilde geworden ist.

Uebrigens bemerke ich noch, daß ich bei Bearbeitung vorliegender Betrachtungen und Gebete vorzüglich „Die Nachfolge Mariä" benützte, die ich schon vor einigen Jahren geschrieben habe.

Auch diese Arbeit sei unserer glorreichen Königin und allerbesten Mutter ehrerbietigst zu Füßen gelegt und ihr ganz geweiht — als ein schwaches Zeichen meiner demüthigsten Huldigung und meiner kindlichen Liebe! Auf ihre allvermögende Fürbitte segne der göttliche Heiland mich und alle Jene, die jemals dieses Buch zu Handen nehmen und darin betrachten und beten wollen!

Stift Maria=Einsiedeln, den 15. August,
  am Feste Mariä Himmelfahrt 1869.

Der Verfasser.

Erster Theil.

Betrachtungen

über das

Leben der heiligsten Gottesmutter Maria.

Maria,
unser Vorbild in jeder Tugend.

Erste Betrachtung.
Maria, die Mutter Jesu.

Maria, das erhabenste Vorbild jeder christlichen Tugend: das ist der Hauptinhalt aller Betrachtungen dieses Büchleins. Bevor wir aber von diesem schönsten Vorbilde und von der Nachahmung desselben reden, ist es wohl der Sache angemessen, zuerst ein Wort von der Verehrung der allerseligsten Jungfrau und Gottesmutter Maria zu sagen.

Ja, meine lieben Leser und Leserinnen! erwäget es recht ernstlich im Geiste des christlichen Glaubens und denket darüber nach, was das sagen wolle: Maria ist die Mutter unseres Herrn und Heilandes Jesu Christi, — sie ist die Mutter Desjenigen, welcher von Ewigkeit her mit Gott dem Vater und mit Gott dem heiligen Geiste Eines Wesens und gleicher Gott ist. Dieser wahre Sohn des allmächtigen Vaters hat aus Maria der allerreinsten Jungfrau, ohne Zuthun eines Menschen, einzig durch die geheimnißvolle Mitwirkung des heiligen Geistes, menschliches Fleisch und Blut, somit eine menschliche Natur angenommen. So ist also Maria wahrhaft die Mutter Jesu, wahre Gottesmutter geworden; welch eine große Ehre, welch eine erhabene Würde ist dies! O nicht einmal der erleuchteste Verstand der himmlischen Geister kann diese Ehre und Würde unserer theuersten Gottesmutter begreifen.

Als wahre Mutter des Sohnes Gottes ist Maria weit über alle Engel und Erzengel, weit über alle Geschöpfe des ganzen Himmels und der gesammten Erde erhaben; somit ist Alles, was nicht Gott ist, unter ihr, Gott allein ist über ihr.

Beherzige ferner, was der dreieinige Gott schon gethan hat und fort und fort thut, um diese vor Tausenden auserwählte Mutter des Gottmenschen mit den herrlichsten Gnaden und Vorzügen zu zieren und auszuschmücken. Erwäge, wie sie seit dem ersten Augenblicke ihres irdischen Daseins von jeder Sünde ganz rein und unbefleckt bewahrt wurde und so in ungetrübter Heiligkeit geboren ward.

So hat der allmächtige Gott diese seligste Jungfrau durch zahllose und außerordentliche Gnaden „an Leib und Seele zu einer würdigen

Wohnung des göttlichen Sohnes zuberei=
tet." *)

Und siehe! dieser ewige Sohn des himmlischen
Vaters — Er, dem die Himmel und alle Geschöpfe
ihr Dasein und ihre Erhaltung verdanken, — Er
ist selbst der gehorsamste Sohn Mariä, Er ist die=
ser seiner Mutter unterthänig. Jeder ihrer Winke
ist Ihm Befehl; ihr zu dienen, ihr seine zärtlichste
Liebe zu erzeigen, das ist während mehr als drei=
ßig Jahren seine innigste Freude, das ist nächst der
Anbetung Gottes seine erste und liebste Beschäftigung.

Aber erst dann, als Maria dieses elende Er=
denthal verlassen hat! O der glorreiche König des
Himmels — Er hat auch sie glorreich in den Him=
mel aufgenommen; dort krönet Er, dort verherr=
lichet Er sie in alle Ewigkeit als die heiligste Toch=
ter Gottes des Vaters und als seine treueste und
geliebteste Mutter; dort soll sie mit Ihm, dem gött=
lichen Sohne, herrschen und regieren über Himmel
und Erde, jetzt und immer.

O christliche Seele! fühlest du dich nicht ge=
drungen, Diejenige von Herzen zu lieben und zu
ehren, an welcher der dreieinige Gott selbst so un=
aussprechlich große Wunder gethan und die Er mit
so erhabenen Vorzügen und Gnaden überhäuft hat?
Ja, mit dem heiligen Bernard rufe ich hier aus:
„Aus allen Kräften unseres Herzens, mit allen
Anmuthungen der Seele lasset uns Maria verehren,
denn also ist es der Wille Dessen, der es in seinem
ewigen Rathschlusse bestimmt hat, daß wir alles
Heil und alle Gnaden durch Maria erhalten sollen."
(Serm. 2. de Virg. Deip.)

---

*) Aus dem Kirchengebet nach dem Salve Regina.

Uebung.

Zum Zeichen deiner tiefsten Verehrung und Liebe zu Maria bete jetzt recht andächtig dreimal den Gruß des Engels: Gegrüßt seist du, Maria ꝛc.

Zweite Betrachtung.

Maria, auch unsere Mutter.

Maria, die hochbegnadigte Mutter unseres göttlichen Erlösers, — in welchem Verhältnisse steht sie zu uns? Was ist sie uns, den Erlösten ihres anbetungswürdigen Sohnes?

Nach der Sprache der heiligen Väter und in den Gebeten der heiligen Kirche wird Maria gewiß nicht ohne gute Gründe unsere Mittlerin, *) die Ursache des Lebens, **) die Erlöserin aus der Gefangenschaft, ***) genannt. Sie ist es ja, die uns den göttlichen Heiland, den Erlöser von der Sünde und der ewigen Verdammniß geboren hat; sie hat auch selbst-freiwillig diesen ihren einzigen und vielgeliebten Sohn für unser Heil in den Tod dahingegeben. Sollte denn diese größte Wohlthäterin des ganzen Menschengeschlechts nicht unsere innigste Verehrung verdienen?

Aber noch mehr! Diese unsere Mittlerin und Ursache des ewigen Heiles — sie ist auch im erhabensten Sinne des Wortes unsere Mutter, die wahre geistige Mutter aller Erlösten. Ja, uns

---

*) S. Laurent. Justin. serm. 10. in Annuet. und ebenso im Gebete: Unter deinen Schutz und Schirm ꝛc.

**) S. Epiphan. Hæres. 78.

***) S. Ephræm serm. 2. de Laud. Virg.

Maria, auch unsere Mutter.

Alle hat der sterbende Erlöser ihrem Mutter-Herzen anempfohlen, als Er sprach: „**Weib, siehe deinen Sohn!**" Und zu dir und mir, zu uns Allen rief Er die trostvollen Worte: „**Siehe da deine Mutter!**"

Und welch eine Mutter! Wer beschreibt ihre Schönheit, ihre Lieblichkeit, ihre Herzensgüte, ihre unübertreffliche Mutterliebe und unvergleichliche Muttertreue? Wahrhaft, die „**liebliche**," die „**gütige**," die „**süße Jungfrau**" ist Maria; sie ist's, die unsere Herzen mit süßer Gewalt an sich zieht, ja gleichsam an sich reißt.

Wer sollte denn ein so hartes, ein so unempfindliches Herz haben, daß er keine Liebe zu ihr fühlte — keine Liebe zu Maria, dieser so milden, dieser allerbesten Mutter? Es ist ja, wie der heilige Bernard *) versichert, an ihr nichts hart, nichts furchtbar; sie ist ganz mild, sie bietet Allen die Schätze der himmlischen Gnaden an. In ihrem ganzen Leben ist in allen ihren Worten und Handlungen alles voll Güte, voll Sanftmuth. Von Allen läßt sie sich erbitten, Allen ist sie gnädig, mit inniger Milde erbarmt sie sich der Noth Aller."

Was daher der jetzt glorreich regierende Papst Pius IX. in seinem apostolischen Rundschreiben an alle Gläubigen (8. Dezember 1854.) geschrieben, das sei uns gleich einer hochwichtigen Lebensregel! So ermahnt uns der heilige Vater: „Alle Kinder der katholischen Kirche mögen doch die allerseligste Jungfrau und unbefleckt empfangene Gottesmutter Maria mit immer neuer und innigerer Liebe, mit allem Eifer und heiliger Inbrunst zu verehren

---
*) Serm. 1. de Laud. Virg. Deip.

und anzurufen fortfahren! Mit unerschütterlichem Vertrauen mögen sie in jeder Gefahr und Noth, in allen ihren Anliegen und zweifelhaften Fällen zu dieser liebevollsten Mutter der Barmherzigkeit und Gnade ihre Zuflucht nehmen!"

Ja, das wollen wir thun, ihr christliche Seelen alle! Es sei unsere Freude, unser Ruhm, unser eifrigstes Bestreben, die gebenedeite Mutter Jesu, unsere allerbeste Mutter, recht innig zu verehren, recht von Herzen zu lieben. Dieser Verehrung Mariä wollen wir uns nicht nur nicht schämen, wir wollen dieselbe vielmehr frei und offen vor Gläubigen und Ungläubigen bekennen, wir wollen sie auch, so viel in unsern Kräften liegt, auch bei Andern, vorzüglich bei unseren Angehörigen und Untergebenen zu erwecken und zu befördern trachten.

Ausspruch des heiligen Philipp Neri.

Willst du in der Tugend gut anfangen und darin immer mehr Fortschritte machen, so trage zu Maria der göttlichen Mutter eine große Andacht und kindliche Verehrung.

Dritte Betrachtung.

Zur Verehrung Mariä gehört ihre Nachahmung.

An manchen Festen der Heiligen flehet die heilige Kirche zu Gott dem Herrn, Er wolle uns verleihen, daß wir auch die Tugenden derjenigen nachahmen, deren Gedächtniß wir feiern. Sollen wir um diese Gnade nicht ganz besonders an den Festtagen der heiligsten Gottesmutter bitten? Oder können wir wohl zu dieser allerseligsten Jungfrau eine wahre Verehrung im Herzen tragen, wenn wir

uns nicht auch bestreben, ihren erhabensten Tugend=
beispielen nachzufolgen?

O ja, ihr Alle, die ihr Maria verehren wollet
und wirklich verehret! lasset es euch sein, als rufe
sie euch jene Worte zu, welche die ewige Weisheit
allen Menschen an's Herz legt: „**Selig, die auf
meinen Wegen wandeln!**" (Sprüchw. 8, 32.)
Selig Alle, die auf die Beispiele hinschauen, welche
ich ihnen in meinem ganzen Leben gegeben habe.
Selig jene, die nach diesen Beispielen ihr eigenes
Leben einrichten.

Nein, nein, die Verehrung, die du zu Maria
zu tragen vorgibst, ist nicht die rechte, nicht die
ihr wohlgefällige Verehrung, wenn du nicht auch
bemühet bist, nach ihrem Vorbilde ein tugendhaftes
Leben zu führen. Auf eine solche Verehrung könnten
auch jene göttlichen Worte gedeutet werden: „Die=
ses Volk ehret Mich mit den Lippen, aber ihr Herz
ist weit von Mir." (Matth. 15, 8.) Wenn du
nämlich nur einige mündliche Gebete zu Maria
hersagst, dabei aber in deinem innerlichen und
äußerlichen Wandel ihr so ganz unähnlich bist: o
dann ist auch dein Herz, dein Sinn und Geist weit
von ihr und du ehrest sie nicht, wie sie es selber
um deines ewigen Heiles willen wünscht.

Beherzige, was hierüber der heilige Bernard,
dieser zärtlichste Verehrer Mariä, so schön sagt; er
ermahnt dich freilich gar dringend, du mögest doch
in allen Gefahren und Nöthen an Maria denken,
auf diesen hellschimmernden Stern hinblicken und
diese mächtige Beschützerin inbrünstig anrufen; da=
mit aber, so fügt der heilige Lehrer hinzu, „damit
die Hilfe ihrer Fürbitte dir zu Theil werde, so

unterlasse nicht, den Beispielen ihres heiligsten Wandels nachzufolgen." (Serm. 2. sup. Missus.)

Siehe, so und so allein verdienst du die Fürsprache, den Schutz und die Liebe unserer theuersten Gottesmutter. Werden nicht auch die guten und folgsamen Kinder von ihren Müttern am meisten geliebt? Und thut nicht auch jedes gute Kind gern und freudig, was es seine fromme Mutter thun sieht? Nun so wandle auch du auf jenen Wegen, auf denen du deine heiligste Mutter gehen siehst. Du nennest sie ja „den Spiegel der Gerechtigkeit;" schaue also recht oft und aufmerksam in diesen so hellen Spiegel und lerne da, was du in allen Verhältnissen deines Lebens zu vermeiden, was du zu thun hast.

Du sagst jedoch, es sei dir unmöglich, die unermeßlich große Heiligkeit der unbefleckten und ganz sündenlosen Gottesmutter auch nur von ferne zu erreichen; du klagst über deine Schwachheit und Ohnmacht, und wagst es deßhalb nicht, in die Fußstapfen dieser allerreinsten Jungfrau zu treten. Fürwahr, so willst du nur deinen bösen Willen und deine Nachlässigkeit entschuldigen und beschönigen. Kannst nicht auch du mit dem heiligen Paulus (Phil. 4, 13.) in Wahrheit sagen: „Ich vermag Alles in Dem, der mich stärket?" Und ist nicht auch dir die so stärkende, ja allmächtige Gnade verheißen? wird dieselbe nicht auch dir ertheilt, wenn du eifrig und oft darum bittest?

Ferner bedenke: nicht auf Einmal kannst du zu einem heiligmäßigen Leben gelangen; dies geschieht nur nach und nach, gleichsam Schritt für Schritt. Durch einen unausgesetzten Kampf gegen alles Böse in und außer dir, und ebenso durch ein beständiges, ja mühevolles und angestrengtes Ringen nach Tugend — nur so wird die christliche Vollkommenheit erworben. Das ersiehst du aus den Worten des göttlichen Erlösers, da Er also spricht: „Das Himmelreich leidet Gewalt, und nur jene, die Gewalt brauchen, reißen es an sich." (Matth. 11, 12.)

Laß also nicht sogleich den Muth sinken! Fange im Kleinen an — und dann wirst du bald zum Größern kommen. Täglich übe dich in der Selbstüberwindung, in der Geduld, in Werken der Nächstenliebe. Thue du nur das Deinige; Gott wird sicher und kräftig helfen. Hast du das nicht schon vielmal selbst erfahren?

Mache demnach jetzt den Vorsatz, du wollest als Pflegkind Mariä auch eifrig sein in ihrer Nachfolge. Rufe sie demüthigst an, sie wolle dir die Gnade erbitten, daß du diesen Vorsatz auch in der That und getreu halten und in's Werk setzen könnest.

Uebung.

Aus Liebe zu Maria übe dich heute recht fleißig besonders in jener Tugend, gegen welche du dich am meisten verfehlest, z. B. in der Geduld, in der Sanftmuth c.

Vierte Betrachtung.
Die unbefleckte Empfängniß Mariä.

1.

Wir Alle haben die Sünde unserer ersten Eltern gleichsam geerbt; in dieser sogenannten Erbsünde erzeugt und geboren, können wir vor Gott kein Wohlgefallen finden und in diesem Zustande, als Kinder des göttlichen Zornes (Ephes. 2, 3.), könnten wir auch nicht in das Himmelreich dort oben eingehen.

Nicht so war es bei Maria. Nach der unfehlbaren Lehre unserer heiligen katholischen Kirche ward sie, weil zur Mutter des Gottmenschen auserwählt, dem gewöhnlichen Verderbnisse nicht unterworfen; sie hatte keinen Antheil weder an der Erbsünde, noch an den schrecklichen Folgen derselben.

Und nicht nur das. Maria ward auch durch die Kraft des heiligen Geistes gleich in den ersten Augenblicken ihres Lebens geheiligt — ausgeschmückt mit der heiligmachenden Gnade, bereichert mit den ausgezeichnetsten Gaben des Himmels, so daß schon damals von ihr konnte gesagt werden, was der himmlische Bräutigam zur geliebten Braut spricht: „**Du bist ganz schön, meine Freundin, und keine Makel ist in Dir.**" (Hohel. 4, 7.)

So erschien Maria schon am frühesten Morgen ihres Lebens in dem Lichte der Heiligen; schön wie der Mond, ging sie auf über dem Erdkreis, welcher noch in finstrer Sündennacht begraben lag; herrlicher als die Sonne, glänzte sie durch jene außerordentlichen Gnaden, womit der Herr sie geziert hatte. (Nach Hohel. 6, 9.)

Wie sehr aber schätzte Maria diesen herrlichen Vorzug ihrer sündelosen und gnadenvollen Empfängniß! Wie zeigte sie sich dafür stets dankbar gegen Gott! Wie hat sie durch guten Gebrauch der zuerst empfangenen Gnade immer neue Gnaden sich erworben, so daß sie (wie aus ihrem ganzen nachherigen Leben ersichtlich ist) von Tag zu Tag vollkommener und heiliger ward!

2. Siehe, christliche Seele, siehe, was du da zu lernen hast. Du bist in der heiligen Taufe von der Erbsünde befreit und zugleich in den Staud der Gnade und Gerechtigkeit gesetzt worden. So bist du wieder ein Kind Gottes geworden; du darfst den himmlischen Vater auch deinen Vater und den Sohn Gottes deinen Bruder nennen; sogar der Himmel ist wieder dein Erbtheil.

Erkennst und schätzest du genugsam den hohen Werth all dieser Gnaden? Erkennst du die erhabene Würde, welche in der heiligen Taufe dir verliehen wurde? Siehst du auch ein, wie dieses Sakrament der geistigen Wiedergeburt dir so wichtige Pflichten auferlegt?

Doch, wenn du die große Taufgnade so hochschätzen würdest, wie sie es verdient: könntest du sie so leichtfertig gleichsam wegwerfen? hingeben für die vergänglichen Güter der Erde? hingeben für die Gelüste des Fleisches? hingeben für die sinnlichen Neigungen und Leidenschaften?

Bedenke: nachdem Gott dich an Kindes Statt angenommen (Gal. 4, 5.): lebst du auch als ein gutes Kind Gottes? Und du hast dem bösen Feinde und seiner Hoffart und all seinen Werken feierlich widersagt und abgeschworen: wie bist du diesem eidlichen Schwure treu verblieben?

Wenn dein Gewissen hierin mancherlei und große Untreue dir vorwirft: so ergreife die zweite Taufe, die Taufe durch die Thränen der Reue, die Taufe eines bußfertigen Lebens. Noch heute, noch in dieser Stunde fange an also zu leben, wie es sich für einen in der Taufe geheiligten Christen geziemt. Lebe so, daß du es verdienest, bei deinem Tode in das selige Reich Jesu Christi aufgenommen zu werden.

Uebung.

Danke heute dem lieben Gott für die heilige Taufgnade; bete deßhalb drei Vater unser, und bitte Gott um die Gnade der Standhaftigkeit im Guten.

Fünfte Betrachtung.
Mariä Geburt und unser Geburtstag.

1.

Was ist das für ein Kind, welches von den frommen Eltern Joachim und Anna geboren wurde? Der heilige Evangelist Matthäus sagt es uns: Es ist „Maria, von welcher geboren ward Jesus, der genannt wird Christus." (1, 16.)

Dies ist also jenes Kind, bei dessen Geburt der ganze Himmel frohlockte. Mit höchstem Wohlgefallen erschaute der dreieinige Gott in diesem Kinde das herrlichste Werk seiner Allmacht und Liebe; Er sah auch schon damals alle schönen Tugenden, die später in dem Leben dieses Kindes hervorglänzen würden. Auch die heiligen Engel erfreuten sich in himmlischem Entzücken beim Anblicke derjenigen, die zu ihrer künftigen Königin bestimmt war.

Christliche Seele! freue auch du dich über die Geburt der allerseligsten Mutter deines göttlichen Erlösers. Erfreue dich über die Geburt derjenigen, die auch deine allerbeste Mutter ist. Ihre Geburt ist der Anfang des Heiles für die ganze Welt, denn „aus ihr ist (wie die heilige Kirche so schön singt) hervorgegangen die Sonne der Gerechtigkeit, nämlich Christus, unser Herr und Gott, welcher den Fluch von der Erde weggenommen, uns Segen ge=

bracht, ja den ewigen Tod vernichtend, uns ewiges Leben geschenkt hat." (Antiph. in der Vesper.)

2. Mahnet dich aber die Geburt dieses gebenedeiten Kindes nicht auch an deinen eigenen Geburtstag? Und wozu hat Gott dich geboren werden lassen? wozu erhält Er dich Tag für Tag am Leben? Was ist deine Bestimmung hienieden? Nicht wahr das, daß du Gott erkennen, Gott lieben und solche Werke üben sollst, die dem heiligsten Gott wohlgefällig sind? Stimmt nun dein Thun und Lassen und all dein Wandel mit dieser deiner Bestimmung überein?

O die Zeit geht so geschwind vorbei, gleich einem reißenden Strome, gleich einem abgeschossenen Pfeile! Was zwischen dem Geburtstag und der Todesstunde liegt — und wenn's auch auf 60 und 70 Jahre kommt — ist es nicht wie ein Augenblick? Und dieser so flüchtige Augenblick — o er ist ein kostbares Talent, mit dem du eine glückselige Ewigkeit gewinnen kannst. Solltest du denn diesen so werthvollen Augenblick, die so kurze Zeit, unbenützt für dein Seelenheil vorbeigehen lassen?!

Bedenke es doch wohl, o Mensch! o Christ! Du lebst nur Einmal, und was du jetzt Gutes thust, nur das bleibt dir für die Ewigkeit. Es kommt aber die Stunde — und vielleicht ist sie schon ganz nahe! — in welcher du nichts verdienstlich Gutes mehr thun kannst. Warum willst du denn nicht jetzt, an diesem Tage, noch in dieser Stunde anfangen, deine Sünden zu beweinen und in allem Guten eifrig zu werden? Ist es nicht thöricht, vermessen, ja unchristlich, mit seiner Besserung immer zuwarten wollen und sie auf eine ganz unsichere Zeit hinausschieben? Jetzt vermeide, was du später vermieden zu haben, und jetzt thue, was du nachher gethan zu haben wünschen wirst.

Gewiß, so gedenkest du auf eine würdige und gottgefällige Weise der gnadenreichen Geburt der allerseligsten Jungfrau, wenn du bei eben dieser Erinnerung den ernstlichen Vorsatz machest, du wollest von jetzt an also leben, wie du seit deinem eigenen Geburtstage als katholischer Christ, nach deinem Stand und Berufe hättest leben sollen. Und wenn du diesem Vorsatze treu bleibst, so wird einst deine Todesstunde für dich der Anfang einer ewigen Glückseligkeit werden.

Uebung.

Am Morgen sage zu dir selbst: vielleicht ist dies der letzte Tag meines Lebens; will ich denn denselben nicht gut zubringen? — Am Ende des Tages denke: vielleicht erwache ich in der Ewigkeit; wie dann? wie, wenn ich noch diese Nacht vor dem Gerichte Gottes erscheinen muß? —

Sechste Betrachtung.
Das frühzeitige Opfer Mariä.

1.

Vom ersten Augenblicke ihres Lebens an hatte Maria nur diesen Einen Wunsch, sich ganz Gott dem Herrn zu weihen, Ihm allein anzugehören und nur Ihm zu dienen. Um diesem innigsten Verlangen ihres Herzens durch die That zu entsprechen, kam sie, wie glaubwürdige Schriftsteller der ersten Jahrhunderte erzählen, im dritten Lebensjahre in den Tempel zu Jerusalem. Mit Zustimmung der Eltern brachte da das heilige Kind sich selbst Gott dem Herrn zum Opfer dar und so suchte es zugleich in dem Heiligthume eine Zufluchts= stätte gegen alle Anfechtungen und Gefahren.

So wollte Maria ihr Opfer nicht hinausschie= ben; schon die Erstlinge ihres Lebens schenkt sie ihrem Schöpfer. Sie verläßt sogar den Umgang mit ihren lieben Eltern, um desto ungestörter und einzig dem Dienste Gottes obliegen zu können.

Wenn das Opfer des unschuldigen Abels vor Gott Wohlgefallen gefunden hat, wie wird wohl das Opfer dieses sündenlosen, dieses heiligsten Kin= des vor Ihm angenehm gewesen sein! Wird diese Opfergabe, die aus so reinem Herzen zum Himmel emporstieg, nicht wieder mit neuen Gnaden belohnt worden sein? —

2. Welch schöne Lehren liegen hierin — ganz besonders für jüngere Leute! Ja ihr Lieben, wenn ihr nicht Alle in klösterlicher Abgeschiedenheit euere Jugendjahre zuzubringen berufen seid, so ist doch das der ausdrückliche Wille Gottes an Alle: „In den Tagen deiner Jugend gedenke deines Schöpfers." (Pred. 12, 1.) Was will das sagen? Seines Schöpfers gedenken, heißt: recht oft zu Gott beten, Ihn vor Augen haben, seine Gebote beob= achten und in Allem das thun, was vor Ihm wohlgefällig ist.

Auf solche Weise weihet doch die schönsten Jahre des Lebens euerem Gott und Schöpfer! Oder ist dies etwa zu frühe? Wie lange wollet ihr denn noch zuwarten? Wenn einst jene Tage kommen, an denen Geist und Körper abgemattet, schwach und kraftlos sein werden: ach, wollet ihr erst dann anfangen, Gott zu dienen? Verdient es der dreieinige Gott, der euch schon so viel Gutes gethan und fort und fort thut — verdient Er's, daß ihr Ihm nur den elenden Rest des Lebens schenket?!

O wenn die bösen Beispiele euch locken, wenn die Freuden und Lustbarkeiten der Welt euch reizend und angenehm erscheinen: — laßt euch doch nicht verführen! So ihr genießet, was der Sinnlichkeit und den Gelüsten des Fleisches schmeichelt, o dann verliert ihr die Unschuld, dieses größte Gut, diese schönste Zierde der Jugend, und ihr werdet in euerm Herzen keine Ruhe, keinen Frieden, keine wahre Freudigkeit mehr haben. Denket an den verlornen Sohn! denket, wie er durch seine Ausschweifungen und sein zügelloses Leben sich in so großes Elend stürzte!

Wie gut aber, wie trostvoll ist es, wenn der Mensch (nach dem Ausdruck der heiligen Schrift, Klagl. 3, 27.) „das Joch des Herrn von Kindheit an zu tragen sich angewöhnt!" Wie viele fromme Jünglinge und Jungfrauen haben dies erfahren! Wollet ihr die gleiche Erfahrung nicht auch selbst machen?

Ja, „verkostet und erfahret es, wie der Herr süß ist." (Ps. 36.) verkostet und erfahret es selbst, wie der Dienst Gottes wahres Glück bringt, zeitlich und ewig. Denket an die allerseligste Jungfrau Maria — an ihr Erstlings=Opfer, an ihre Jugend=Jahre, an ihr ganz Gott geheiligtes Leben. Diesem herrlichsten Vorbilde folget nach!

Der Jugend zur Beherzigung.

1. Die Gottesfurcht ist der Anfang aller Weisheit. (Ps. 110.)

2. Die Frömmigkeit ist zu Allem nützlich; sie hat die Verheißung dieses und des zukünftigen Lebens. (1. Tim. 4, 8.)

3. Glücklich die Jugend; denn sie hat eine schöne Zeit vor sich, Gutes zu thun. (Hl. Philipp Neri.)

Siebente Betrachtung.
Das vollkommene Opfer Mariä.

1.

Betrachte nochmal, o Pflegkind der göttlichen Mutter, das heilige Opfer, das sie im Tempel dem Herrn darbrachte. Nicht nur frühzeitig weihte sie sich dem Dienste Gottes, sie opferte sich Ihm auch ganz, ohne allen Vorbehalt, ohne irgend Etwas auszunehmen, für jetzt und ihre ganze Lebenszeit.

Sie opferte Gott all ihre Freiheit, um nur nach seinen Geboten zu leben; ihren Willen, um keinen andern als seinen Willen zu haben und nur diesen einzig zu erfüllen.

So wollte sie kein anderes Vergnügen kennen und haben, als jenes, Gott zu gefallen; keine andere Freude wollte sie genießen, als jene, Gott zu lieben und Ihm zu dienen.

Und dieses Opfer hat Maria niemals zurückgerufen, sie ist demselben stets treu geblieben, und so war es ein immerwährendes Opfer, welches bis an's Ende ihres Lebens täglich neu gewesen ist.

2. Da lerne, o christliche Seele! nicht nur so halb und halb, sondern ganz, ohne Vorbehalt und auf immer dich Gott dem Herrn aufopfern. Du willst zwar ein frommes, erbauliches Leben führen, glaubst du aber nicht, du könnest nebenbei noch in manchen Stücken deinen sinnlichen Neigungen und Gelüsten fröhnen? Meinst du nicht, du könnest mit

deinen Werken der Frömmigkeit annoch den Dienst der Welt und der Eitelkeit verbinden?

Nein, das ist nicht möglich und das kann vor Gott kein Wohlgefallen finden. Er verdammt ja selbst jene, die es so zum Theil mit dem Himmel und zum Theil mit der Welt halten wollen oder, nach dem Ausdrucke des Propheten (3. Kön. 18.), **auf beiden Seiten hinken.** Und in dem heiligen Evangelium (Matth. 6, 24.) sagt Er's ausdrücklich, **Niemand köune zween Herrn zugleich dienen** — nicht Gott und dem Mammon, nicht Gott und der bösen Begierlichkeit.

Und verdient denn der unendlich große, allmächtige, liebevolle und liebenswürdigste Gott — verdient Er nur so einen kleinen Theil deiner Liebe? Oder sind etwa die hinfälligen Geschöpfe, Ehren und Reichthümer — sind sie deiner Liebe mehr würdig?

3. Was lehrt dich endlich jene Beständigkeit, in welcher die allerseligste Jungfrau Gott diente? Ist es schon genug, wenn du etwa bei der ersten heiligen Communion gut angefangen hast, oder bei deinen Beichten ernstliche Vorsätze der Besserung machest, aber im Guten nicht verharrest? Nur Jener wird von dem göttlichen Erlöser selig gepriesen, der im Guten bis an's Ende standhaft **verharret.** (Matth. 10, 22.)

Merke dir wohl, was Gott der Herr (Sprüchw. 23, 26.) dir zuruft: „**Mein Sohn! gib Mir dein Herz.**" Siehe, Er sagt nicht: leihe Mir dein Herz — etwa auf einige Zeit, für einige Jahre, — Er sagt: gib Mir dein Herz, für immer nämlich, in der Jugend und in jedem Alter. Zu jeder Zeit ist es deine Pflicht, Gott anzugehören und Ihm zu dienen, und diese Pflicht ist für dich immer gleich groß.

Erkenne es doch, wie du dein Herz zwischen Gott und den Geschöpfen so oft schon getheilt, ja gar der Sünde zugewendet hast! Erkenne und bereue deine schmähliche Untreue gegen Gott und deine große Unbeständigkeit im Guten. Bitte die liebevolle Mutter aller Gnaden, sie wolle es dir erflehen, daß du — ihrem schönsten Beispiele nachfolgend — von heute an bis an's Ende deiner Tage nach dem heiligen Willen Gottes leben könnest.

Uebung.

Uebergib jetzt andächtig dein Herz der allerseligsten Mutter, auf daß sie es ihrem göttlichen Sohne darbringe. Zum Zeichen, daß es dir mit dem Opfer deines Herzens Ernst sei, übe dich heute in irgend einer Abtödtung, z. B. beim Essen oder Trinken.

Achte Betrachtung.

Maria betet und arbeitet.

1.

Ehrwürdige Ueberlieferungen bezeugen, Maria habe zehn Jahre im Tempeldienste zugebracht. Was war denn während dieser Zeit ihre Beschäftigung? was that sie in diesem schönen Frühling ihres Lebens.

Vor Allem aus richtete sie sich nach der Tagesordnung, die für die gottgeweihten Jungfrauen festgesetzt war; auch in geringfügigen Dingen verdemüthigte sie sich, war ihren Lehrern und Lehrerinnen gehorsam und verrichtete sogar die niedrigsten Dienste, die ihr aufgetragen wurden.

Ganz besonders aber und mit größtem Eifer übte sich Maria im Gebete, in der Lesung der heiligen Schriften, in der Betrachtung und Beschauung göttlicher Dinge.

So war ihr Leben ein beständiger Umgang mit Gott. In innigster Andacht und tiefster Ehrfurcht an dem feierlichen Gottesdienste theilnehmen, auch außer den gemeinschaftlichen Gebetsstunden gern und oft zu Gott beten, die ihr anbefohlenen Arbeiten zur Ehre Gottes verrichten, selbst während der Arbeit an Gott denken und sich mit Ihm innerlich unterhalten: das war jetzt ihre liebste Beschäftigung, ihre süßeste Freude, ihre wahre Seligkeit in diesen Tagen ihrer Jugend.

2. Ist dieses Leben Mariä in der Einsamkeit nicht für jeden Christen lehrreich und ermunternd? Ja, o christliche Seele im Ordens = oder Weltstande! sollst nicht auch du jeden Tag mit Gebet anfangen? Sollst nicht auch du deine Arbeiten und Beschäftigungen mit Gebet zu vereinigen und dadurch zu heiligen trachten?

Das Gebet ist ja der Schlüssel zu den himmlischen Schätzen; das Gebet ist die geheimnißvolle Leiter, auf welcher du dich im Geiste zu dem Himmel hinaufschwingst und auf der die Gnaden Gottes zu dir hinabsteigen.

In dem Gebete wirst du zu allem Guten gestärkt; in dem Gebete erlangst du Kraft und Muth gegen deine Schwachheit und gegen alle Versuchungen; in dem Gebete wird die Flamme der göttlichen Liebe in deinem Herzen entzündet und fort und fort unterhalten. Versichert uns ja unser theu-

erſter Erlöſer feierlich und oft, daß wir durch eifri=
ges Gebet jede Gnade erhalten werden. „Bittet,"
ſo ruft Er uns zu, „bittet, ſo wird euch ge=
geben werden; ſuchet, ſo werdet ihr finden;
klopfet an, ſo wird euch aufgethan werden . . .
Wenn ihr, die ihr doch böſe ſind, euern Kindern
gute Gaben zu geben wiſſet: wie viel mehr wird
euer Vater im Himmel den guten Geiſt denen ge=
ben, die Ihn darum bitten?" (Luk. 11, 9. 13.)

O chriſtlicher Leſer und Leſerin! liebe doch das
Gebet, wie es Maria geliebt hat. Nach ihrem Bei=
ſpiele bete gern und oft, wo immer du Zeit dazu
findeſt — in der Kirche und zu Hauſe; du wirſt
es erfahren, daß Gott gütig, liebreich und frei=
gebig iſt gegen Alle, die Ihn anrufen.
(Röm. 10, 12.)

3. Denke aber auch an die Arbeitſamkeit der
ſeligſten Jungfrau. Befolge die Ermahnung, die
der heilige Paulus (Kol. 3, 17.) allen Chriſten
gibt: „Alles, was ihr thut in Wort oder in Werk,
das thut Alles im Namen des Herrn Jeſu
Chriſti." So thue alle deine äußern Werke zur
Ehre Gottes, im Namen Jeſu Chriſti. Verrichte
deine Arbeiten nicht etwa nur um des zeitlichen
Lohnes willen, ſondern weil Gott es alſo ange=
ordnet hat, weil es ſo der Wille Gottes fordert,
daß du arbeiten ſollſt. Auf dieſe Weiſe wird dir
Alles verdienſtlich für die Ewigkeit. Eine ſolche
Arbeit, von welcher der alte Spruch gilt: „Die
Hand am Pfluge, das Herz bei Gott" — dieſe
Arbeit zieht Gottes Segen herab, und an dieſem
Segen iſt ja doch wahrhaft Alles gelegen.

Uebungen.

1. Bitte jeden Morgen die Mutter Gottes, sie wolle dir zu allen deinen Arbeiten ihren mütterlichen Segen geben. So machte es der heilige Stanislaus Kostka.

2. Bei jedem Stundenschlag denke einen Augenblick an Gott; sprich etwa den schönen Lobspruch: Ehre sei dem Vater 2c. oder: Gelobt und angebetet sei das heiligste Altarssakrament! oder bete ein Ave Maria.

Neunte Betrachtung.
Maria gelobet ewige Jungfräulichkeit.

1.

Als die seligste Jungfrau sich dem Dienste des Herrn weihte, da machte sie zugleich das feierliche Gelübde ewiger Jungfräulichkeit. Welches ist aber das Wesen dieses Gelübdes? was bedeutet dasselbe? was liegt darin Großes und Erhabenes?

Durch dieses Gelübde verpflichtete sich Maria, sie wolle auch die sonst erlaubten Freuden der Ehe niemals genießen, sie wolle an Leib und Seele immerdar keusch leben und so stets als reine Jungfrau vor Gott dem Herrn wandeln. Wenn auch die Juden von jeher die Kinderlosigkeit als die größte Schmach betrachteten; wenn sie alle, selbst die Priester in den Ehestand traten: so dachte und handelte Maria ganz anders. Aus Liebe zu Gott verzichtete sie auf alle Vortheile, welche der Ehestand ihrem Geschlechte gewährte. An keinen Menschen wollte sie ihr Herz hängen; all ihre Liebe wollte sie einzig ihrem Gott und Schöpfer schenken, Ihn allein wählte sie zum Bräutigam ihrer Seele.

Maria gelobet ewige Jungfräulichkeit. 31

2. Was lehrt dich nun, o christliche Seele, dieser heldenmüthige Entschluß Mariä? Wenn du diese heiligste Jungfrau an der Spitze so vieler tausend Jünglinge und Jungfrauen siehst, die — durch ihr Vorbild ermuntert — ebendasselbe Gelübde abgelegt haben und noch in unsern Tagen ablegen: sollst denn auch du ein solches jungfräuliches Leben geloben?

Nein, es ist nicht Gottes Wille, daß Alle den jungfräulichen Stand erwählen sollen. Auch der Ehestand ist von Gott angeordnet. Aber Allen ohne Ausnahme, in und außer der Ehe, gebietet Gott, sie sollen nicht Unkeuschheit treiben, die Begierden des Fleisches nicht vollziehen und an Leib und Seele ehrbar und keusch leben.

Nimm denn doch tief zu Herzen, was der heilige Paulus hierüber schreibt: „**Wisset ihr nicht, daß ihr ein Tempel Gottes seid und daß der Geist Gottes in euch wohnt? Wenn aber Jemaud den Tempel Gottes verletzt (entheiliget), so wird Gott ihn zu Grunde richten.**" (1. Kor. 3, 16.) So geht es alle Gläubigen an, was derselbe Apostel in einem andern Briefe (1. Thessal. 4, 3. 7.) lehrt: „**Das ist der Wille Gottes, euere Heiligung und daß ihr euch enthaltet von jeglicher Unzucht und daß ein jeder von euch Leib und Seele in Heiligkeit und Ehrbarkeit zu besitzen wisse, . . . denn Gott hat uns nicht zur Unlauterkeit berufen, sondern zur Heiligung.**"

Die Keuschheit ist freilich eine Tugend, die äußerst viele und fort und fort andauernde Kämpfe fordert; wir haben es da mit einem gewaltigen Feinde im eigenen Herzen zu thun, und tausend Reize von außen stürmen auf uns los. Doch Gott verlangt nichts Unmögliches, und was uns nach unserer Schwachheit unmöglich ist, das wird uns durch Gottes Gnade möglich.

Um diese göttliche Gnade bete doch recht oft und inbrünstig. Dann thue das Deinige. Vor Allem aus fliehe jede Gelegenheit zur Sünde. „Wer die Gefahr liebt, geht in derselben zu Grunde" — so lehrt das Wort Gottes (Sir. 3, 27.) Oder ist es wohl möglich, daß das Stroh nicht verbrenne, wenn es nahe zum Feuer gelegt wird? So kannst du nicht unversehrt bleiben, wenn du dich freiwillig in der Gelegenheit der Sünde aufhältst.

Und sage ja nicht: diese oder jene Gesellschaft sei ehrbar und unschuldig, du wollest in der oder dieser Gelegenheit nichts Böses thun, du seiest stark und fest in der Tugend. So redet, wer sich zu viel zutrauet. Wie Viele sind tief, tief gefallen, die so hoffärtigen Geistes waren! Laß dich doch warnen durch den Fall dieser Unglücklichen!

Uebung.

Recht oft, und besonders in Versuchungen gegen die Keuschheit rufe zu Maria und bete das kleine Ablaßgebet: *) „O süßes Herz Mariä, sei meine Rettung!" — oder folgende Begrüßung: **) „O meine Gebieterin! o meine Mutter! erinnere dich, daß ich ganz dir angehöre. Bewahre mich doch als dein Eigenthum."

---

*) 300 Tage. Pius IX. 30. September 1852.
**) 40 Tage. Pius IX. 5. August 1851.

Zehnte Betrachtung.

Maria, mit dem heiligen Joseph vermählt.

1.

Wir haben gesehen, wie Maria ihre ersten Jugendjahre in dem Dienste des Tempels zubrachte. Wie glücklich, wie selig fühlte sie sich jetzt in den Vorhöfen, in dem Hause des Herrn! Da fand sie ihre süßeste Freude, da wollte sie auch auf immer verbleiben.

Doch nach Gottes heiligen Rathschlüßen sollte es anders kommen. Es nahte nämlich jene gnadenreiche Zeit, in welcher der ewige Sohn Gottes als unser Erlöser in diese Welt kommen wollte. Und siehe! die seligste Jungfrau Maria war die **Gebenedeite unter den Weibern**, aus welcher dieser Eingeborne des himmlischen Vaters menschliches Fleisch und Blut annehmen, wahrhaft Mensch werden wollte. Maria aber soll die hochbegnadigte Gottesmutter werden, ohne deßhalb ihre Jungfrauschaft zu verlieren.

Dieses anbetungswürdige Geheimniß der Menschwerdung Jesu Christi sollte aber der damaligen Welt noch unbekannt bleiben. Darum ermahnte Gott (wie es ehrwürdige Ueberlieferungen erzählen) den Hohepriester, er solle die vierzehnjährige Tochter, die sich jetzt im Tempel aufhielt, mit einem Bräutigam vermählen. Aus ganz wunderbaren Ereignissen ward es ersichtlich, Joseph von Nazareth, der Sohn Mathans, aus dem Stamme Davids, sei der vom Herrn für sie Erkorene, der Gerechteste unter den Männern, der selbst auch, wie Maria, ewige Keuschheit gelobt hatte.

Die Sternenkrone.

Was that nun Maria? In den Anordnungen des Hohepriesters ehrte sie den Willen und Befehl Gottes — in der Hoffnung, Er werde Alles so leiten, daß sie ihr Gelübde werde halten und die jungfräuliche Keuschheit bewahren können. Um also den Ruf Gottes zu vollziehen, kehrte sie nun, mit Joseph vermählt, nach Nazareth zurück, wo sie mit diesem ihrem Bräutigam in heiliger Liebe lebte, ohne jemals ihr Gelübde der Jungfrauschaft zu verletzen.

Siehe da die lieblichen Wege der Vorsehung Gottes! Die zur Mutter des Welterlösers Auserwählte sollte nicht als schwangere Jungfrau in bösen Verdacht kommen; sie sollte auch als wahre Gattin an dem heiligen Joseph einen Beschützer ihrer jungfräulichen Keuschheit und einen treuen Lebensgefährten, das Kind Jesus aber einen sorgfältigen Pflegvater haben. So waltet der liebe Gott für die Seinigen und führt sie wie an seiner Hand, auf daß ihnen **alle Dinge zum Besten gereichen**. (Röm. 8, 28.)

2. Wie lehrreich ist diese Vermählung der seligsten Jungfrau! Hast du noch keine Standeswahl getroffen, so kannst du da sehen, wie du dich bei dieser so wichtigen Angelegenheit zu benehmen hast. Wie Maria, bete eifrig zu Gott daß Er dich jetzt erleuchte und führe, denn von dieser Wahl hängt ja so Vieles ab — deine Zufriedenheit, dein zeitliches Wohl, selbst dein ewiges Heil. Nur nach inbrünstigem Gebete und nach reiflicher Ueberlegung wähle jenen Stand, von dem du glauben kannst, daß Gott dich dazu berufen habe. O eine Standeswahl treffen, ohne je auf Gott und dessen heiligen Willen Rücksicht zu nehmen: nein, eine solche Wahl kann nicht glücklich ausfallen.

Maria, mit dem hl. Joseph vermählt. 35

3. Und nicht nur bei der Standeswahl, auch in allen Ereignissen dieser Zeit, insbesondere in dem, was über dich kommt, da lerne von der seligsten Jungfrau, wie du auf Gottes weiseste Vorsehung hinschauen, dieselbe demüthigst anbeten und auf sie kindlich vertrauen sollst. Nein, nein! als Christ laß den Gedanken an ein blindes Schicksal in deinem Herzen niemals aufkommen. Gott, der Allwissende, der Allmächtige, der Allgegenwärtige — Er ist's, der Alles lenkt und leitet, „dessen Weisheit von einem Ende zum andern reicht und Alles auf's Lieblichste ordnet." (Weish. 8, 1.)

Dieser göttlichen Vorsehung überlaß dich gänzlich, voll Zuversicht, und sprich mit freudigem Herzen wie der fromme König David: „**Der Herr regiert und führt mich! Er wird mich nicht darben lassen.**" (Ps. 22, 1.) Ja gewiß, der die Lilien des Feldes so schön kleidet und die Vögel der Luft täglich speiset: — Er wird auch für dich sorgen und dich erhalten. (Matth. 6, 26—32.)

Denksprüche der heiligen Theresia.

1. Der Herr wird uns nicht verlassen, wenn wir Ihn nicht zuvor verlassen haben.

2. Verlaßt euch auf Gott; seine Sache ist's, auf unser Bestes zu denken und uns so zu leiten, wie es für uns gut ist.

3. Alles kann uns mangeln, aber der Herr von Allem mangelt uns nie.

Eilfte Betrachtung.
Wie Maria den heiligen Joseph liebte und ehrte.

1.

Nach Gottes Anordnung hatte sich die seligste Jungfrau mit dem heiligen Joseph vermählt; dieser ist somit auch wahrhaft der Gemahl, oder wie ihn die heilige Schrift (Matth. 1, 16. 18.) nennt, „der Mann Mariä." Wie sollte denn die von göttlicher Liebe so ganz erfüllte Jungfrau demjenigen, den Gott selbst durch ein heiliges Bündniß mit ihr vereinigt hatte, nicht auch die innigste Liebe erzeigt haben?

Doch glaube ja nicht, dies sei nur etwa eine sinnliche Zuneigung und Liebe gewesen. O nein, von dem heiligsten, durch keine Sünde jemals befleckten Herzen Mariä läßt es sich nicht anders denken, als daß sie dem heiligen Joseph mit der reinsten, mit der keuschesten Liebe ergeben war.

Aber noch mehr. Maria sah in dem heiligen Joseph auch denjenigen, welchen Gott selbst über sie gesetzt hatte; sie ehrte ihn also als ihren Hausvater und ihr Oberhaupt. Und als sie später die Mutter des Sohnes Gottes geworden war, da erkannte sie erst recht die erhabene Würde des heiligen Joseph; in ihm verehrte sie den Nährvater und Beschützer des menschgewordenen göttlichen Wortes, den sichtbaren Stellvertreter des himmlischen Vaters hienieden auf Erden.

Zudem, wie unaussprechlich groß war die Heiligkeit Josephs! Und wer konnte das besser einsehen, als Maria selbst? Beinahe dreißig Jahre lang lebte sie mit ihm und in seiner Nähe — und was sah sie anders, als die herrlichsten Beispiele der Frömmigkeit und der Gerechtigkeit gegen Gott und alle Menschen?

Daher die Liebe, daher die Verehrung und Hochschätzung, welche Maria zum heiligen Joseph trug. Daher war sie eifrigst bemüht, ihm alle möglichen Dienste zu erweisen. Alle seine Winke waren für sie wie Befehle und sie gehorchte denselben auf's genaueste. Gar oft (wie es der gottseligen Maria von Agreda geoffenbart wurde) fiel sie vor ihm auf ihre Kniee und erbat sich seinen Segen, was ja ein Zeichen der Verdemüthigung und Unterwürfigkeit ist.

2. Christliche Seele! ahme auch dieses schöne Beispiel Mariä nach. Ehre und liebe den heiligen Joseph und trage zu ihm eine ganz besondere Andacht. Du weißt ja, wie er als Bräutigam Mariä und Nährvater Jesu so großen Antheil hatte an dem Werke unserer Erlösung. Und wenn Jesus und Maria, diese heiligsten Personen, der Vater-Sorge Josephs anvertraut wurden; wenn er dem göttlichen Kinde und dessen gebenedeiten Mutter Befehle zu ertheilen die Gnade hatte: sollte denn dieser von Gott so Hochgeehrte, dieser Mann nach dem Herzen Gottes nicht deiner besondern Liebe und Verehrung würdig sein?

Und das sei dir außer allem Zweifel: die Verehrung und besondere Andacht zum heiligen Joseph ist der göttlichen Mutter überaus lieb und wohlgefällig. So sprach sie einst zur heiligen Theresia: „Du machst mir große Freude, daß du eine eifrige Verehrerin meines Bräutigams Joseph bist." Laß diese Worte auch dir gesagt sein, wenn du immer zu den Pflegkindern Mariä gehören willst.

Wie Maria den hl. Joseph liebte und ehrte.

Bedenke endlich, welch großen Nutzen es dir bringe, wenn du — den heiligen Joseph von Herzen ehrend, ihn auch oft um seine Fürbitte anrufest. Höre nur, was hierüber die oben schon genannte heilige Theresia sagt; ihre Worte lauten also: „Man möchte glauben, Gott habe jedem der übrigen Heiligen die Macht verliehen, uns bloß in gewissen, besondern Nöthen zu helfen; der heilige Joseph hingegen kann uns, wie die Erfahrung lehrt, in allen Anliegen helfen. Dadurch gibt uns der Herr zu verstehen, daß, gleichwie Er auf Erden ihm in allen Dingen unterthan war, Er auch im Himmel allen seinen Wünschen willfahren will. Dies haben Viele erfahren, denen ich den Rath gegeben, unter den Schutz dieses Heiligen zu fliehen. Ich selbst erinnere mich nicht, je von ihm etwas begehrt zu haben, ohne daß ich es gleich erlangte. So weiß ich aus häufiger Erfahrung, welch kostbare Gnaden er von Gott für Jene erhält, die sich an ihn wenden. Wer etwa meinen Worten nicht glauben will, den bitte ich um Gottes willen, es selbst zu probiren; dann wird er's durch eigene Erfahrung erkennen, wie vortheilhaft es ist, sich diesem liebenswürdigen Heiligen zu empfehlen und seinen eifrigen Verehrern sich beizuzählen."

Uebungen.

1. Jeden Morgen und jeden Abend den heiligen Joseph um seine Fürbitte anrufen, sei's auch nur mit einem kleinen Gebete.

2. Jeden Mittwoch, der ganz besonders dem Andenken dieses Heiligen geweiht ist, irgend ein gutes Werk zu dessen Ehre verrichten.

3. Oft und andächtig das Ablaßgebet sprechen: Jesus, Maria und Joseph! stehet mir bei in meiner letzten Todesangst.

Zwölfte Betrachtung.
Die demüthigste Magd des Herrn.

1.

Kurze Zeit nach der Vermählung der seligsten Jungfrau sandte Gott den Erzengel Gabriel zu ihr. Sie war eben im Gebete und in frommer Betrachtung vertieft. Ehrerbietigst nahete sich der himmlische Botschafter zu ihr und sprach: „Gegrüßt seist du, du bist voll der Gnade, der Herr ist mit dir, du bist gebenedeit unter den Weibern. (Luk. 1.)

Bei diesem so feierlichen Gruß, bei diesen so ausgezeichneten Lobeserhebungen ward Maria verwirrt; Staunen und Schrecken erfüllten ihre Seele.

Doch was dachte sie erst dann, als der Engel ihr ankündete, es werde nun der ewige Sohn Gottes Mensch werden, sie aber sei zu seiner Mutter auserwählt? Was wird sie gefühlt haben, als ihr gesagt ward, der heilige Geist werde über sie kommen und die Kraft des Allerhöchsten werde sie überschatten?

Maria findet in sich nichts Gutes, sie fühlt sich jeder Gnade ganz und gar unwürdig. Deßhalb kann sie es nicht begreifen, wie Gott so huldvoll sie angesehen habe, um in ihr so hochheilige Geheimnisse zu wirken und sie zu der so hohen Würde einer Gottesmutter zu erheben.

So in sich selbst erniedrigt, so die Rathschlüsse Gottes tief gebeugt anbetend sprach Maria zu dem

Engel: „Siehe, ich bin eine Magd des Herrn; mir geschehe nach deinem Worte."

Siehe da und bewundere die Demuth Mariä! Die jetzt zur Mutter des Sohnes Gottes erkoren wird, — sie nennt sich eine Magd des Herrn. Die allerhöchste Ehre und Würde wird ihr verkündet — und sie, ohne sich deßhalb zu erheben, will nichts anders sein, als die unterthänigste, gehorsamste Dienerin des Herrn.

„O wie köstlich," so ruft hier der heilige Bernard aus, *) „wie köstlich ist eine solche Demuth bei so großer Unschuld, bei einer so großen Fülle der Gnade! Fürwahr, das ist eine erhabene Demuth, die selbst ob der höchsten Ehre nicht weicht, ob der größten Herrlichkeit nimmer sich stolz erhebt."

2. Da erkenne es, o christliche Seele, wie die Demuth eine vor Gott so wohlgefällige, ja auch eine so nothwendige Tugend sei. Wenn sogar die jungfräuliche Reinigkeit Mariä (nach der Versicherung **) des eben genannten heiligen Lehrers) ohne die Demuth vor dem Herrn kein Wohlgefallen gefunden hätte: wie könnte denn deine Tugend und all dein Gutes bei Gott irgend einen Werth haben, wenn du dabei hoffärtigen Geistes wärest.

Oder wie solltest du denn doch im Herzen dich erheben können? Erkennest und fühlst du es nicht in deinem ganzen Innersten, daß du ein schwacher, äußerst gebrechlicher, zum Bösen geneigter, zum Guten so ohnmächtiger Mensch bist? Staub und Asche bist du — und du solltest dir noch etwas

---

*) Hom. 4. super Missus est.
**) Ibid. homil. 1.

Die demüthigste Magd des Herrn.

einbilden — wegen körperlicher Schönheit oder um anderer Gaben und Vorzüge willen? Weßhalb darfst du dich doch in Wahrheit rühmen? **Was hast du, das du nicht empfangen hast** von Demjenigen, von welchem alles Gute herkommt? (1. Kor. 4, 7.)

Findest du auch wirklich etwas Gutes an dir, so erkenne es als eine unverdiente Gabe Gottes und danke Ihm dafür. Suche nicht, von Andern gelobt oder geschätzt zu werden; Menschenlob ist eitel und die Ehre bei den Menschen ist vergänglich und führt leicht auf Abwege und in die Sünde.

Endlich übe die Demuth auch noch insbesondere gegen alle deine Mitmenschen. Du hast gewiß keine Ursache, dich für besser als Andere zu halten. Wenn sie so viele Gnaden hätten wie du, was würden sie thun? Und was wärest du, wenn dir Gott nicht ganz eigene Gnaden gegeben hätte und noch gäbe? Verachte also Niemanden; zeige dich gegen Alle herablassend, milde und gutthätig.

So sei doch nach dem Beispiele Mariä von Herzen demüthig. „**Den Demüthigen gibt Gott seine Gnade, den Hoffärtigen hingegen widersteht Er.**" (1. Petr. 5, 5.)

Aus der Nachfolge Christi.

1. Wer sich selbst recht (nach der Wahrheit) kennt, der ist wohl geringe und schlecht in seinen Augen, und findet kein Gefallen an dem Lobe der Menschen.

2. Aus sich selbst — nichts machen, und Andere gern für besser und höher achten als sich selber: das ist große Weisheit und Vollkommenheit. (B. 1. Kap. 2.)

Dreizehnte Betrachtung.
Maria, in den Willen Gottes ergeben.

1.

Christliche Seele! beherzige nochmal, was die seligste Jungfrau bei ihrer Verkündigung sagte; erwäge heute besonders das Schlußwort: „**Mir geschehe nach deinem Worte.**"

Welch schöner, welch lehrreicher Spruch! Es ist, als ob Maria hätte sagen wollen: Gott ist der Herr; Er hat zu befehlen; ich bin nur seine geringste Magd, und ich verdiene nicht, zu der so gnadenvollen Würde einer Gottesmutter erhoben zu werden. Doch wenn Er es also will, so geschehe es! Was ich als seinen Willen erkenne, dem darf und will ich mich nicht widersetzen. Es geschehe, was und wie Gott will!

Hat aber Maria hier nur zu freudigen, für sie ehrenvollen Dingen ihre Ergebung in den Willen Gottes zu erkennen gegeben? O diese weiseste Jungfrau, die von Jugend auf in Betrachtung des göttlichen Wortes ihre liebste Beschäftigung fand, — sie mußte gewiß auch aus den heiligen Schriften, welch große Leiden der kommende Erlöser der Menschen werde ausstehen müssen und wie Er wahrhaft „der Mann der Schmerzen" (Jsa. 53, 3.) sein würde; somit erkannte sie schon jetzt, daß sie, als seine Mutter, auch eine Mutter der Schmerzen werden würde. *) Soll sie darum zurückschrecken? Sollen

---

*) So nach den Offenbarungen der heiligen Brigitta C. 17. Siehe auch „Fuß des Kreuzes" von F. W. Faber Seite 17 und 486.

Maria, in den Willen Gottes ergeben. 43

dieſe bevorſtehenden Leiden es bewirken, daß ſie in ihrer Ergebung und Bereitwilligkeit wanke? Nein, nein! die demüthigſte Magd des Herrn läßt ſich in ihrer Unterwürfigkeit nicht irre machen, auch jener großen Leiden wegen, die über ſie einſt kommen ſollten, die Anordnungen Gottes anbetend, ſpricht ſie: Es geſchehe mir nach deinem Worte! Was und wie Gott will, alſo geſchehe es!

2. Da lerne, o Pflegkind Mariä! lerne von deiner theuerſten Mutter, wie auch du in Allem den Willen Gottes zu erfüllen dich beſtreben ſollſt. Du beteſt ja doch hoffentlich jeden Morgen den engliſchen Gruß; eile aber nicht ſo gedankenlos über die Worte hinweg; „Mir geſchehe nach deinem Worte!" Mache dieſe Worte der ſeligſten Jungfrau auch zu deinen Worten; ſprich auch ſelbſt zum lieben Gott und zwar aufrichtig und von Herzen: mir geſchehe, wie Du willſt!

Und wenn du am Morgen mit Maria ſo zu Gott geſprochen haſt, ſo zeige dann den Tag hindurch deine Bereitwilligkeit, nicht nach deinem, ſondern nach Gottes Willen zu leben; zeig' es in der That und in deinem ganzen Wandel, es ſei dir Ernſt, Alles zu unterlaſſen, was gegen Gottes Willen geht, dagegen zu thun, was Er von dir fordert.

Denke deßhalb an die Lehre Jeſu: „Nicht Jener, der zu Mir nur ſagt: Herr, Herr! wird in das Himmelreich eingehen, ſondern wer den Willen meines Vaters thut, der im Himmel iſt, der wird in das Himmelreich eingehen." (Matth. 7, 21.)

Sollten aber harte Leidensſtunden über dich kommen, ſo ahme auch dann das herrliche Beiſpiel der göttlichen Mutter nach. Ja in diesen schweren Prüfungen, welche Gott der Herr dir zuschickt, sprich recht oft das kleine Wörtlein: Mir geschehe, was und wie Gott will!

Diese Ergebung in Gottes Willen kostet freilich viele und große Opfer der Selbstüberwindung. Doch auch dir ist's gesagt, ja auch dir ist's zur Ermunterung, was der heilige Engel zu Maria sprach: „Bei Gott ist kein Ding unmöglich." Mit Gottes Gnade kannst du selbst die peinlichsten Trübsale geduldig und gottergeben ertragen. Bete aber täglich, bete eifrig um diese Gnade; suche dieselbe auch bei Maria, denn sie ist ja auch für uns voll der Gnade.

Uebung.

Oefters und besonders in Kreuz und Leiden den schönen Spruch sagen: „In Allem geschehe, werde gelobt und über Alles gepriesen der gerechteste, allerhöchste und liebenswürdigste Wille Gottes!" *)

Vierzehnte Betrachtung.
Unser Vorbild bei der heiligen Communion.

1.

„Der Engel schied von ihr." (Luk. 1, 38.) Nichts mehr sagt die heilige Schrift von dem großen Geheimnisse, das in eben diesem Augenblicke in Maria vollbracht wurde. Jetzt nämlich bildete Gott der heilige Geist aus ihrem reinsten Blute den anbetungswürdigen Leib unseres göttlichen Erlösers Jesu Christi.

---

*) 100 Tage Ablaß. Pius VII. den 19. Mai 1818.

Welch heilige Gefühle werden zu dieser Zeit das unbefleckte Herz Mariä erfüllt haben! Welch eine glühende Andacht, innige Dankbarkeit und feurige Gottesliebe wird ihre Seele durchdrungen haben, als die Menschwerdung des Sohnes Gottes, dieses hochheilige Wunder in ihr gewirkt ward! Welche Freude, welche Wonne mußte es für sie gewesen sein, daß sie nun die unermeßlich große Gnade hatte, ihren Gott und Schöpfer in ihrem jungfräulichen Schooße zu tragen und zu besitzen!

Und da der Sohn Gottes in Maria wahrer Mensch ward, da Er somit auf die allerinnigste Weise sich mit ihr vereinigt hatte: was wird das in ihr bewirkt haben! Sie war zwar schon vom ersten Augenblicke ihres Daseins an sündenlos, heilig, ja **voll der Gnade**: was wird wohl geschehen sein, seitdem sie den Urquell der Heiligkeit in sich einschloß? Gewiß, die Gegenwart Jesu in ihrem reinsten Herzen verlieh ihr einen immer höhern Grad der Heiligkeit.

Wahrlich, vor diesem ehrwürdigsten Heiligthume, das sich die ewige Weisheit selbst in Maria erbaut hatte, können wir nur in Verwunderung staunen, schweigen und den Allerhöchsten und seine wundervollen, seine unbegreiflichen Geheimnisse demüthigst anbeten.

2. Bleibe jedoch bei dieser Erwägung noch nicht stehen, christliche Seele! Denke jetzt darüber nach, welch eine große Gnade, welch ein hohes Glück auch dir zu Theil wird, so oft du dem Tische des Herrn dich nahen darfst.

In dem heiligsten Altarssakramente ist der gleiche Sohn Gottes gegenwärtig, der in den keuschesten Schooß Mariä für unsere Erlösung hinabgestiegen ist. Der allmächtige Herr Himmels und der Erde, unser Gott und Heiland, der Gottmensch Jesus Christus verbirgt unter den Gestalten des Brodes (und des Weines bei der heiligen Messe) seine Gottheit und Menschheit und will da wahrhaft die Speise unserer Seele sein.

Wie bereitest du dich aber zum Empfang dieser göttlichen Speise vor? Ist wenigstens Etwas in dir von jenem heißen Verlangen, womit die seligste Jungfrau nach dem Erlöser der Welt sich sehnte? Ist dein Herz so rein von der Sünde, wie es sich für den heiligsten Gott geziemt?

Denke auch an den lebendigen Glauben Mariä, an die tiefe Demuth und inbrünstige Liebe, womit sie den Sohn Gottes in ihrem keuschesten Schooße aufnahm; solltest du nicht auch in ähnlicher Gemüthsstimmung das heiligste Himmelsbrod genießen?

Ferner hast du gesehen, wie Maria seit der glückseligen Stunde ihrer Verkündigung mit immer neuen Gnaden bereichert und zu größerer Heiligkeit immer mehr gestärkt wurde. Ach, wie traurig wäre es denn doch, wenn du das hochheiligste Sakrament, die reichlichste Quelle aller Gnaden, empfangen würdest, ohne an Frömmigkeit und Tugend zuzunehmen! Die heilige Magdalena von Pazzis versichert, eine einzige würdige Communion würde hinreichen, uns heilig zu machen: — und du hast schon so vielmal communizirt, und bleibst immer in deinen alten sündhaften Gewohnheiten! Nein, da trägt nicht das heiligste Sakrament die Schuld, sondern deine Lauigkeit und dein böser Wille.

O vor jeder Communion bitte doch die heiligste Gottesmutter, dieses vortreffliche Gefäß der Andacht, daß sie dir die Gnade erlange, ihren

Unser Vorbild bei der hl. Communion. 47

göttlichen Sohn würdig zu empfangen. Und ist der glückseligste Augenblick gekommen, da Jesus Christus, dein Herr und Gott, in deinem Herzen ruhet: o dann lobe und preise Ihn aus ganzer Seele. Danke Ihm für die unschätzbare Gnade, welche Er dir jetzt erwiesen hat. Bitte Ihn mit vollem Vertrauen um Kraft und Stärke gegen Alles, was Sünde ist oder zur Sünde dich führen könnte; bitte Ihn um seinen allmächtigen Beistand, um alle jene Tugenden zu üben, die Ihm wohlgefällig sind.

Wenn du in solcher Andacht vor und nach der heiligen Communion dich einfindest, so wirst du selbst erfahren, wie wahr es sei, was das Büchlein der Nachfolge Christi (B. IV. Kap. 4.) sagt: „Das heiligste Altarssakrament bewirkt die wahre Heiligung der Seele; es ist eine heilbringende Arznei in jeder geistigen Krankheit, es hebt auf — die Schwäche und Ohnmacht zum Guten, es salbt uns mit himmlischer Kraft, die Leidenschaften zu besiegen, die Versuchungen zu überwinden oder ihre Anfälle zu schwächen; es gießt neue und größere Gnaden in das Herz, stärkt zum muthigen Fortschritt auf dem Wege der Tugend."

Uebung.

Verrichte jetzt eine geistige Communion, das heißt: erwecke in dir ein inbrünstiges Verlangen, Jesum Christum im heiligsten Sakramente zu empfangen, und bitte Ihn, Er wolle mit seiner Gnade zu dir kommen, bei dir bleiben und dich vor allem Bösen bewahren.

Fünfzehnte Betrachtung.
Mariä Heimsuchung.

1.

Der heilige Lukas erzählt uns umständlich (Kap. 1, 39.), wie die seligste Jungfrau, gewiß auf göttlichen Antrieb, bald nach ihrer Verkündigung sich aufmachte, eilends über die Berge ging und dort in einer Stadt*) von Judäa ihre Base Elisabeth besuchte. Warum unternahm denn Maria eine so weite, so beschwerliche Reise von wenigstens vier Tagen?

Aus den Worten des heiligen Erzengels Gabriel wußte Maria, daß Elisabeth von Gott gesegnet worden war. Siehe, da kann die gütigste Jungfrau, deren Herz voll Liebe war, nicht länger ruhen; sie verläßt ihre sonst so treu bewachte Einsamkeit, sie geht hin, um ihrer frommen Verwandten zu dem empfangenen Segen Glück zu wünschen und sich mit ihr darüber im Herrn zu erfreuen.

Und als sie in dem Hause der bejahrten Base angekommen war, wie freundlich, wie liebevoll war da ihre erste Ansprache und Begrüßung! Doch nicht allein ihre Worte waren Worte heiliger Liebe; auch ihre Werke bezeugten es, wie innig sie von wahrer Liebe durchdrungen war. Drei volle Monate lang blieb sie bei der begnadigten Freundin, und sie, die jüngere, obgleich zur Würde einer Gottesmutter erhoben, erwies der ältern Base alle möglichen Liebesdienste und zeigte sich gegen sie als ihre eifrigste, demüthigste Dienerin.

---

*) Nach alter Ueberlieferung war es die Stadt Hebron.

Mariä Heimsuchung.

O wie viel Gutes wird dieser Aufenthalt Mariä in dem Hause ihrer Anverwandten gestiftet haben! Ja, kaum hatte sie ihren Mund geöffnet, so ward Elisabeth selbst auch vom heiligen Geiste erfüllt, so daß sie das erhabene Geheimniß der Menschwerdung des Sohnes Gottes deutlich erkannte; auch Johannes, der künftige Vorläufer Jesu Christi, ward, obschon noch nicht geboren, von himmlischem Lichte erleuchtet und durch die nahe Gegenwart des göttlichen Erlösers jetzt schon geheiligt.

2. Christliche Seele! hier wirst du wohl ausrufen: O wie glücklich, wer von Maria besucht wird! Glücklich das Haus, in welches diese mildreichste Mutter auf geistige Weise einkehrt! Wahrlich, alles Gute kommt zugleich mit ihr, denn sie bringt ja Gott selbst mit.

Kannst du aber den so liebevollen, so gnadenvollen Besuch Mariä betrachten, ohne erinnert zu werden, wie du selbst auch in der Liebe zu deinen Mitmenschen eifrig und thätig sein sollst? Du weißt ja doch, wie diese Liebe so unumgänglich nothwendig ist, so daß selbst die Liebe Gottes ohne Nächstenliebe nicht bestehen kann. Besäßest du sogar alle Wissenschaft und die Kraft, Wunder zu wirken: so wärest du nichts und es nützte dir nichts ohne die Liebe. (1. Kor. 13.)

Erweise denn doch allen deinen Mitmenschen eine ungeheuchelte, aufrichtige, werkthätige Liebe. Für sie Alle ist ja der Sohn Gottes Mensch geworden und hat sie durch sein kostbares Blut erlöst; sie Alle haben eine und dieselbe Mutter, Maria die Mutter Jesu; sie Alle sind auch für den nämlichen Himmel auserwählt, um dort ewig selig zu werden. Wie solltest du denn nicht auch Alle ohne Ausnahme in Liebe umfangen?

O siehe auf das Vorbild, welches die seligste Jungfrau dir gegeben! Du sagst so oft im Rosenkranze: „Jesus, den du, o Jungfrau, zu Elisabeth getragen!" Denke bei diesen Worten an das, was Maria bei ihrer Heimsuchung gethan, und lerne von ihr die wahre christliche Nächstenliebe — jene Liebe, die nach den Worten des heiligen Paulus (1. Kor. 13.) geduldig ist und gütig, ohne Beneidung, ohne Eifersucht, ohne Erbitterung, nicht unbescheiden im Wandel, ja nicht einmal Arges denkt von dem Mitmenschen.

Uebung.

Aus Liebe zu Jesus und Maria sei heute recht geduldig gegen Jedermann, und wenn dir im Umgange mit Andern etwas Widriges begegnet, so ertrage es stille, gelassen und opfere es Gott auf.

Sechszehnte Betrachtung.
Der Lobgesang Mariä. (Magnificat.)

Sobald die gottselige Elisabeth den Gruß der heiligsten Gottesmutter gehört hatte, da rief sie freudig aus: „Gebenedeit (gesegnet) bist du unter den Weibern, und gebenedeit ist die Frucht deines Leibes!" Und woher geschieht mir dies (diese Gnade und Ehre), daß die Mutter meines Herrn zu mir kommt? ... O selig bist du, daß du geglaubt hast; denn was dir von dem Herrn gesagt wurde, wird in Erfüllung gehen."

Beherzigen wir nun jedes Wort, das Maria auf diese Lobsprüche erwiederte; es sind dies Worte

Der Lobgesang Mariä. (Magnificat.)

der erhabensten Entzückung, Worte des freudigsten Jubels ihrer Seele. So fängt sie an (Luk. 1, 46—55.):

1. „Hochpreiset meine Seele den Herrn, und mein Geist frohlocket in Gott meinem Heilande." — So erhebt Maria in heiliger Wonne Denjenigen, der in ihrem jungfräulichen Schooße die menschliche Natur angenommen, — sie preiset Ihn als ihren Herrn und Gott, als ihren Heiland und den Heiland aller Menschen.

Möchten doch auch wir ebendiesen Herrn, unsern Gott und Erlöser, besser erkennen, Ihn mit dankbarem Herzen preisen und verherrlichen! Möchten wir doch, so wie Maria, unsere Freude suchen — nicht in weltlichen und sinnlichen Lüsten, sondern in Gott, in unserem gütigsten Erlöser! O die Freude in Jesus ist die allein reine, wahrhaft beseligende Freude.

2. Maria fährt also fort: „Denn herabgesehen hat Er auf die Niedrigkeit seiner Magd; siehe, von jetzt an werden mich selig preisen alle Geschlechter." — Sehet da und bewundert es, wie Maria von sich selbst so demüthig denkt! Sie ist zur erhabensten Würde als Gottesmutter auserwählt — und dennoch nennt sie sich nur eine Magd des Herrn.

Wie ist das für uns so lehrreich! Haben wir nicht weit mehr Ursache, uns zu verdemüthigen? O wenn wir Maria als die hochbegnadigte Gottesmutter preisen und ehren, so lasset uns sie inbrünstig um die Gnade bitten, daß wir jeder Hoffart entsagen und demüthigen Sinnes sein können.

3. „Denn Großes hat an mir gethan, der da mächtig, und dessen Name heilig ist. Und seine Barmherzigkeit währet von Ge-

schlecht zu Geschlecht gegen Alle, die Ihn fürchten." — So erkennt es Maria in freudiger Dankbarkeit, was Gott in seiner Barmherzigkeit ihr und auch dem ganzen Menschengeschlechte Wunderbares und Großes erwiesen hat.

Und dieser heilige, allmächtige und gütigste Gott gibt uns Allen fort und fort seine Gnade und spendet uns so unzählige leibliche und geistige Wohlthaten. O daß wir doch die uns mitgetheilten Gnaden gut benützen möchten!

4. Die seligste Jungfrau schließt ihren Feiergesang also: „Er übet Macht mit seinem Arme; die stolzen Herzens sind, zerstreut Er. Die Gewaltigen stürzt Er vom Throne; die Niedrigen erhöhet Er. Die Hungrigen erfüllt Er mit Gütern; die Reichen läßt Er leer ausgehen. Er hat sich Israels, seines Knechtes, angenommen, eingedenk seiner Barmherzigkeit: wie Er unsern Vätern verheissen hat, dem Abraham und seinen Nachkommen auf ewig." —

In diesen Worten erzählt Maria die wunderbaren Fügungen Gottes mit den Menschen, von Abraham bis zur Ankunft des verheißenen Erlösers. Und welch schöne Lehren liegen nicht in diesen wenigen Sätzen!

Beherziget es, was die Mutter des Herrn von der furchtbaren Strafe sagt, die über die Hoffärtigen hereinbrechen wird! Beherziget es, was sie von der Demuth des Herzens ausspricht, und von der großen Belohnung, die derselben zu Theil wird!

Beherziget noch insbesondere, was Maria von Gottes Treue in seinen Verheißungen sagt. Der versprochene Erlöser ist gekommen, um zu retten

Maria bei der Betrübniß des hl. Joseph. 53

und selig zu machen, was verloren war. Wird denn Gott nicht auch gegen uns treu sein? O ja, glauben wir's doch ohne allen Zweifel und vertrauen wir fest und unerschütterlich auf Ihn! „Treu ist Gott, der uns zum heiligen Glauben berufen" (1. Thess. 5, 24); Er wird uns nicht verlassen, vielmehr mit seiner allmächtigen Gnade uns beistehen, auf daß wir in den Prüfungen dieses Lebens nicht unterliegen, sondern zur ewigen Seligkeit gelangen.

Aus der Geschichte.

Mehrere Heilige beteten oft und mit besonderer Vorliebe das Magnificat; sie thaten es auch nicht ohne großen Nutzen in leiblichen und geistigen Anliegen. So empfahl und betete dasselbe der heilige Ludwig Bertrand in einer gewissen Noth und die gewünschte Hilfe ward bald erlangt. Der heilige Franz Solanus ließ es sich noch auf dem Todbette vorsingen, und so verschied er sanft und ruhig, gleichsam mit Maria Gott preisend. Der heilige Leonhard von Portu Mauritio betete eben diesen Lobgesang vor den Hauptfesten der seligsten Jungfrau täglich neunmal und zwar mit tiefster Verbeugung — zum Zeichen der innigsten Verehrung, die er zur Mutter des Erlösers hatte.

Siebenzehnte Betrachtung.
Maria bei der Betrübniß des heiligen Joseph.

1.

Vom Besuche der seligen Base Elisabeth war Maria wieder nach Nazareth zurückgekehrt. Jetzt waren schon einige Monate verflossen, seitdem der heilige Geist das unaussprechlich große Geheimniß der Menschwerdung des göttlichen Erlösers in ihrem jungfräulichen Schooße bewirkt hatte. Dieser ihr gesegnete Zustand ward nun immer mehr bemerkbar: auch dem heiligen Joseph konnte derselbe nicht verborgen bleiben.

Was mußte denn der so fromme Mann jetzt gedacht haben — er, der gewiß einem falschen Verdachte nicht leicht Gehör gab? Der unbescholtene, ganz reine Lebenswandel seiner heiligen Braut war ihm ja wohl bekannt; wie hätte er denn ihretwegen etwas Böses vermuthen dürfen? Aber was soll er denn thun in dieser seiner Unruhe und Betrübniß? Darf er etwa die ihm anvertraute Braut der öffentlichen Schande preisgeben? Nein, das durfte „der Gerechte" nicht, weil er von ihrer Unschuld überzeugt war; um sie also weniger in üblen Ruf zu bringen, wollte er sie heimlich entlassen.

Maria sah die peinliche Qual, welche das Herz Josephs zernagte; doch ihre Bescheidenheit erlaubte ihr nicht, sich selbst zu rechtfertigen. Oder soll sie etwa ihren heiligen Bräutigam in Kenntniß setzen, daß sie zur hohen Würde einer Gottesmutter auserwählt sei? Nein, das läßt ihre Demuth nicht zu. Was also thuu?

Maria schweigt; sie vertraut auf Gott und überläßt es Ihm ganz getrost, ihre Ehre zu schützen; sie betet auch zu Gott, Er möge doch dem geliebten Bräutigam Trost und Erleuchtung in's niedergebeugte Herz kommen lassen.

Was geschieht nun? Nach dem Zeugnisse des Evangeliums (Matth. 1, 19—23.) erschien dem heiligen Joseph ein Engel, der ihm die frohe Kunde gab, was in Maria erzeugt worden, sei vom heiligen Geiste; der Sohn, den sie gebären werde, sei

Maria bei der Betrübniß des hl. Joseph.

Jesus, der verheissene Messias, der sein Volk von den Sünden erlösen werde.

Wie erfüllten doch diese Worte des himmlischen Botschafters den heiligen Joseph mit Trost und Freude! Wie ward er dadurch beruhigt, so daß alle Zweifel aus seiner Seele schwanden! Auch für Maria nahm diese schwere Prüfung einen tröstlichen Ausgang und ihr großes Gottvertrauen ward auf die herrlichste Weise belohnt.

2. Was sollen wir aber aus diesem Ereignisse lernen? O wie sehr beschämt das ruhige Stillschweigen der göttlichen Mutter unsere geschäftige Selbstvertheidigung! Wir suchen so eifrig unsere eigene Ehre, und wenn dieselbe auch nur ein wenig angegriffen oder verletzt wird, wie wehe thut das unserer gekränkten Eigenliebe! wie wenig können wir eine solche Beleidigung (Hintansetzung oder Verachtung) ertragen und werden dabei so ungeduldig, gerathen in Zorn und sinnen auf Mittel und Wege, uns zu vertheidigen oder zu rächen!

Ach, warum überlassen wir nicht Gott dem Allmächtigen unsere Rechtfertigung? Sollten wir auch wirklich ganz unschuldig sein: was kann uns denn mehr beruhigen und trösten, als der Gedanke: Gott weiß es! Ja, Er kann auch unsere Unschuld und unseren guten Namen wieder an's Licht bringen, wenn es uns zum Heile gereicht; thut Er's aber nicht, sollen wir denn eine solche Verdemüthigung nicht willig auf uns nehmen und mit Geduld und Gelassenheit im Namen Jesu ertragen?

Ja ihr christlichen Leser und Leserinnen! sollte euch etwas Aehnliches begegnen, was ihr jetzt in dem Leben der seligsten Jungfrau gesehen habt, o dann beruhiget euch mit dem Hinblick auf den all-

wissenden Gott und mit dem Zeugniß eines reinen
Gewissens. Zeiget euch aber auch in Allem so, daß
ihr eines guten Namens und Rufes stets würdig
seiet.

Aus der Nachfolge Christi.

1. Die wahre Ehre und der echte Ruhm eines
guten Menschen ist das Zeugniß eines guten Ge=
wissens.

2. Ein gutes Gewissen gibt Freudigkeit des
Herzens.

3. Ein gutes Gewissen kann viele Lasten tra=
gen, und kann auch, mitten unter Leiden und Trüb=
salen, heiter sein.

4. Wer die wahre, die unvergängliche Ehre
sucht, der bekümmert sich nicht viel um die vergäng=
liche. (B. 2. Kap. 6.)

Achtzehnte Betrachtung.
Die Reise nach Bethlehem.

1.

Immer näher kam die glückseligste Stunde, in
welcher der verheissene Welterlöser sollte gebo=
ren werden. O mit welch inniger Freude wird sich
Maria nach dieser Stunde gesehnt haben! Welch
herzliches Verlangen hatte sie, das Angesicht des
menschgewordenen heiligen Gottes, **ihres** göttlichen
Kindes, zu sehen und Ihm ihre tiefste Anbetung
und inbrünstige Liebe zu bezeigen!

Doch was geschah, bevor diese Herzenswünsche
der hochbeglückten Gottesmutter in Erfüllung gingen?
Gerade in dieser Zeit erließ der Kaiser Augustus
das Gebot, daß das ganze römische Reich sollte ge=

Die Reise nach Bethlehem.

zählt werden; deßhalb sollte Jedermann an jenen Ort gehen, wo sein Geschlecht herstammte, um sich da einschreiben zu lassen. Auch Joseph und Maria mußten also die beschwerliche Reise nach Bethlehem antreten, um da in der Vaterstadt Davids, von dem beide abstammten, in die öffentlichen Register eingetragen zu werden.

Betrachte nun hier, o christliche Seele, die wunderbaren Wege der göttlichen Vorsehung. Ist es nur so zufällig geschehen, daß eben jetzt der genannte Befehl von Augustus gegeben ward? O gewiß nicht! Deutlich hatte es der Prophet Michäas (5, 2.) vorherverkündet, der Messias werde in Bethlehem geboren werden. Siehe nun, wie der allmächtige Gott Alles so weise anzuordnen weiß! Er läßt die Welt ungestört ihre Wege gehen; aber zur nämlichen Zeit erfüllt Er seine heiligen Rathschlüsse. Maria wird verpflichtet, nach Bethlehem zu reisen; sie gehorsamet, und so geht dann das Wort des Propheten in Erfüllung.

Was wird aber die seligste Jungfrau bei dieser ihrer Wanderung gedacht haben? Gewiß, wenn sie auch den Befehl eines irdischen Machthabers in bereitwilliger Unterwürfigkeit vollzog, so sah sie doch hierin eine höhere Hand, die Alles leitende Vorsehung Gottes. Diese göttliche Vorsehung demüthigst anbetend, verläßt sie ihre stille Wohnung zu Nazareth und kommt nach Bethlehem. Was einst der ägyptische Joseph zu seinen Brüdern sagte, das mag jetzt auch Maria in ihrem gläubigen Herzen gedacht haben: „Nicht auf euere Anschläge hin, sondern nach Gottes Willen bin ich hieher gekommen." (Gen. 45, 8.)

2. Liegt nicht in alle dem die schöne Lehre, daß wir doch bei allen Ereignissen dieses Lebens die allwaltende Vorsehung Gottes erkennen und verehren sollen? O es ist ein tröstliches Wort, das unser göttliche Heiland (Matth. 10,30.) aussprach: „**Alle Haare eures Hauptes sind gezählt**;" — wie wenn Er hätte sagen wollen: Nichts entgeht Gott, Er sorgt für Alles und für Jeden; Er ordnet und leitet Alles.

Freilich können wir als so äußerst kurzsichtige Menschen den **tiefen Abgrund der Rathschlüsse Gottes** (Psalm 35, 6.) nicht ergründen; wir können nicht bei jeder Begebenheit (bei Krankheiten, Todesfällen, allgemeiner Drangsal) sogleich einsehen, warum Gott das oder dieses Uebel über uns verhänge. Aber immerhin bleibt es Wahrheit, was der königliche Prophet (Ps. 24, 11.) versichert, daß **alle Wege des Herrn lauter Güte und Wahrheit sind**, das heißt, daß Gott bei Allem, was Er thut und zuläßt, in väterlicher Güte nur unser wahres Wohl, unser ewiges Heil beabsichtige. Sollten wir denn noch anstehen und uns seiner Vorsehung nicht mit vollem Vertrauen überlassen wollen?!

Denksprüche aus der heiligen Schrift.

1. Der Israel beschützt, — Er schlummert nicht, Er schläft nicht. (Psalm 120, 4.)

2. Werfet alle euere Sorge auf den Herrn, denn Er sorget für euch. (1. Petr. 5, 7.)

3. Denen, die Gott lieben, dienen alle Dinge zum Besten. (Röm. 8, 28.)

Geburt Christi.

Neunzehnte Betrachtung.
Maria bei der Geburt des göttlichen Kindes.

1.

Die seligste Jungfrau und Joseph, ihr heiliger Bräutigam, fanden bei den hartherzigen Einwohnern von Bethlehem keine Herberge; sie mußten deßhalb in einem Stalle außerhalb der Stadt ein Obdach suchen. In dieser armseligen Zufluchtsstätte hat Maria ihr göttliches Kind geboren; sie wickelte dasselbe in Windeln ein und legte es in eine Krippe.

So erzählt der heilige Evangelist Lukas (2, 6. 7.) die gnadenreiche Geburt unseres Herrn und Heilandes Jesu Christi. Wer gibt mir aber, daß ich dieses hochheilige Ereigniß würdig betrachten könne? Wie vermag ich's, auch nur Etwas von dem zu erkennen, was die gebenedeite Mutter Jesu in dieser stillen Mitternachtsstunde wird gedacht und empfunden haben?

Welch süßeste Freude, welch inbrünstige Liebe wird ihr zartestes Mutterherz durchströmt haben, als sie zum Erstenmal das göttliche Kind, den ewigen Sohn des himmlischen Vaters, nun auch wahrhaft i h r e n Sohn erblickte, — als sie den ersten Kuß auf seine Lippen drückte, Ihn in ihre Arme nahm und an ihrem Herzen liebkosete! Wie demüthig wird sie vor Ihm niedergefallen sein und Ihn, den menschgewordenen Gott, in tiefster Ehrfurcht angebetet haben! O gewiß wiederholte sie jetzt — wenigstens im Geiste — ihren erhabenen Lobgesang, das Magnificat, und pries und lobte die Wunder der Allmacht und Barmherzigkeit Gottes.

Ganz gläublich ist, was hierüber der gottseligen Maria von Agreda geoffenbaret wurde. Diese fromme

Seele sah nämlich in einem Gesichte, wie die jungfräuliche Mutter des Herrn in dieser Stunde des Heils von einer überirdischen, ganz himmlischen Schönheit erglänzte; auch opferte Maria schon damals den göttlichen Sohn dem himmlischen Vater auf und bat Ihn kniefällig, Er möchte nun aus Liebe zu Jesus gegen uns Menschen gnädig und barmherzig sein. So zeigte sich Maria schon bei der Geburt Jesu als die Mutter der Barmherzigkeit, als unsere Fürsprecherin und Mittlerin, als die gütigste, mitleidigste Mutter Aller, die an den göttlichen Erlöser jemals glauben würden.

2. Was soll nun aber, o christliche Seele, diese Betrachtung in dir bewirken? Ja, siehe nur hin auf die Krippe Jesu! Siehe, auch für dich hat der Vater im Himmel seinen eingebornen, vielgeliebten Sohn in diese Welt gesandt, damit du durch Ihn, der das alleinige Heil der Welt ist, vom ewigen Tode erlöst würdest und das ewige Leben habest.

Freue dich! Auch für dich ist die **Güte und Menschenfreundlichkeit Gottes, unseres Heilandes, erschienen** (Tit. 3, 4.) — erschienen in der Gestalt eines lieblichen Kindes. Maria ist auch dir die Ursache des Heils und der Freude, weil sie das göttliche Kind auch dir geboren hat als deinen Herrn und gütigsten Erlöser. Was die heiligen Engel in jener gesegneten Nacht den frommen Hirten verkündigt haben, das ist auch dir gesagt; himmlischer Friede und mit demselben alles wahrhaft Gute wird auch dein Antheil durch den anbetungswürdigen Sohn der jungfräulichen Mutter.

Also nochmal, freue dich aus ganzer Seele über die gnadenreiche Geburt Jesu! In Ehrfurcht falle

Maria bei der Geburt ihres göttl. Kindes.

vor seiner Krippe nieder und bete Ihn demüthigst an als den ewigen, nun wahrer Mensch gewordenen Sohn Gottes.

Bedenke aber wohl! Wenn Christus der Herr auf diese Welt gekommen ist, um uns von der Sklaverei der Sünde und von der ewigen Verdammniß zu befreien, so wollte Er auch, daß wir jeglicher Gottlosigkeit und allen weltlichen (sündhaften) Lüsten entsagen und sittsam, gerecht und gottselig leben sollen. (Tit. 2, 12.) Wie erfüllest du diesen Willen deines göttlichen Lehrers und Heilandes? —

O fasse doch den ernstlichen Entschluß, die Geburt Jesu gut zu benutzen, die Sünde zu meiden und in Allem ein **Mensch eines guten Willens** zu sein. Bitte auch die heilige Gottesmutter, sie wolle dich fort und fort mit ihrem göttlichen Sohne versöhnen und Ihm, statt deiner ach! so lauen Andacht, jenen Glauben und jene Liebe aufopfern, womit sie Ihn nach seiner Geburt angebetet hat.

Diese letztere Bitte sei dir besonders wichtig, wenn du die große Gnade hast, bei der heiligen Communion den göttlichen Erlöser in dein Herz aufzunehmen. Dann flehe recht inbrünstig zu Maria um ein reines Herz, um einen lebendigen Glauben und eine innige Liebe zu dem liebenswürdigsten Herrn und Heiland Jesus Christus, hochgelobt in Ewigkeit!

Uebung.

Mit best möglicher Andacht bete heute beim englischen Grußes die heiligen Worte: „**Und das Wort ist Fleisch geworden;**" mache es ebenso beim Credo in der heiligen Messe und beim letzten Evangelium, da der Priester die gleichen Worte ausspricht, und erinnere dich jedesmal mit dankbarem Herzen an die gnadenreiche Geburt Jesu Christi.

Zwanzigste Betrachtung.
Inbrunst der seligsten Gottesmutter.

1.

Nachdem der heilige Lukas die Geburt Jesu und einige Umstände derselben beschrieben hatte, so fügte er (Kap. 2, 19.) noch bei: „Maria bewahrte alle diese Worte und überlegte sie in ihrem Herzen."

Welche Worte bewahrte und überdachte denn die seligste Jungfrau so genau in ihrem Herzen? Gewiß jene, die sie von den frommen Hirten gehört hatte, was diese nämlich erzählten von der Erscheinung und der Verkündigung des Engels, sowie von dem feierlichen Lobgesange, den die himmlischen Heerschaaren so freudig anstimmten.

Dieses und selbst auch die tiefste Verehrung und Anbetung, welche die guten Hirten dem göttlichen Kinde erzeigten — Alles das war unserer theuersten Gottesmutter hochwichtig und heilig; in stiller Inbrunst erwog sie Alles in ihrem reinsten Herzen; sie verglich die Aussprüche der Propheten mit dem, was sie jetzt sah und hörte.

So erkannte sie deutlich, wie nun erfüllt sei, was schon Isaias (Kap. 9.) geweissagt hatte — von einem Kinde, das da sein und heissen werde: „Der Wunderbare, Gott, der Starke, der Vater der zukünftigen Zeiten, der Stifter und Liebhaber des Friedens."

O wie wird Maria bei Betrachtung dieser großen Geheimnisse die Liebe Gottes zu den Menschen bewundert haben! Wie war sie in Anbetung versunken, so oft sie auf den unendlich großen Gott hinblickte, der nun ein kleines hilfloses Kind geworden!

Sicher ward da das Herz dieser gebenedeiten Mutter noch mehr belebt zur unerschütterlichen Hoffnung auf den so barmherzigen, so gütigen Gott; ihre heilige Seele ward noch mehr entzündet zur inbrünstigen Liebe gegen diesen so liebevollen, so liebenswürdigen Gott, sowie zu größerm Eifer, Ihm in Allem wohlgefällig zu sein.

Und wenn auch ihre unermeßlich hohe Würde als Mutter des menschgewordenen Sohnes Gottes jetzt auf's lebhafteste ihr vor Augen schweben mußte: o so verdemüthigte sie sich nur um so inniger und tiefer, je mehr sie von Gott erhöht und mit Gnaden überhäuft wurde.

2. Nun die Anwendung auf uns selbst. Wir sehen Maria voll Inbrunst, voll Dank und Anbetung vor ihrem neugebornen göttlichen Kinde — und wir? Wie verhalten wir uns gegen die hochheiligen Geheimnisse unserer christlichen Religion? Haben wir nicht auch die wunderbaren Großthaten von Gottes Allmacht und Liebe beständig wie vor Augen — und ach wie wenig erkennen wir das, wie gering schätzen wir das, was Gott zu unserm Heile schon gethan hat und zu thun nicht aufhört! Leider geht es auch uns an, was der heilige Paulus im hohen Rathe zu Athen sprach, daß nämlich Jesus Christus auch uns ein „unbekannter Gott" ist.

Wir sehen zwar so vielmal das Bild des gekreuzigten Erlösers, wir sind gegenwärtig, wenn sein Erlösungsopfer auf unblutige Weise am Altare erneuert wird; wir empfangen durch seine Stellvertreter die Nachlassung unserer Sünden, ja unter den sakramentalischen Gestalten genießen wir Ihn selbst, den anbetungswürdigen Gottmenschen, als die Speise unserer Seele: — und wie nehmen wir all' das zu Herzen? Wo ist die Dankbarkeit, wo die Liebe, in welcher wir, nach dem Beispiele Mariä, alle diese Worte, das heißt, alle diese Gnadenwerke unseres liebreichsten Herrn und Heilandes im Innersten der Seele bewahren sollten? Und diese unzähligen Erweise göttlicher Huld und Güte — was für Früchte bringen sie in uns hervor? —

Christliche Seele! wir wollen doch nicht zu der so großen Anzahl leichtfertiger oder gleichgültiger Christen gehören. Wir wollen es doch recht oft und ernstlich zu Gemüthe führen, was Jesus Christus für unser Heil schon gethan hat und fort und fort thut. Nein, nein, seine so große Liebe soll an uns nicht ohne Nutzen, nicht ohne guten Früchte verschwendet sein! Hat Er uns, wie der heilige Liebesjünger Johannes (Kap. 1, 12.) bezeugt, die Gnade erworben, Kinder Gottes zu werden, so wollen wir uns auch als gute, gelehrige und gehorsame Kinder Gottes erzeigen — durch Haltung seiner Gebote.

Zur Beherzigung.

1. Also hat Gott die Welt geliebt, daß Er seinen eingebornen Sohn hingab, damit Alle, die an Ihn glauben, nicht verloren gehen, sondern das ewige Leben haben. (Joh. 3, 16.)

2. In der Fülle der Zeiten sandte Gott seinen Sohn, geboren von einem Weibe . . . damit wir an Kindes Statt angenommen würden. (Gal. 4, 4.)

Die Liebe zu den Armen.

3. Lasset uns also Gott lieben, weil Gott uns zuerst geliebt hat. (1. Joh. 4, 19.)

Einundzwanzigste Betrachtung.

Die Liebe zu den Armen.

1.

Nicht nur den frommen Hirten aus dem jüdischen Geschlechte ward die Geburt des göttlichen Heilandes verkündet; auch heidnische Völker erhielten auf wunderbare Weise Kunde von diesem gnadenreichsten Ereigniß. So erzählt uns der heilige Matthäus (Kap. 2.) ausführlich, wie die Weisen aus dem Morgenlande, von einem Sterne gleichsam geführt, nach Bethlehem kamen, um dem neugebornen Könige ihre Huldigung zu erzeigen. Da ging theilweise schon in Erfüllung, was der Prophet David (Ps. 71.) vorhergesagt hatte: „Die Könige von Tharsis und die Inseln werden Gaben bringen; es werden Ihn mit Geschenken anbeten Arabiens und Saba's Fürsten, alle Völker werden Ihm dienen."

O wie innig wird sich Maria erfreut haben als sie erkannte, der ewige Vater habe die Menschwerdung seines Sohnes auch denjenigen geoffenbart, die noch so ganz in der Finsterniß des Unglaubens dahinlebten! Wie war das Herz dieser jungfräulichen Mutter voll Wonne, voll Dankes, voll der Lobpreisung gegen Gott, als sie die tiefste Ehrfurcht sah, womit die heiligen Könige vor dem göttlichen Kinde niederfielen, Es demüthigst anbeteten und Ihm ihre geheimnißvollen Opfer darbrachten!

Was machte jedoch Maria mit diesen kostbaren Geschenken? Nach dem Zeugnisse des heiligen Bona=

ventura,*) der diese Thatsache gewiß aus glaubwürdiger Ueberlieferung schöpfte, ebenso nach den Offenbarungen der heiligen Brigitta, der gottseligen Maria von Agreda und Anderer verwendete die seligste Jungfrau diese Opfergaben zur Unterstützung der Armen. Oder hätte es wohl anders sein können?

Maria, die den barmherzigsten Erlöser so lange unter ihrem jungfräulichen Herzen getragen — wie sollte sie gegen die Armen und Dürftigen nicht ein besonders großes Mitleid und Erbarmen gehabt haben? Auch war sie selbst von Jugend auf arm und hat so durch ihre eigene Armuth kennen gelernt, was Armuth sei und wie die Armen vielerlei Ungemach zu dulden haben. Um so lieber, um so freudiger theilte sie ihnen jetzt von demjenigen mit, was die heiligen Könige dem göttlichen Kinde opferten.

2. Sollen wir nun nicht auch diese Liebe zu den Armen und Nothleidenden von Maria erlernen? Wie könnten wir uns zu ihren guten Kindern und treuen Dienern zählen, wenn wir gegen jene gefühllos und hartherzig wären, gegen die sie doch selbst so mitleidig und freigebig war?

O bedenke, wie die Wohlthätigkeit vor Gott so besonders wohlgefällig ist! Das Almosen befreiet dich nach den Worten (Tob. 12, 9.) des heiligen Erzengels Raphael — von der Sünde und vom (ewigen) Tode, ja die Mildthätigkeit bewirkt es, daß du selbst auch vor Gott Barmherzigkeit finden wirst. Ja selig sind die Barmherzigen, denn sie werden Barmherzigkeit erlangen: so versichert (Matth. 5, 7.) Jesus Christus selbst.

---

*) Medit. vitæ Christi C. 9.

Die Liebe zu den Armen. 69

Und wie sieht der göttliche Lehrer dasjenige an, was wir den Hungernden und Nackten, kurz allen Nothleidenden Gutes erweisen? Er sieht und nimmt alles das so an, wie wenn wir's Ihm selbst geben würden; Er sagt ja (Matth. 25, 40): „Was ihr Einem dieser meiner geringsten Brüder gethan habt, das habt ihr Mir gethan." Die Armen vertreten also die hochheilige Person Jesu Christi selbst — und du, o christliche Seele, solltest dich noch weigern können, Ihm — deinem göttlichen Herrn und Heiland — eine milde Gabe darzureichen?!

Aber was und wie sollst du denn geben? Hast du Viel, so gib desto reichlicher. Kannst du nur wenig geben, so mache es wie die arme Wittwe im Evangelium, die wenigstens zwei kleine Geldstücke in den Opferkasten legte; auch das kleine Opfer, das aus gutem Herzen kommt, ist vor Gott wohlgefällig.

Denke endlich auch an das schöne Wort (Matth. 6, 3.) des Herrn: „Deine linke Hand wisse nicht, was die rechte thut;" das heißt: was du einem Dürftigen Gutes gethan, das lasse nicht etwa Andere noch wissen; soviel möglich, gib dein Almosen ganz geheim; der Vater, der im Verborgenen sieht, wird es dir vergelten.

Auf solche Weise folge der seligsten Jungfrau nach, auch in der Liebe gegen die Armen.

Uebung.

Aus Liebe zu Jesus und Maria gib heute, oder sobald du kannst, einem armen Menschen ein schönes Almosen an Geld, oder etwa ein Kleidungsstück, oder auch eine gute Speise. Kannst du kein zeit=

liches Almosen spenden, so gib doch ein geistiges. Höre für die armen Seelen eine heilige Messe an oder thue sonst etwas Gutes für sie.

Zweiundzwanzigste Betrachtung.
Mariä Reinigung und ihr Gehorsam.

1.

In dem mosaischen Gesetze war befohlen, daß alle erstgebornen Söhne dem Dienste Gottes gewidmet werden sollten, sie konnten jedoch davon wieder losgekauft werden; die Mutter aber, die einen Knaben geboren, ward vierzig Tage nach der Geburt für unrein gehalten und durfte daher nicht öffentlich erscheinen. Nach diesen vierzig Tagen mußte sie im Vorhofe des Tempels sich einfinden und ein jähriges Lamm, oder im Falle der Armuth zwei junge Tauben zur Sühne für ihre Sünden opfern.

Auch die jungfräuliche Mutter Jesu wollte dieses Gesetz genau beobachten, obschon sie aus so vielen Gründen davon ausgenommen war. Sie hatte ja ihr göttliches Kind nicht auf natürliche Weise, sondern durch die Ueberschattung des heiligen Geistes, also auf eine übernatürliche Weise empfangen; auch war sie vor und nach der Geburt die sündenlose und reinste Jungfrau; wozu bedurfte sie denn der Sühnung für irgend eine Sünde? Und ihr heiligstes Kind war zwar ein wahrer Mensch, zugleich aber der ewige Sohn Gottes; Er selbst der höchste Herr und Gesetzgeber; wie sollte Er denn unter dem jüdischen Gesetze stehen?

Doch Maria, die ja bei ihrer Reise nach Bethlehem sogar die Verordnungen eines heidnischen Kaisers befolgt hatte — sie will sich auch jetzt als die ge-

Mariä Reinigung und ihr Gehorsam.

treue Magd des Herrn erweisen. Gleich einer Sünderin erscheint sie im Tempel, um Alles zu beobachten, was im Gesetze vorgeschrieben war. War dieses für sie erniedrigend, so galt ihr der Wille Gottes über Alles.

Und war hier nur ein Ceremonial=Gesetz zu erfüllen, so wollte Maria dennoch auch in der kleinsten Sache gehorsam sein. So suchte sie auch bei ihrer Reinigung nur Gott zu gefallen und aus Liebe zu Ihm alle Gerechtigkeit zu üben. Unbekümmert um die unbilligen oder ungerechten Urtheile der Menschen — that sie das, was sie vor Gott thun zu müssen glaubte.

2. Auch du, christliche Seele, sollst dich nach dem Vorbilde der seligsten Jungfrau gegen Gottes Willen bereitwillig und gehorsam erzeigen. Du kennst die Gebote Gottes und jene seiner heiligen katholischen Kirche; was diese so deutlichen Gebote von dir fordern, das ist das Erste, was du zu thun hast. Auch deine Standes= und Berufspflichten sagen es dir bestimmt, was Gott von dir verlange. Und wenn insbesondere deine Vorgesetzten dir etwas verbieten oder befehlen; auch dann sollst du in ihrer Stimme den Willen Gottes verehren, folglich denselben vollziehen, insofern nichts befohlen wird, was etwa den Geboten Gottes oder der Kirche entgegengesetzt wäre.

Hast du nicht nebst dem schönen Vorbild Mariä auch das erhabenste Beispiel Jesu Christi, ihres göttlichen Sohnes? Er ist ja, wie Er selbst (Joh. 6, 38.) sagte, dazu auf diese Welt gekommen, um in Allem den Willen seines himmlischen Vaters zu thun. Das war seine Freude, seine Speise (Ebend. 4, 34), sein eifrigstes Bestreben bis zu je=

nem Augenblick, da Er sein Haupt neigte und ausrief: „Es ist vollbracht."

So thun die heiligen Engel im Himmel, und du solltest doch daran denken, so oft du jene Worte aussprichst: „Dein Wille geschehe, wie im Himmel, also auch auf Erden." Wenn es dir mit dieser Bitte Ernst ist, warum widersprechen denn derselben gar oft deine Werke? Und weißt du nicht, daß doch das das Allernothwendigste ist, den Willen Gottes zu erfüllen? Ja, Gott fürchten und seine Gebote halten, das ist nach der Lehre des weisen Mannes (Pred. 12, 13.) — der ganze Mensch, das heißt, das ist deine Bestimmung, das das Ziel und Ende deines Daseins hienieden, das dein Glück und deine Seligkeit.

Und sage ja nicht, du wollest es zwar in großen und wichtigen Dingen hierin genau nehmen, die kleinern seien weniger zu achten. Kann denn irgend Etwas klein und unbedeutend sein, was der allmächtige Gott ausdrücklich als seinen Willen erklärt? Und wenn auch in deinen Augen Etwas als gering erschiene, so beherzige was hierüber die heilige Schrift (Sprichw. 19, 1.) so deutlich sagt: „Wer das Kleine verachtet, wird nach und nach fallen" — er wird unvermerkt in größere Sünden fallen. Ein Schritt führt zum andern — und gleichwie man mit Einem Male nicht vollkommen im Guten wird, so wird man auch nicht auf Einmal böse und lasterhaft. Wer aber im Kleinen anfängt, was hat der zu befürchten?

Nimm diese Wahrheiten zu Herzen und handle in Allem nach dem Beispiele unserer theuersten Gottesmutter, also auch durch bereitwilligen und eifrigen Gehorsam, weil und wie es Gott will.

Denksprüche des heiligen Philipp Neri.

1. Gehorsam ist ein wahres Opfer, das wir Gott auf dem Altare unserer Herzen darbringen.

2. Gehorsam ist der kürzeste Weg zur Vollkommenheit.

3. Die guten Werke, die wir aus eigenem Willen thun, sind nicht so verdienstlich, als die wir aus Gehorsam verrichten.

4. Man sollte sich selbst in kleinen Dingen zwingen, gehorsam zu sein, weil man so die Uebung des Gehorsams in wichtigen Dingen sich leicht macht.

Dreiundzwanzigste Betrachtung.
Das Opferleben des Christen.

1.

Wir wollen abermals betrachten, was die heiligste Gottesmutter dort im Tempel zu Jerusalem gethan hat. Für ihre (nach dem Urtheile der Menschen nothwendige) Reinigung brachte sie in aller Demuth das vorgeschriebene Opfer; doch sie hatte noch ein anderes Opfer auf ihren mütterlichen Armen, das göttliche Kind Jesus selbst.

Nach der Vorschrift des Gesetzes mußte jede männliche Erstgeburt dem Herrn geheiligt werden, so daß dieselbe Ihm als Eigenthum zugehörte. Wenn nun auch Maria diese Vorschrift beobachtete, mit welch heiligen Gesinnungen wird sie das gethan haben! Sie verehrte und liebte ja dieses Kind als ihren Schöpfer, als ihren Erlöser und Gott; zugleich liebte sie dasselbe als das Kind ihres Herzens mit der innigsten, zärtlichsten Mutterliebe — unaussprechlich mehr, als irgend eine Mutter ihr Kind zu lieben im Stande ist.

Eben diesen theuersten Gegenstand ihrer Liebe bringt nun Maria dem himmlischen Vater zum Opfer dar. Wie ist aber dieses Opfer zu verstehen? Die gebenedeite Mutter opfert Jesum auf, das will so viel sagen: Sie willigt ein in jene heiligen Rathschlüsse, nach denen Jesus einmal das Sühnopfer für die Sünden der Welt werden soll; somit hat sie schon damals ihren geliebtesten Sohn der Gerechtigkeit Gottes hingegeben, damit wir durch Ihn der ewigen Seligkeit theilhaftig gemacht würden.

Welch ein unendlich großes und kostbares Opfer. Nein, ein solches Opfer ist dem Allmächtigen nie dargebracht worden, seitdem die Schöpfung begann. Das war jedoch erst das Morgenopfer, auf welches einst jenes blutige Abendopfer auf dem Kalvarienberge folgen sollte; aber auch für das letztere gab Maria jetzt schon ihre freie Zustimmung.

Das göttliche Kind wird jetzt freilich mit zwei Tauben losgekauft und der Mutter wieder zurückgegeben; doch nicht für immer. Die Zeit wird kommen, da Jesus als das Lamm Gottes nicht wieder wird losgekauft werden, — die Stunde, in welcher Er durch sein eigenes Blut uns Menschen von dem ewigen Tode loskaufen und befreien wird.

Wer erkennt da nicht die große Liebe, die unsere theuerste Mutter gegen Gott und uns Menschen an diesem Tage ihrer Reinigung offenbarte? Wer muß nicht die Großmuth bewundern, in welcher sie das Kostbarste, was sie hatte, Gott dem Herrn zum Opfer darbrachte?

2. Wenn du aber im Geiste siehst, wie Maria ihr göttliches Kind im Tempel geopfert hat: was sollst du da lernen? Auch von dir, o christliche Seele, verlangt Gott gewisse Opfer. Siehe, Er

fordert von dir, du sollest überwinden jene böse Neigung, die dich schon so oft zur Sünde verleitet hat, — du sollest vermeiden jene gefährliche Gelegenheit, aufgeben jene verdächtige Bekanntschaft, wo du so leicht zu vielem Bösen könntest verführt werden oder schon verführt wurdest, — du sollest besiegen jene sündhafte Gewohnheit, die dich schon so lange in schmählichen Fesseln wie gebunden hält.

Das will Gott von dir, — einen solchen Opfergeist möchte Er an dir sehen. Ja noch mehr! Gott will, du sollest auch fleißig ausüben die schönen Tugenden der Sanftmuth, der Geduld, der Keuschheit und Mäßigkeit, der Nächstenliebe; ja in allem Guten sollst du dich eifrig und thätig erzeigen. „Meide das Böse und thue das Gute," so lauten die Worte Gottes (Ps. 36.)

Freilich um diesen göttlichen Willen getreu zu vollziehen, bedarf es vielfacher Selbstüberwindung, mühsamer und anhaltender Anstrengung. Allein unser göttliche Lehrer sagt deutlich: „Das Himmelreich leidet Gewalt, und nur jene, die Gewalt anwenden, reißen es an sich." (Matth. 11, 12.) Nur wenn die eben genannte Opferwilligkeit in dir lebt und wirkt, nur dann kommt „das Himmelreich," die Gnade und Liebe Gottes in dein Herz, und nur so kommst du zur Seligkeit im Himmel. Also frisch und muthig! Der Himmel ist Alles werth. Frisch und muthig! Gott wird helfen.

Entschliessungen.

1. Heute schon will ich dem lieben Gott einige, wenn auch nur kleine Opfer bringen, z. B. eine Regung der Ungeduld oder des Zornes unterdrücken, oder eine, obgleich erlaubte Freude mir versagen,

im Reden behutsamer sein. Dieses Opfer vereinige ich mit dem Opfer Jesu und Mariä.

2. Bei der heiligen Messe will ich jedesmal mich selbst Gott zum Opfer darbringen und Ihn um die Gnade bitten, daß ich allezeit nur nach seinem heiligsten Wohlgefallen leben könne.

Vierundzwanzigste Betrachtung.
Das Schwert der Schmerzen.
Worte der göttlichen Mutter.

1.

Meine Kinder! aus dem heiligen Evangelium wisset ihr, wie bei meiner Reinigung im Tempel auch der fromme Simeon auf Antrieb des heiligen Geistes erschien; wie derselbe das göttliche Kind Jesus voll heiliger Freude auf seine Arme nahm und in Ihm das von Gott gesandte Heil der Welt erkannte — das Licht zur Erleuchtung der Heiden und zur Verherrlichung seines Volkes Israel. (Luk. 2, 30.)

Allein der gottselige Greis schaute jetzt, vom Geiste Gottes erleuchtet, in die ferne Zukunft; sein prophetischer Blick drang in jene Zeiten, in denen ebendiesem göttlichen Kinde werde widersprochen werden; er sah es schon voraus, daß Jesus, obgleich Vielen zur Auferstehung und zum Heile, doch auch Vielen — ihres Unglaubens und ihrer Unbußfertigkeit wegen — zum Falle und zur Verdammniß werden würde.

Wie mußte diese Weissagung mein liebendes Mutterherz auf's Schmerzlichste durchbohren! Und erst die Worte, die Simeon zu mir insbesondere sprach: „Deine eigene Seele wird ein Schwert durchdringen" — o dies waren für mich furchtbare, erschütternde Worte, die mein Herz mit unaussprechlicher Wehmuth erfüllten.

Von jetzt an stunden die großen Leiden, die über meinen göttlichen Sohn und über mich kommen sollten, immerfort vor meinen Augen, und so wurden alle meine Freuden mit den bittersten Schmerzen vermengt. In den folgenden 33 Jahren ging keine Stunde vorbei, ohne daß diese Schmerzen mein Innerstes nicht durchbohrt hätten. *) So ist mir jener Freudentag im Tempel zugleich ein Schmerzenstag geworden, aber ein Schmerzenstag, der erst mit meiner Aufnahme in den Himmel endet.

2. Nehmet dieses zu Herzen, meine Kinder, und bedenket es wohl, wie ich von Gott bin behandelt worden. In dieser Welt lohnte Er all mein Gutes mit den härtesten Leiden. Gleichwie mein göttlicher Sohn der Mann der Schmerzen geworden, so mußte auch ich den bittersten Leidenskelch bis auf den letzten Tropfen trinken.

Muß es euch denn auffallend vorkommen, wenn Kreuze und Leiden auch euch drücken? Oder glaubet ihr etwa, ihr könnet auf einem andern Wege in den Himmel kommen als auf jenem, worauf mein geliebtester Sohn und ich fort und fort gehen mußten?

Und welcher von den Heiligen und Auserwählten Gottes ist in den Himmel gekommen — ohne Leiden und Trübsale? Mit diesem Zeichen des Kreuzes sind sie alle wie an der Stirne bezeichnet worden; sie alle mußten (nach den Worten des Apostels

---

*) Offenbarung der heiligen Brigitta. B. 7. Kap. 8.

Röm. 8, 29.) dem Bilde des Sohnes Gottes gleichförmig werden und so nur konnten sie, gleichwie Er selbst, in die Herrlichkeit des Himmels eingehen.

Wie könnet ihr denn nun denken, daß ihr als Erlöste Jesu Christi nicht auch an seinem Kreuze Theil haben müßet? Ja, so muß es sein; zum Kreuztragen seid ihr schon durch die heilige Taufe und durch den Namen als Christen berufen und recht eigentlich dazu bestimmt. (1. Thess. 3, 5.)

3. Nehmet denn doch, ich ermahne und bitte euch, nehmet doch euer Kreuz (Krankheit, Todfälle, Armuth, Beleidigungen, geistige Verlassenheit) ruhig und gelassen auf euch; nehmet dies Alles wie von der Hand Gottes an und traget es in Vereinigung mit eurem gekreuzigten Erlöser. So habe ja auch ich gelitten — wegen Ihm und mit Ihm; leidet auch ihr auf diese Weise. Das Kreuz wird euch, auf Jesus hinschauend, viel leichter werden.

Und jede Widerwärtigkeit litt ich, weil ich darin den Willen Gottes verehrte und anbetete. In der Weissagung des frommen Simeon erkannte ich die Stimme Gottes und ohne ein Wort zu sprechen, dachte ich im Herzen, was schon früher: „Ich bin eine Magd des Herrn, mir geschehe nach deinem Worte." So traget auch ihr jede Trübsal in Geduld und denket dabei: sie kommt von Gott! Gott will es so! Und aus seinen Händen kann nur das kommen, was uns gut und heilsam ist.

Also nochmal, meine Kinder! nach meinem Beispiele, ja nach dem Vorbilde meines göttlichen Sohnes und seiner Heiligen traget euer Kreuz geduldig und gottergeben. Und scheint euch auch die Leidenszeit lange, sehr lange: o so denket, daß mein Leidensschwert auch viele Jahre lang in meinem Herzen haftete. Harret also aus am Kreuze; Jesus hilft euch dasselbe tragen.

Denksprüche.

1. O welch eine große Gnade ist es, Beschwerden und Verfolgungen zu leiden aus Liebe zu Gott! (Hl. Theresia.)

2. Der einzige Weg, heilig zu werden, ist der Weg des Leidens. (Hl. Alphons Liguori.)

3. Kannst du schweigen und dulden, so wirst du Gottes Hilfe ganz sicher erfahren. (Nachfolge Christi.)

Fünfundzwanzigste Betrachtung.
Die Flucht nach Aegypten.

1.

Im Geiste sind wir mit der heiligen Familie nach Nazareth zurückgekehrt. Aber ach, was geschah bald nach dieser Rückkehr! Kaum ist eine kurze Zeit verflossen, so ging die Weissagung des frommen Simeon schon in Erfüllung; eben jetzt nämlich strebte der gottlose König Herodes dem göttlichen Kinde nach dem Leben. Siehe, da sandte Gott einen Engel zum heiligen Nährvater — mit dem bestimmten Befehle: „**Stehe auf und nimm das Kind und seine Mutter und fliehe nach Aegypten, denn Herodes sucht das Kind auf, um Es umzubringen.**" (Matth. 2, 13.)

Welch eine erschreckende Nachricht, welch ein hartes Gebot für das väterliche Herz des heiligen Joseph! Und was dachte, was that die gebenedeite Gottesmutter, als der heilige Gatte ihr die Worte des Engels mittheilte?

Gewiß waren jetzt Joseph und Maria auf's tiefste betrübt und beide litten unaussprechlich bittere Schmerzen. Dennoch machen sie sich sogleich auf — in derselben Nacht, ohne Widerrede, ohne Unwillen; sie nehmen das göttliche Kind und treten mit Ihm die beschwerliche Reise nach Aegypten an, um Es vor den Anschlägen des mordlustigen Herodes zu retten.

2. Wie viele und welch herrliche Tugenden erglänzen hier aus dem ganzen Benehmen unserer theuersten Mutter Jesu! Sieh', o christliche Seele, sieh' und bewundere ihren schleunigen Gehorsam gegen den Befehl Gottes, ihre demüthigste Ergebung in den Willen Gottes auch bei dieser schwersten Prüfung, ebenso ihre heldenmüthige Geduld bei einer so peinlichen Drangsal und Noth.

Doch Maria auf ihrer Flucht nach Aegypten lehrt dich noch eine ganz eigene Tugend. Hier nämlich ward ihr der bittere Schmerz zunächst und unmittelbar von der Bosheit der Menschen verursacht. Gott hätte freilich dieses Alles verhindern und der heiligsten Mutter dieses große Herzeleid ersparen können; doch Er wollte es nicht, Er hat diese harte Prüfung in ihren kleinsten Umständen zugelassen; das herbe Leiden kam aber immerhin durch menschliche Hände über die heiligste Familie.

Wie mußte es das zärtlichste Herz Mariä schmerzen, da sie sah, daß jetzt Derjenige von den Menschen verfolgt wurde, der doch auf diese Erde gekommen war, um Alle selig zu machen! Ach, Gott muß vor den Menschen fliehen: welch ein trauriger Gedanke für Maria! Doch das erschüttert ihr Gottvertrauen nicht; sie blickt nur auf Gott und seine Alles leitende Vorsehung, und bleibt standhaft in der Geduld.

Die Flucht nach Aegypten.

Und wie geht es bei dir, wenn du von andern Menschen beleidigt wirst — etwa durch unfreundliche Worte, durch üble Nachreden, durch ungerechte Behandlung, durch thatsächliche Beschädigung oder Verfolgung? Da glaubst du vielleicht, du würdest wohl jedes andere Leiden, das unmittelbar von Gott käme, leicht und geduldig ertragen können; allein von deinen eigenen Mitmenschen (Nachbarn, Verwandten, oder von dem oder diesem) so etwas leiden müssen: das scheint dir unerträglich, unmöglich.

Aber wo ist doch dein Glaube an den allwissenden, Alles ordnenden Gott, wenn du nicht auch bei solchen Leiden, welche die Menschen dir zufügen, die unsichtbare Hand der göttlichen Vorsehung erblickest? Erwäge, was der göttliche Heiland (Joh. 18, 11.) kurz vor seinem letzten Leiden zu dem Apostel Petrus sprach: „**Soll Ich den Kelch, den der Vater Mir darreicht, nicht trinken?**" Siehe, Jesus sagt nicht, der bevorstehende Leidenskelch werde Ihm von den Juden oder von Pilatus bereitet, sondern von seinem Vater; in dem nämlich, was die Juden und Heiden Ihm anthun würden, erkennt Er die Anordnung und Fügung des Vaters im Himmel. Wenn du so die Dinge anschaust, so kannst auch du deinen Beleidigern gegenüber das Gleiche denken, was Jesus zu dem Landpfleger Pilatus sprach: „Du hättest keine Gewalt über Mich, wenn sie dir nicht von Oben herab gegeben wäre." (Matth. 19, 11.)

O gewiß, wenn du, sowie Jesus und Maria, in jedem Uebel oder Wehe, das Andere dir anthun, eine Heimsuchung und Prüfung Gottes sähest: du würdest dann denen nicht grollen und zürnen können, die dich, zwar gegen Gottes Gebot, aber nicht ohne seine Zulassung beleidigen.

Wenn dir also von deinen Mitmenschen irgend etwas Widriges zustößt, so denke an die Flucht nach Aegypten und — schweige und dulde mit Jesus und Maria.

Zur Nachlese.

Der fromme König David hatte von andern Menschen viel zu leiden und zwar von Solchen, denen er nur Gutes erwiesen. So geschah es einst, daß ein angesehener Mann, Namens Semei, ihn mit groben Schimpfworten überhäufte. Da sagte David ganz ruhig zu den Umstehenden: „Was wundert ihr euch? Verhindert es nicht, daß Semei mir fluche; denn also hat es Gott gewollt, daß diese Beschimpfung mich treffe. Oder wer dürfte gegen den Willen des Herrn sich auflehnen und Ihn fragen, warum Er also handle?" (2. Kön. 16, 11.)

Wie diese Geschichte zur Flucht nach Aegypten gehöre, wird der geneigte Leser leicht einsehen.

Sechsundzwanzigste Betrachtung.

Jesus mit uns.

1.

Wir wollen nochmal die Flucht nach Aegypten betrachten. Gewiß war das eine Reise, die über die heilige Familie viele und große Mühsale brachte. Wie mußte es die zärtlichste Mutter auf's Schmerzlichste empfinden, wenn sie ihr göttliches Kind vor Hunger, Kälte und anderm Ungemach weinen sah! Und jene sieben Jahre, welche die heilige Familie bei einem abgöttischen Volke zubringen mußte — fern von allen Verwandten und Bekannten, in drückender Noth und großer Armuth: waren dies nicht bittere Schmerzensjahre insbesondere für das liebende Mutterherz Mariä?

Doch Eines war ihr Trost; Jesus, das himmlische Kind war stets bei ihr und Ihm zu Lieb litt sie all dies Elend. O wenn sie diesen allmächtigen Gott und Schöpfer, den liebreichsten Herrn und Erlöser der Welt in lieblichster Menschengestalt nur anschaute: wie mußte dieser Anblick sie mit neuem Muthe im Leiden erfüllt haben! Und wenn sie Ihn, das so innig geliebte Kind ihres Herzens, auf ihren Mutterarmen tragen konnte: welch ein Glück, welch eine Wonne für sie! Wenn der heilige Bernard versichert, schon das bloße Andenken an Jesus sei eine wahre Herzensfreude, seine wirkliche Gegenwart aber übertreffe jede Süßigkeit und jede Freude: welch eine Seligkeit muß diese beständige Nähe Jesu bei Maria — in ihrem reinsten Herzen bewirkt haben! Ja, Jesum immer bei sich haben, das machte ihr jedes Leiden leicht erträglich, und so fühlte sie den Druck der vielen Widerwärtigkeiten weit weniger.

2. Siehe da, o christliche Seele! siehe, welch eine Gnade, welch ein Glück es ist, mit Jesus zu sein und Ihn immer bei sich zu haben! O es ist ein wahres Wort, was hierüber das Büchlein von der Nachfolge Christi sagt: „Mit Jesus sein, ist eine süße Freude. Wenn Er gegenwärtig ist, dann ist und geht Alles gut und es ist uns wohl im Herzen, nichts erscheint uns schwer. Ist Jesus mit dir, so kann kein Feind dir schaden. Wer Ihn findet, der findet einen kostbaren Schatz, ja ein Gut, besser als alle Güter. Wer mit Jesus lebt und gut mit Ihm steht, ist überaus reich." (B. 2. Kap. 8.)

Glaubst du etwa nicht, daß es also sei? Oder kannst du an dem zweifeln, was doch so viele tau=

send fromme Seelen erfahren haben und aus eigener Erfahrung bezeugten? Denke an den schon genannten heiligen Bernard, an die englischen Jünglinge Aloysius und Stanislaus, an die große Dienerin Gottes Theresia, an die heilige Katharina von Siena! Alle diese rufen dir wie mit Einer Stimme zu: Wahrlich, so ist es! Mit Jesus leben, ist süß; wo Er ist, ist Freude und Trost, selbst in Kreuz und Leiden.

Willst du aber solche Erfahrungen selbst auch machen, — willst du so durch den Glauben in der Gesellschaft Jesu leben, o so befolge, was das oben schon angeführte Büchlein hierüber lehrt: „Sei demüthig und friedsam, so wird Jesus bei dir sein. Sei andächtig und stille, im Innern oft gesammelt, so wird Jesus bei dir bleiben."

Ja, o christliche Seele, folge dem Beispiele der seligsten Jungfrau nach und lebe immer so, daß du würdig werdest, Jesum bei dir zu haben. Und wenn auch Trübsale und Leiden jeder Art über dich kommen, o laß dich dann nicht sogleich entmuthigen. Sieh auf das Vorbild deiner heiligsten Mutter und leide mit Jesus wie sie. In dieser Gesellschaft wird auch dir jedes Kreuz eine leichte Bürde werden; Jesus und Maria helfen dir ja dieselbe tragen.

Gewiß, mit Jesus leiden, mit Ihm schmerzvoll und betrübt sein, ist kein Unglück. So war auch Maria voll der Schmerzen, voll der Betrübniß, und dennoch in und mit Jesus glücklich und selig.

Aus „Alles für Jesus" von P. Faber.

Jesus — der Anfang, die Mitte und das Ende von Allem. Er — unsere Hilfe in der Buße, unser Trost im Kummer, unsere Stütze in der Versuchung.

Es gibt nichts Gutes, nichts Heiliges, nichts Schönes, nichts Freudevolles, das Er seinen Dienern nicht ist. Niemand braucht arm zu sein (an der Seele), weil er, wenn er will, Jesum zu seinem Eigenthum und Besitze haben kann. Niemand darf niedergeschlagen sein, denn Jesus ist die Freude des Himmels, und es ist seine Freude, in sorgenvolle Herzen einzugehen.

Siebenundzwanzigste Betrachtung.
Verborgenes Leben in Nazareth.

Der Diener.

Theuerste Mutter! ich habe betrachtet, wie du sieben Schmerzensjahre in Aegypten zubringen mußtest. Auf göttlichen Befehl kehrtest du mit deinem liebsten Kinde und dem heiligen Nährvater zurück nach Nazareth. Was du aber in dieser deiner Vaterstadt von jetzt an bis zum öffentlichen Erscheinen Jesu gethan, davon melden die heiligen Schriften äußerst wenig. Und doch war das Alles gewiß sehr lehrreich, höchst erbaulich. Deßhalb bitte ich inständig, du wollest mich hierüber belehren.

Maria.

Mein Sohn! eben aus dem Stillschweigen der heiligen Schriftsteller kannst du abnehmen, wie stille und geräuschlos, wie ganz abgeschieden von der Welt, wie unbekannt vor den Menschen mein Wandel während dieser ganzen Zeit war.

Nur wann Gottes Gebot oder die Pflicht der Nächstenliebe mich riefen, erschien ich im Oeffentlichen; sonst lebte ich in meinem kleinen Hause zu=

rückgezogen und war auf meinen bescheidenen Haushalt beschränkt.

Mit Jesus und Joseph beten, mit ihnen von den Erbarmungen Gottes reden und dieselben preisen, dann wieder die Sorge für das Hauswesen führen, mancherlei Handarbeiten verrichten, wie Nähen, Stricken und Spinnen, um dadurch das Nöthige für Nahrung und Kleidung der theuersten Familie zu bereiten: siehe, das waren meine Beschäftigungen in Nazareth. *)

Bei meinen äußerlichen Verrichtungen aber lebte ich stets wie vor Gottes Angesicht und in seiner Gegenwart; jede Arbeit fing ich an einzig zu seiner Ehre und aus Gehorsam gegen Ihn. So war ich im Herzen immer mit Gott vereinigt und meine Arbeit war ein unaufhörliches Gebet.

Der Diener.

O Maria! ich sehe, wie genau du das Leben deines göttlichen Sohnes nachahmtest, von welchem ja schon der Prophet (Isa. 45, 15.) weissagte, daß Er auf Erden als ein *verborgener Gott* erscheinen würde. Sein eigenes stilles Leben, das Er so viele Jahre lang führte, war für das deinige das schönste Vorbild.

Aber wie kann ich deinem erbaulichen Beispiele nachfolgen, und zugleich so verschiedene Beschäftigungen, die mein Beruf mir auferlegt, besorgen? Wie kann ich dazu gelangen, daß mein äußerliches Leben wahrhaft ein Wandel vor Gott werde?

---

*) So erzählt dies der heilige Bonaventura. Med. vitæ Christi C. 12.

Maria.

Mein Sohn! das wahrhaft fromme Leben besteht nicht darin, daß man immer mündliche Gebete verrichte und dabei seine Standes- und Berufspflichten vernachlässige. Arbeite du nur, wie es dein Stand von dir fordert; aber denke dabei an Gott. Besorge du nur im Äußerlichen deine Berufsgeschäfte; doch vergiß es nicht, Alles in guter Meinung, zur Ehre Gottes, aus Liebe zu Gott und im Namen Jesu anzufangen und zu vollbringen.

So arbeiten, so (wie man sagt) die Hand am Pflug, das Herz aber bei Gott haben: das heißt ein in Gott verborgenes Leben führen, wie der heilige Paulus (Coloss. 3, 3.) alle Christen dazu ermahnt.

Oder ist es etwa unmöglich, so das Äußerliche zu besorgen und zugleich mit Gott vereinigt zu sein? Denk' an einen heiligen Ludwig, der doch bei seinen unzähligen Sorgen als Herrscher von Frankreich seine religiösen Pflichten stets auf's Genaueste erfüllte. Und auch die Dienstmägde Nothburga und Zitta, der Bauersmann Isidor und der Hirte Wendelin — diese und so viele Andere sind heilig geworden im niedrigsten Stande und bei unansehnlichen Verrichtungen; wie anders als durch eine gute Meinung und stilles Gebet bei der Arbeit?

Auch du, mein Sohn, handle auf solche Weise. Denke recht oft an Gott, wie wenn du Ihn vor dir sähest; der im Verborgenen (Matth. 6, 6.) sieht, vor dessen Augen Alles unverhüllt und offenbar (Hebr. 4, 13.) ist — Er sieht auch dich. Erhebe auch fleißig dein Herz zu deinem göttlichen Erlöser und opfere Ihm Alles auf, was du nach deinem Stande zu thun hast — in Vereinigung mit den Arbeiten, die Er in seinem verborgenen Leben auf sich nahm. Das heißt vor Gott wandeln, wie Gott selbst es dem Abraham (Gen. 17, 1.) befohlen hat. Dann wird dein Äußerliches gut geordnet sein — zur Freude Gottes, und du machst dir dadurch viele und große Verdienste; deine Handlungen sind köstliche Edelsteine, eine himmlische Münze, womit du das ewige Leben erkaufen kannst.

Akte der guten Meinung.
(Zur Abwechslung.)

Alles zur größern Ehre Gottes! — Alles aus Liebe zu Gott! — Alles im Namen Jesu! — In Allem will ich den Willen Gottes thun. — Jesus, Maria und Joseph! mit Euch will ich diese Arbeit verrichten; Euch opfere ich sie auf. — Was Gott will und wie Gott will! — Der Name des Herrn sei gepriesen! — Gott segne diese Arbeit! — Herr, hilf mir mit deiner Gnade.

Achtundzwanzigste Betrachtung.
Der Verlust des göttlichen Kindes.

1.

Wenn Maria auch nicht verpflichtet war, gleich den männlichen Israeliten, jährlich dreimal nach Jerusalem zu pilgern, so machte sie dennoch wenigstens einmal im Jahre und zwar zu Ostern diese mühsame Reise. Der pünktlichste Gehorsam gegen Gott, ihre inbrünstige Liebe zu Ihm und ihr großer Gebetseifer: das war's, was die heiligste Gottesmutter drängte, ihre Pilgerfahrten nach dem

Der Verlust des göttlichen Kindes.

Hause des Herrn zu machen, um Ihm allda ihre Anbetung und Huldigung zu bezeigen.

Als nun der göttliche Knabe Jesus zwölf Jahre alt geworden war, da machte auch Er, wie der heilige Lukas erzählt, eine solche Wallfahrt mit Maria und Joseph, um an heiliger Stätte das hohe Osterfest mitzufeiern. Und siehe! als die heiligen Eltern die Rückreise antraten, da blieb Jesus ohne ihr Wissen in Jerusalem zurück.

Nach Sitte des Landes ging Maria mit den Frauen, Joseph mit den Männern. Daher kam es, daß sie die Abwesenheit des göttlichen Kindes nicht sogleich beachteten. Erst am Abend, da sie in der Nachtherberge sich wieder vereinigten, bemerkten sie, der geliebteste Sohn sei weder in der Gesellschaft der Männer, noch in jener der Frauen.

Nun denke, o christliche Seele, denke oder fühle es: Maria ohne ihr göttliches Kind; welch eine Betrübniß für ihr zartestes Mutterherz! welch ein Schmerz für ihre von heiligster Liebe zu Jesus ganz entzündete Seele! Sie wußte ja, was sie verloren hatte — jenes Kind, das die unendliche Schönheit und Heiligkeit war, — Denjenigen, in welchem **die Fülle der Gottheit leibhaftig wohnte.** (Col. 2, 9.)

Jetzt aber nicht wissen, warum sie den theuersten Sohn verloren, noch wo Er wäre oder was Er etwa zu leiden habe: ach, wie mußte dies Alles das Herz der besten Mutter durchbohren! Wie mußte dieser Verlust Jesu sie in ein tiefes Meer von Schmerzen versenkt haben!

Nebstdem (so ist es heiligen Seelen geoffenbart worden) ließ es Gott zu, daß in diesen Stunden der Betrübniß kein Licht von Oben die heiligste

Mutter erleuchtete, daß hingegen eine große geistige Finsterniß, vereint mit Trostlosigkeit, sie in die bittersten Schmerzen versetzte.

So unermeßlich aber der Kummer der gebenedeiten Mutter war, so stund dennoch ihr Glaube an den göttlichen Sohn unerschütterlich fest und keinen Augenblick verlor sie das Vertrauen auf Ihn. Konnte sie auch die geheimen Wege Gottes jetzt nicht durchschauen, so verharrte sie doch in demüthigster Anbetung seiner heiligen, allezeit weisen Rathschlüsse. Auch jetzt mag sie abermals gedacht haben, was sie einst zum heiligen Engel sprach: Ich bin eine Magd des Herrn; mir geschehe, was und wie Er will!

2. Bei dieser furchtbaren Prüfung, die Gott über seine allerseligste Mutter verhängte, gedenke nun jenes Unglücks, wenn ein Mensch durch eine schwere Sünde Gott verliert.

Gottes Gnade, Gottes Liebe und Wohlgefallen, ja Gott selbst, den unendlich großen und liebenswürdigsten Gott, das allerhöchste Gut verlieren — verlieren aus eigener Schuld und vielleicht auf ewig: ach, welch ein Unglück! welch ein unbeschreiblich großes Uebel!

Und ach! wenn Jemand gar diesen Verlust Gottes nicht empfinden sollte! wenn er es nicht schmerzlich fühlen sollte und es ihm nicht zu Herzen ginge, so Gott verloren zu haben und gleichsam ohne Gott dahinzuleben!

Einem solchen Sünder ruft Gott selbst durch den Mund des Propheten (Jerem. 2, 19.) zu: „Wisse und erkenne, wie es böse und bitter ist, den Herrn deinen Gott zu verlassen und keine Furcht vor Mir mehr zu haben!"

Maria sucht und findet Jesum.

O mögen diese wehmüthigen Klageworte Gottes dich, o christliche Seele, recht tief erschüttern! Möchtest du doch immerdar die schwere Sünde als das größte und einzige Uebel recht von Herzen verabscheuen, hassen und fliehen!

Meide jedoch nicht gerade nur jede schwere Sünde, meide auch das, was dich nach und nach dazu führt. Das untrügliche Wort Gottes (Sirach 19, 1.) bezeugt es ja selbst, daß wer das Kleine (die läßliche Sünde) nicht achtet, unvermerkt tiefer und tiefer fallen werde, — und ebenso (Luk. 16, 10), wer im Kleinen ungerecht sei, der werde bald auch im Größern ungerecht sein.

Vor solchem traurigen Falle möge uns Gott bewahren!

Entschliessungen.

1. Mit Gottes Gnade will ich die Sünde immer als das größte Uebel ansehen.
2. Jeden Morgen will ich den Entschluß fassen, während des Tages keine zu begehen.
3. Ganz besonders will ich mich vor jenen Sünden in Acht nehmen, in welche ich am gewönlichsten falle.

Neunundzwanzigste Betrachtung.

Maria sucht und findet Jesum.

1.

Dein Herz, o christlicher Leser, ist gewiß von Mitleid gerührt worden — bei der Betrachtung, wie die jungfräuliche Mutter ihren göttlichen Sohn, ohne all ihr Verschulden verloren hat. Und nun, was that die tiefbetrübte Mutter, sobald sie die Abwesenheit des so innigst geliebten Knaben wahrnahm?

Mit ihrem heiligen Bräutigam sucht Maria den Verlorenen zuerst unter den Verwandten und Bekannten; doch ach umsonst! Was sollen sie denn jetzt anfangen? Die Liebe zu dem Liebenswürdigsten, zu dem Schönsten der Menschenkinder, zu dem ewigen Gott in Menschengestalt — o diese Liebe läßt Maria und Joseph nicht ruhen. Sogleich kehren sie nach Jerusalem zurück, suchen Ihn dort überall mit angstvollem Herzen und lassen nicht ab, bis sie Ihn gefunden.

So ließ es der göttliche Knabe zu, daß seine heiligste Mutter und der liebevolle Nährvater Ihn beinahe drei Tage lang in so bittern Schmerzen suchen mußten. Solch eine schwere Prüfung verhängte Jesus über diese zwei heiligsten Seelen, die Er doch so zärtlich liebte.

Endlich wird der so schmerzlich Vermißte, der so emsig Gesuchte gefunden, nicht in den gewöhnlichen Wohnhäusern, nicht auf den Straßen und Gassen der Stadt, sondern im Tempel, im Hause seines himmlischen Vaters, mitten unter den Lehrern, sie anhörend und befragend, wie wenn Er ihres Unterrichts bedurft hätte.

Welch ein seliges Wiedersehen! Welch eine süße Freude durchströmte alsdann das Herz der gebenedeiten Mutter Jesu! Dennoch, obgleich voll Freude, kann sie ihren erlittenen Kummer nicht verhehlen; in sanfter, aber immerhin ehrerbietiger, ja ganz zutraulicher Klage theilt sie ihr Herzeleid dem geliebten Sohne mit und spricht; „Sohn! warum hast Du uns das gethan? Sieh, dein Vater

und ich, wir haben Dich mit Schmerzen ge=
sucht." (Luk. 2, 48.)

2. Lerne da, o christliche Seele, lerne von
Maria, wie auch du den göttlichen Erlöser suchen
sollst. Entziehet Er sich dir auch nur zur Prüfung,
empfindest du in bitterm Schmerze diese seine schein=
bare Abwesenheit: da darfst du wohl deiner Be=
drängniß halber klagen; klage aber Alles nicht den
Menschen, sondern deinem Gott und Erlöser —
klage Ihm, ohne die Wege seiner Vorsehung vor=
witzig ergründen zu wollen, — klage Ihm in De=
muth und stiller Ergebung.

Hast du den Herrn deiner Sünden wegen ver=
loren, o so warte keinen Augenblick; in herzlichster
Reue, eiligst und mit Eifer suche deinen gütigsten
Gott und laß nicht ab, bis du Ihn wieder gefun=
den, bis du seiner Liebe dich wieder erfreuen kannst.

Ach, die Weltkinder haschen so begierig, mit so
großem Ungestüm, selbst mit den beschwerlichsten
Opfern nach eitlen Ehren, nach vergänglichen Reich=
thümern, nach sinnlichen Vergnügungen! Durch Alles
das jedoch wird ihr Herz nicht beruhigt, nicht be=
friedigt. Sollen denn wir nicht weit inbrünstiger
und eifriger Gott suchen — Gott, unser höchstes
und unvergängliches Gut, unsere einzige und wahre
Seligkeit? Sind wir ja doch (wie der heilige Augu=
stin so schön sagt) für Gott geschaffen worden; deß=
halb ist unser Herz stets voll Unruhe, bis es in
Gott seine Ruhe findet.

Oder willst du etwa mit diesem Suchen, mit
dieser Rückkehr zu Gott noch zuwarten? O jetzt,
jetzt sind's die Tage des Heils, jetzt die Stunden
der Gnade. Wenn du den liebevollen Mahnungen
des erbarmenden Gottes jetzt kein Gehör gibst, —

ach vielleicht später könnte Er dich deinem verstockten Herzen überlassen. Denke an die Worte, die Gott durch den Propheten (Isa. 55, 6.) dir in's Herz ruft: „Suchet den Herrn, solange Er noch kann gefunden werden."

Und wo findest du Ihn? Nicht bei den Verwandten und Bekannten, nicht auf den Gassen der Stadt, das will sagen: nicht bei den Zerstreuungen und dem Gewühle der Welt. Suche deinen Gott und Erlöser in andächtigem Gebete zu Hause und besonders in der Kirche. Du findest Ihn, wenn du mit gutem Willen seine heilige Lehre in dein Herz aufnimmst; du findest Ihn, wenn du in Ehrfurcht dem heiligsten Opfer beiwohnest; du findest und besitzest Ihn, wenn du bei der heiligen Communion Ihn selbst in dein eigenes Herz mit Andacht und Liebe aufnimmst.

So du Ihn aber gefunden, dann hast du mit Ihm jede Gnade gefunden, die du zu deinem Heile nöthig hast, — jedes Gute, was dich wahrhaft beglücken und beseligen kann für Zeit und Ewigkeit. Auch du kannst dann mit dem heiligen Bernard freudig ausrufen:

> Jesu, Hoffnung aller Büßer,
> Gnädig denen, die Dich bitten,
> Gütig denen, die Dich suchen,
> Was erst jenen, die Dich finden!

Uebung.

Bete ein Vater unser und Ave — in der Absicht, daß doch viele Christen, die durch ihre Sünden Jesum verloren haben, durch aufrichtige Buße Ihn wieder finden möchten.

Dreißigste Betrachtung.
Maria beim Hinscheiden des heiligen Joseph.

1.

Maria und Joseph, hocherfreut über das Wiederfinden des göttlichen Knaben, gingen mit Ihm hinab nach Nazareth. Da führte die heilige Familie ein stilles zurückgezogenes Leben, bei welchem Gebet und Handarbeit abwechselten.

Doch die Tage des heiligen Joseph gingen sichtbar ihrem Ende zu; Altersschwäche und verschiedene Krankheiten, als Vorboten des nahenden Todes, stellten sich bei ihm immer mehr ein, ja er war (wie die gottselige Maria von Agreda erzählt) in den acht letzten Jahren beinahe beständig krank.

Wie eifrig, wie thätig zeigte sich da seine jungfräuliche Mutter Maria! Bei Tag und Nacht bediente sie den geliebten Gatten. Und je näher die letzte Stunde des greisen „Gerechten" kam, desto größer ward auch der Diensteifer und die Sorgfalt Mariä.

Fromme Ueberlieferungen, sowie die Lehre mehrerer Heiligen, ja auch ganz deutliche Ausdrücke in solchen Gebeten, die von der heiligen Kirche gebilligt sind, versichern uns, der heilige Joseph sei wirklich in den Armen Jesu und unter dem Beistand der allerseligsten Jungfrau verschieden.

Also heißt es in einem bekannten Ablaßgebete: *)

---

*) Hymnus: Quicunque sanus. Wer gern gesund 2c.

Jesus und Maria stehen
Ihm im Tode tröstend bei;
Er entschläft in ihrer Mitte
Sanft und süßen Trostes voll.

Ja, das war sicher ein sanftes, trostvolles Hinscheiden! Sei es, daß drückende Schmerzen des Leibes den Sterbenden mögen befallen haben, — sei es, daß ganz besonders die Trennung von seinem so innigst geliebten Pflegsohne und von seiner keuschesten Braut sein Herz mit bitterster Trauer erfüllte: o von Jesus und Maria sichtbar umgeben sein, von ihnen verpflegt und bedient werden, aus ihrem Munde die süßesten Trostworte so oft vernehmen können; welch ein seliges Sterben muß das gewesen sein!

Alles das ist für uns freilich sehr erbaulich; dennoch wollen wir uns jetzt einzig bei dem aufhalten, was Maria dem heiligen Joseph an seinem Kranken- und Sterbebett gethan hat.

2. Siehe vorerst, wie Maria ein so gutes, ein so dankbares Herz offenbarte. Gar wohl erkannte und schätzte sie jene großen Wohlthaten, die der heilige Joseph ihrem göttlichen Sohne und ihr selbst während so vieler Jahre erwiesen hatte.

Aber wie erzeigte die heilige Jungfrau ihre Dankbarkeit? Wie suchte sie all das empfangene Gute dem heiligen Bräutigam zu vergelten? O wenn wir dießfalls nichts wüßten, als was Maria dem heiligen Joseph in seiner Krankheit und in den letzten Tagen seines Lebens gethan hat; wir müßten ihn deßhalb schon glücklich preisen.

So will Maria auch dir in deinem letzten Ende beistehen; diese Gnade, dieses Glück wird auch dir zu Theil, wenn nicht sichtbar, doch auf geistige

Weise. Wenn du in der Verehrung und im Dienste der göttlichen Mutter eifrig und treu verharrest: wahrlich, dann wird diese beste Mutter in deiner Todesstunde dich nicht verlassen, sondern dir helfen und dich beschützen.

Schön lehrt dies der heilige Alphons Liguori, indem er *) sagt: „Voll innern Friedens, voll der Zuversicht wirst du einst sterben, wenn du nur gegen Maria treu bleibst, solltest du auch früher Gott beleidigt haben."

Endlich fügt der Heilige noch bei: „Wenn wir gleich Sünder sind, so laßt uns dennoch fest darauf vertrauen, daß Maria in unserer Todesstunde uns beistehen und uns durch ihre Gegenwart trösten werde, wenn wir ihr die noch übrige Zeit unseres Lebens mit Liebe dienen werden."

Siehe also, wie du dir einen guten Tod erwerben kannst. Ein gottesfürchtiges Leben führt zu einem gottseligen Ende; zu einem recht frommen Leben aber gehört ohne Zweifel auch eine kindliche Verehrung der jungfräulichen Mutter Jesu.

Uebung.

Bete noch drei Vater unser und Ave,

1. auf daß die Mutter Gottes bei deinem Tode dir beistehen möge;

2. damit du auch durch die Fürbitte des heiligen Joseph eine glückselige Sterbstunde erlangest; endlich

3. damit Alle, die heute sterben werden, in der Gnade Gottes hinscheiden können.

---

*) Herrlichkeiten Mariä. Kap. 2. § 3.

Einunddreißigste Betrachtung.
Maria, mit den Fröhlichen sich freuend.

1.

Nach jenem freudigen Wiederfinden im Tempel verlebte Maria noch achtzehn volle Jahre im vertrautesten Umgang mit ihrem göttlichen Sohne, der ihr in Allem gehorsam war. Nun kommen wir in unsern Betrachtungen sogleich zu jener Zeit, in welcher der heiligste Erlöser sein Lehramt öffentlich ausübte. Bald nach dem Beginne seiner apostolischen Wanderungen kam Er mit einigen seiner Jünger nach Kana in Galiläa. Da ward eben in diesen Tagen (so erzählt der heilige Johannes Kap. 2.) eine Hochzeit gehalten. Auch der göttliche Lehrer und seine jungfräuliche Mutter waren zu dieser Feierlichkeit eingeladen und sie erschienen wirklich dabei.

Wie ist es denn doch gekommen, daß selbst diese zwei heiligsten Personen bei jener Hochzeit erschienen? Ohne hier von Jesus zu reden, wissen wir ja, wie die keuscheste Jungfrau nur höchst selten ihre geliebte Einsamkeit verließ; sie vermied auf's Sorgfältigste Alles, was sie in ihrer innigsten Vereinigung mit Gott hätte stören können; warum geht sie denn jetzt ohngefähr vier Meilen weit nach dem Städtchen Kana und wohnt dort einem feierlichen Gastmahle bei?

Gelehrte Schriftausleger, wie der heilige Bonaventura, sind der Ansicht, die Brautleute in Kana seien die nächsten Anverwandten der Mutter Jesu gewesen. Sie wollte ihnen also eine Gefälligkeit erweisen und deßhalb nahm sie deren Einladung willfährig an. Auch ist mit gutem Grunde anzunehmen, diese Leute seien fromm und gottesfürchtig gewesen,

Maria, mit den Fröhlichen sich freuend.

sonst hätten Jesus und Maria sie mit ihrer Gegenwart gewiß nicht beehrt.

Und wie sittsam, wie bescheiden und ehrbar wird sich da die heiligste Jungfrau gezeigt haben! Auch das ganze äußerliche Betragen aller Anwesenden ist ohne allen Zweifel sehr anständig und erbaulich gewesen, sonst wären Jesus und Maria keinen Augenblick in dieser Gesellschaft verblieben.

2. Siehe da, christliche Seele, wann und wie auch du an gemeinschaftlichen Vergnügungen theilnehmen darfst. Unser Leib und Geist können nicht immer wie ein gespannter Bogen angestrengt sein; deßhalb ist es gut und nothwendig, ihnen von Zeit zu Zeit eine Erholung zu gestatten, damit sie neue Kräfte zur Arbeit schöpfen. So ist es nach Gottes Anordnung.

Doch diese Erholung, besonders jene in Gesellschaft Anderer, ist immerhin eine Sache von ungemeiner Wichtigkeit. Sich freuen mit den Fröhlichen, das empfiehlt ja auch der sonst so ernsthafte Völkerlehrer (Röm. 12, 15.) und den Gläubigen zu Philippi (Kap. 4, 4.) ruft er wiederholt zu, sie sollen sich allezeit freuen.

Aber merke wohl, was der Apostel hinzufügt: „Freuet euch in dem Herrn und lasset euere Sittsamkeit Jedermann kund werden." Ja das ist eine Freude in dem Herrn, wenn du durch deine Unterhaltungen und Zerstreuungen deine Berufspflichten nicht vernachlässigest, vielmehr zur Erfüllung derselben tauglicher wirst. So ist das eine Freude in dem Herrn, wenn deine Fröhlichkeit selbst mäßig, ehrbar und sittsam ist — also eine Fröhlichkeit, deren du dich vor Gott niemals zu schämen hast, — eine Fröhlichkeit, ohne dabei Gott zu vergessen oder gar Gott zu beleidigen.

So erwahret sich auch da, was der heilige Paulus (1. Tim. 4, 8.) sagt: „Die Frömmigkeit ist zu Allem nützlich." Die wahre Frömmigkeit nämlich, oder die kindliche Gottesfurcht gestattet keine Vergnügungen, die für die Seele gefährlich oder nachtheilig sein könnten; sie regelt und veredelt auch die erlaubten Erholungen und Freuden, auf daß sie niemals in ungeordnete Zügellosigkeit ausarten, vielmehr den Mitmenschen zur Erbauung gereichen.

Uebungen.

1. Vor deinen Erholungen denke, du wollest dieselben zur Ehre Gottes und nach seinem heiligsten Willen genießen.

2. Während der Erholung frage dich: Was würden jetzt Jesus und Maria zu mir sagen, wenn sie da vor mir sichtbar erscheinen würden? Wären sie zufrieden mit diesen und jenen Reden? mit solchen und solchen Handlungen?

3. Am Ende opfere deine Erholung Gott auf und bitte Ihn, Er wolle sie als einen Akt der Liebe annehmen. Wegen begangener Fehler aber bitte Gott um Verzeihung.

Zweiunddreißigste Betrachtung.
Die gütige Jungfrau.

1.

Nach der Erzählung des heiligen Bonaventura,*) der sich hierin auf viel ältere Zeugnisse beruft, war die göttliche Mutter sehr dienstfertig und thätig bei der bekannten Hochzeit zu Kana. Sie soll schon einige Tage vor Anfang der Feierlichkeit hingegangen sein, um Alles auf's Beste vorzubereiten und anzuordnen, was ihren blutsverwandten Brautleuten zur Ehre, den geladenen Gästen zur Freude gereichen konnte. Auch während des Gastmahles war sie auf Alles bedacht; bald saß sie bei Tische, bald ging sie umher, um überall irgend eine Gefälligkeit zu erweisen.

So hatte sie denn in der That gezeigt, wie sie mit den Fröhlichen sich freuen und deren Freude auf eine liebliche Weise noch erhöhen konnte. Und siehe nun ferner das liebevolle, mitleidige Herz unserer theuersten Mutter! Sie bemerkt es, daß bei dem Hochzeitmahle bald kein Wein mehr vorhanden ist. Da möchte sie den Brautleuten jede Verlegenheit und Beschämung vor den Anwesenden ersparen. Aber wie vermag sie dies? Doch bald weiß sie den allerbesten Rath. Sie kannte ja das liebreichste Herz ihres göttlichen Sohnes und sie wußte wohl, daß Er vermöge seiner Allmacht auch in dieser Noth Hilfe schaffen könnte; wie sollte sie denn nicht zu Ihm ihre Zuflucht nehmen?

Soll sie Ihm aber befehlen, etwa durch ein Wunder Wein herzuschaffen? oder soll sie bittend zu

---
*) Meditat. vitæ Christi. Cap. 20.

Ihm flehen, Er möchte doch dieses thun? Nein, es genügt ihr, Ihn nur mit Einem Worte aufmerksam zu machen auf die Noth der guten Brautleute und der Gäste; deßhalb sagt sie zu Ihm mit einem ihr ganz eigenen Zartgefühl: „Sie haben keinen Wein mehr."

Dieser Wink war dem göttlichen Erlöser, diesem besten Sohne der besten Mutter, eine Bitte; dieses Wort war Ihm ein Befehl. Was die heiligste Mutter mit ihrer Klage meinte und wünschte, das erkannte der Allwissende gar wohl. Sogleich verwandelte Er sechs Krüge voll Wasser in den besten Wein.

Wahrhaft, da hat es sich auf die schönste Weise gezeigt, wie Maria „die gütige Jungfrau" ist; das Mitleid ihres liebevollen Herzens hat sich hier zu unserem Troste auf's Herrlichste geoffenbart.

2. Ja, zu unserem Troste; denn das Herz unserer gebenedeiten Mutter ist noch immer gleich gütig, gleich mitleidig, gleich barmherzig. Höre nur, was hierüber ihr zärtlichster Verehrer, der heilige Bernard lehrt, indem er also *) versichert: „Nichts ist hart an Maria, nichts furchtbar an ihr; ganz mild ist sie und bietet Allen den Reichthum der göttlichen Schätze an."

Oder willst du etwa an ihrer Güte noch zweifeln? Was hindert dich denn, in all deinen Nöthen mit ganz kindlichem, ja mit felsenfestem Vertrauen zu ihr zu flehen? O bedenke doch, so rufe ich dir mit dem eben genannten heiligen Kirchenlehrer **) zu, „bedenke, wenn sie so großes Mitleid zeigte bei

---

*) Sermo 1 de laud. Deiparæ.
**) Serm. II. in Dom. 2. post Epiph.

der Verlegenheit derjenigen, von denen sie zwar eingeladen wurde, die sie aber um keine Wohlthat ansprachen: o so wird sie weit mehr mitleidig und gütig gegen uns sein, wenn wir sie inbrünstig anrufen."

Doch noch Eins. Von der Güte unserer heiligsten Mutter lerne auch selbst gütig und mildthätig gegen Jedermann sein. Denke auch an „die Menschenfreundlichkeit" (Tit. 3, 4), in welcher unser Gott und Heiland unter den Menschen wandelte und wodurch Er Aller Herzen an sich zog. Da also, bei Jesus und Maria, da lerne die Sanftmuth und Herzensgüte! So machten es viele große Heilige, die mehr durch diese Tugenden als durch Wunderthaten sich auszeichneten, z. B. der heilige Apostel Johannes, und in späterer Zeit der heilige Franz von Sales. Schaue auf solche herrliche Beispiele und folge ihnen nach.

Du aber, o gütige Jungfrau, erbitte es uns, daß wir nach deinem schönen Vorbild gegen alle unsere Mitmenschen wohlwollend, gütig und liebreich sein können.

Nachlese aus der heiligen Schrift.

1. Darin werden Alle erkennen, daß ihr meine Jünger seid, wenn ihr Liebe habt zu einander. (Joh. 13, 35.)

2. Die Liebe ist gütig. (1. Kor. 13, 4.)

3. Seid gegen einander gütig, mildherzig. (Eph. 4, 32.)

Dreiunddreißigste Betrachtung.
Maria lehrt uns beten.

1.

Du haſt geſehen, o chriſtliche Seele, wie unſere theuerſte Gottesmutter bei der Hochzeit zu Kana ihr ſo gütiges, ſo liebevolles Herz zu erkennen gab. Erwäge nun nochmal jene Worte, die ſie zu ihrem göttlichen Sohne ſprach: „Sie haben keinen Wein mehr."

Enthalten dieſe Worte eine Bitte? oder einen Wunſch? Es ſcheint freilich, ſie ſeien nur eine wehmüthige Klage, wodurch die mitleidige Mutter ihren geliebteſten Sohn auf die Noth und Verlegenheit der Hochzeitleute hinweiſen wollte; doch ſie ſind auch eine innige, vertrauensvolle Bitte um Abhilfe.

Was erwiedert aber Jeſus Chriſtus auf die Worte ſeiner ſo beſorgten Mutter? O Er erkannte es wohl, was Maria mit ihrer Bemerkung wollte; deßhalb ſprach Er zu ihr: „Weib (Frau), was ſoll das Mir und dir? Meine Stunde iſt noch nicht gekommen.

Eine ſcheinbar herbe Antwort! Doch Jeſus wußte, zu wem Er ſo redete, und Maria wußte auch wohl, wer zu ihr ſprach. Sie bat als Mutter; Er aber, Menſch und Gott zugleich — wie durfte Er jener Zeit gleichſam vorgreifen, die ſein himmliſcher Vater Ihm beſtimmt hatte? Oder ſoll Er aus Liebe zu ſeiner Mutter dieſe Zeit der Wunderthaten beſchleunigen?

In dieſem letztern Sinne faßte Maria die Antwort Jeſu auf. Seine unbegrenzte Herzensmilde war ihr ja wohl bekannt; ſie war alſo auch feſt überzeugt, Er werde ihre ſtille Bitte nicht unerhört

Maria lehrt uns beten.

lassen. Deßhalb sprach sie zu den Dienern, mit voller Zuversicht auf die Macht und Güte Jesu vertrauend: „Was Er euch sagen wird, das thuet."

Und sogleich vollbrachte Jesus, was Maria auch nur im Herzen dachte; sogar ihrem leisesten Wunsche kam Er willfährig entgegen. So ist das erste Wunder, wodurch Er seine Allmacht glänzend erwiesen hatte, zugleich die herrlichste Offenbarung seiner zärtlichsten Liebe gegen seine jungfräuliche Mutter.

2. Sieh' also, o christliche Seele, wohin du dich wenden sollst, um in deinen Nöthen Hilfe zu erlangen. Nimm deine Zuflucht zu Maria; sie ist die beste Fürsprecherin und Vermittlerin. Durch sie findest du sicher Zutritt zu ihrem göttlichen Sohne. Was sollte eine solche Mutter, wie Maria — was sollte sie nicht vermögen bei einem solchen Sohne, wie Jesus!

Wie aber Maria selbst betete, so sollte auch dein Gebet beschaffen sein. Nur wenige Worte sprach sie; doch es waren Worte des lebendigsten Glaubens und Vertrauens. Das länger andauernde Gebet ist zwar gut und löblich; wenn aber dein Rufen zu gewissen Zeiten nur kurz und kunstlos ist, so soll es doch um so herzlicher, um so vertrauensvoller sein. Gott sieht ja in's Verborgene; Er durchschaut das Innerste der Seele; auch den leisesten Seufzer, jede stille Bitte des Herzens erkennt Er auf's Genaueste.

Hast du aber dein Bitten und Flehen schon oft wiederholt, und wirst du dennoch nie nach Wunsch erhört: o auch dann handle nach dem Vorbilde der seligsten Jungfrau. Mußte sie auch eine anscheinend harte Abweisung von ihrem göttlichen Sohne hören, das machte sie nicht wankend in ihrem Vertrauen.

So laß auch du das Vertrauen auf Gott nicht sogleich sinken, wenn Er dich auf die erste Bitte nicht erhört, vielmehr wie unempfindlich bei deinem Rufen sich zeigt. Harre aus im Gebete; fahre fort im Suchen und Anklopfen. Ein gläubiges Gebet steigt hinauf zum Himmel und zieht immer Gnaden herab — wenn nicht gerade jene, die du wünschest, doch eine andere, die mehr zu deinem Heile gereicht.

Lerne endlich auch das von unserer besten Lehrerin Maria. Wenn du, wie sie, deine zeitlichen Anliegen oder irgend ein körperliches Leiden Gott dem Herrn zutraulich geklagt hast: dann überlaß Ihm Alles ganz ruhig und getrost, und hege dabei die feste Hoffnung, Er werde Alles gut machen. Zu einer solchen Gemüthsstimmung beim Gebete ermahnt dich der heilige Geist, da Er also durch den königlichen Propheten lehrt: „**Offenbare deine Wege (Anliegen und Trübsale) dem Herrn und hoffe auf Ihn; Er wird Alles recht machen.**" (Psalm 36.)

Denksprüche.

1. Die Thüre zu dem Herrn, um große Gnaden zu empfangen, ist das Gebet. (Hl. Theresia.)

2. Wegen der Erhörung deiner Gebete laß dich nicht beunruhigen; bete im Vertrauen auf Gott und im Gefühle deiner eigenen Unwürdigkeit, und das Uebrige überlaß dem lieben Gott. (P. F. W. Faber.)

3. Gleichwie Jesus auf Erden seine Mutter dadurch ehrte, daß Er ihr Alles sogleich gewährte, um was sie Ihn bat, so will Er sie auch noch jetzt im Himmel auf dieselbe Weise ehren. (Hl. Alphons Lig.)

Vierunddreißigste Betrachtung.
Die höchste Vollkommenheit.

1.

Die heilige Schrift berichtet uns sehr wenig von dem, was die seligste Jungfrau gethan hat in jenen drei Jahren, da der göttliche Heiland sein öffentliches Lehramt verwaltete. Nur ein einziges Mal erschien sie bei einem solchen Anlasse; was sich aber dabei ereignete, verdient unsere tiefste Beherzigung. Den ganzen Hergang erzählen drei heilige Evangelisten *) wörtlich also:

„Während Jesus noch zum Volke redete, siehe, da standen seine Mutter und seine **) Brüder draußen und wünschten mit Ihm zu sprechen. Da sagte Einer zu Ihm: Siehe, deine Mutter und deine Brüder stehen draußen und suchen Dich. Er aber entgegnete: Wer ist meine Mutter und wer sind meine Brüder? Und die Hand nach seinen Jüngern hin ausstreckend, sprach Er: Sehet da meine Mutter und meine Brüder! Denn wer immer den **Willen meines Vaters thut, der im Himmel ist, derselbe ist Mir Bruder, Schwester und Mutter.**"

Aus diesen Worten Jesu möchte es scheinen, Er habe seine Mutter nicht erkennen wollen. Doch nein, Er wollte nur zeigen, wie Er diejenigen Alle hochschätze und liebe, die den Willen seines himmlischen Vaters erfüllen und somit in geistiger Verwandt-

---

*) Matthäus 12. Markus 3. Lukas 8.
**) Nach der damaligen Sprachweise der Juden bedeutet hier „Brüder" soviel als die Vettern oder nächsten Anverwandten.

schaft mit Ihm stehen. Nein, nein! Jesus verläugnete hier seine geliebteste Mutter durchaus nicht; aber die geistige Verwandtschaft galt Ihm weit mehr als jene, die nur von Fleisch und Blut herstammt. Deßhalb sprach Er: „Wer immer den Willen meines Vaters thut, der ist Mir Bruder, Schwester und Mutter."

Wer hat aber den Willen Gottes in Allem und allezeit so genau erfüllt, wie Maria? Hat sie nicht gerade dadurch am deutlichsten bewiesen, sie sei die wahre Mutter Jesu, nicht allein in leiblicher, sondern auch und vorzugsweise in geistiger Beziehung? Ja in dieser getreuesten Erfüllung des göttlichen Willens besteht die ganze Heiligkeit der seligsten Jungfrau, und deßhalb ist sie gewürdigt worden, die Mutter Jesu zu werden.

2. Welch eine schöne Lehre liegt hierin für uns Alle! Wenn wir Tag für Tag, ja jede Stunde einzig und allein nach Gottes Willen und Wohlgefallen denken, reden und handeln: o dann kommen auch wir in eine geistige Verwandtschaft mit dem ewigen Sohne Gottes, mit dem höchsten Könige und Herrn Himmels und der Erde. Wir werden alsdann im erhabensten Sinne Brüder und Schwestern Jesu Christi; ja noch mehr, Christus selbst wird in unsern Herzen auf eine geistige Weise geboren.

Wer soll es nicht über Alles schätzen, daß wir durch Gottes Barmherzigkeit solch großer Gnade, solch hoher Würde theilhaftig werden können? Soll aber diese so ehrenvolle Verwandtschaft mit dem Sohne Gottes uns nicht ermuntern, ein frommes, heiligmäßiges Leben zu führen? O hüten wir uns doch wohl, durch einen sündhaften Wandel unserm göttlichen Bruder unähnlich zu werden! Wir wären

Das Wort Gottes hören und befolgen. 109

ja dann nicht mehr würdig, seine Brüder und Schwestern zu heißen und zu sein.

Doch nein! wir wollen so eifrig und getreu wie Maria den Willen unseres Vaters im Himmel vollziehen. Dazu verleihe Er uns seine allmächtige Gnade!

Uebungen.

1. Jeden Morgen den Vorsatz machen, den ganzen Tag hindurch nur das zu thun, was du als Gottes Willen erachtest.

2. Unter Tags dich oft fragen: ist diese Handlung, diese Arbeit, dieses Gespräch vor Gott wohlgefällig? Wo nicht, so unterlasse es alsogleich.

fünfunddreißigste Betrachtung.
Das Wort Gottes hören und befolgen.

1.

In jenen drei Jahren, da Jesus überall predigte und unzählige Wunder wirkte, hat sich noch etwas zugetragen, das sich zunächst auf die jungfräuliche Mutter bezieht. Der göttliche Heiland hatte eben einen stummen Menschen von einem bösen Geiste befreit. Alle die das sahen, geriethen darob in Erstaunen und Verwunderung. Da erhob ein Weib aus dem Volke seine Stimme und zu Jesus hingewandt, rief sie wie entzückt aus: "Selig der Leib, der Dich getragen, und die Brust, die Dich genährt hat!" Er aber sprach: "Ja freilich sind selig, die das Wort Gottes hören und dasselbe befolgen." (Luk. 11, 27. 28.)

Was wollte Jesus mit diesen Worten sagen? Nach der Erklärung der heiligen Väter hatte unser göttliche Erlöser gar nicht die Absicht, die Rede jenes Weibes zu tadeln oder zu mißbilligen; Er stimmte vielmehr selbst den Lobeserhebungen bei, die hier seiner Mutter gegeben wurden. Zugleich aber wollte Er die Anwesenden belehren, worin die viel höhere und sicherere Seligkeit bestehe, und wie es allen Menschen möglich sei, zu dieser Seligkeit zu gelangen, wenn sie nämlich das Wort Gottes hören und selbes auch befolgen.

Es ist also, wie wenn unser göttliche Lehrer hätte sagen wollen: Maria ist freilich selig, weil sie die unvergleichliche Gnade hatte, Mich in ihrem jungfräulichen Schooße zu empfangen und meine Mutter zu sein; doch nicht allein das macht ihre Seligkeit, ihre Größe und Würde aus, vielmehr das, daß sie das Wort Gottes so willfährig hörte, so gläubig im Herzen bewahrte, so eifrig in all ihrem Wandel befolgte. Was jenes Weib von der leiblichen Mutterschaft ausgesprochen, das ist weit eher, ja ganz besonders von der geistigen Mutterschaft, von der Heiligkeit meiner Mutter zu verstehen.

2. Christliche Seele! nimm doch diesen so bedeutungsvollen Ausspruch Jesu also auf, wie wenn derselbe ganz eigens an dich gerichtet wäre. Das Wort Gottes hören und es befolgen, das führt auch dich schon hienieden zur wahren Seligkeit — zu jenem süßen Gottesfrieden, der nach den Worten des heiligen Paulus (Phil. 4, 7.) jeglichen Begriff übersteigt, und endlich einmal zur ewigen Freude bei Gott und seinen Heiligen dort oben im Himmel.

O wie viele Tausende, wenn sie die Worte Jesu und seiner heiligen katholischen Kirche willig in ihr Herz aufnahmen, haben es erkannt, daß diese

Das Wort Gottes hören und befolgen.

Lehre wahrhaft aus Gott ist — ewige, untrügliche und beseligende Wahrheit! So sind sie durch glückliche Erfahrungen dazu gebracht worden, daß sie mit dem Apostelfürsten in heiliger Freude ausriefen: „Herr, zu wem sollen wir gehen? Du, Du hast Worte des ewigen Lebens." (Joh. 6, 69.)

Doch das Wort Gottes hören, genügt zur Seligkeit noch nicht; dasselbe auch getreu beobachten, das führt zum Himmel. Vom Hören kommt (Röm. 10, 17.) der Glaube; dieser aber soll ein durch die Liebe thätiger Glaube (Gal. 5, 6.) sein. Deßhalb ruft der heilige Jakob allen Gläubigen zu: „**Seid Vollbringer des Wortes und nicht blos Hörer.**" (Kap. 1, 22.)

Höre also mit inniger Heilsbegierde das Wort Gottes; doch laß es in deinem Herzen nicht fruchtlos sein. O es sei wie ein guter Same, gelegt in ein gutes Erdreich! Da bringe es schöne und reichliche Früchte zum Wohlgefallen Gottes, zur Erbauung deiner Mitmenschen, zu deinem eigenen zeitlichen und ewigen Heile. Gewiß, wenn du das Wort Gottes in solcher Weise hörest und beobachtest: dann machst du dich der Seligpreisung Jesu ebenfalls würdig.

Nachlese aus der heiligen Schrift.

1. Wer aus Gott ist, höret die Worte Gottes. (Joh. 8, 47.)

2. Nicht die Hörer des Gesetzes sind gerecht bei Gott, sondern die Vollbringer des Gesetzes werden gerechtfertigt werden. (Röm. 2, 13.)

3. Herr, lehre mich deinen Willen thun. (Ps. 142, 10.)

4. Ja, das ist mein Entschluß, also schwöre ich's: Ich will deine gerechten Satzungen beobachten. (Psalm 118, 106.)

Sechsunddreißigste Betrachtung.
Der gottergebene Abschied.

1.

Die Reihe unserer Betrachtungen führt uns in die Tage des bittern Leidens und Sterbens unseres göttlichen Heilandes Jesu Christi. Diese Tage waren aber auch für seine heiligste Mutter Maria die schmerzvollsten Leidenstage. Aus den heiligen Schriften wußte sie zwar zum Voraus, daß der verheissene Messias „der Mann der Schmerzen" (Isa. 53, 3.) sein würde, um in seinem eigenen Blute die Sünden der Welt zu tilgen; wie sehr mußte aber ihr Schmerz zunehmen — jetzt, da diese Vorhersagungen der gotterleuchteten Seher an ihrem geliebtesten Sohne sollten in Erfüllung gehen!

Auch Jesus selbst, der seinen Jüngern sein bevorstehendes Leiden oft voraussagte, wie hätte Er dies Alles seiner geliebtesten Mutter verschweigen können? Da nun aber diese göttlichen Worte sollten verwirklicht werden, wie wird alsdann das zärtlich liebende Mutterherz mit tiefster Wehmuth und Trauer erfüllt gewesen sein!

Christliche Seele! stelle dir jene Stunde vor, in welcher der göttliche Erlöser von Maria Abschied nahm. Er, als der gehorsamste Sohn, wollte nicht in sein Leiden gehen, ohne vorher die Einwilligung, ja sogar den Segen seiner theuersten Mutter erhalten zu haben.

Der gottergebene Abschied.

Mit was für Worten mag aber Maria ihre Einwilligung ausgesprochen haben? Was wird sie in dieser Stunde der wehmüthigsten Trennung gedacht und empfunden haben? Ach, es war dies ja eine Trennung auf immer — eine Trennung von ihrem Sohne, den sie als Gott und Mensch so unaussprechlich ehrte und liebte!

O wenn auch ihr zärtlichstes Mutterherz blutete, dennoch ward ihr gottergebener Sinn nicht erschüttert. In den bevorstehenden Leiden ihres göttlichen Sohnes erkannte sie die Rathschlüsse des himmlischen Vaters. Mit Gottes Willen also auf's Innigste vereint, sprach sie auch jetzt wieder ihr Wort der Ergebenheit: „Ich bin eine Magd des Herrn. Es geschehe, was und wie der Herr, der Allerhöchste will!"

2. Siehe da, christliche Seele, was du thun sollst, wenn dein göttlicher Heiland dir einige Tropfen aus jenem Leidenskelche darreicht, den Er und seine heiligste Mutter bis auf die Hefen trinken mußten! Nein, verzage nicht; erschrecke nicht, wenn harte Leiden über dich kommen! Gott ist's, der dich so verwundet, der dich auf solche Weise heimsucht. Die Hand, die dich jetzt **drückt**, aber nicht **zerdrücken** wird — ist es nicht die Hand deines allweisen, gütigsten Vaters und Heilandes, der bei Allem, was Er über dich verfügt, nur dein wahres ewiges Seelenheil beabsichtigt?

Und sollten auch noch so große Trübsale dein Leben verbittern, sollten dieselben noch so lange andauern: glaube doch deßhalb nicht, Gott habe dich verlassen oder Er kümmere sich nicht um dich! Kann denn (so frägt Gott selbst beim Propheten Isaias 49, 15.) — kann denn eine Mutter ihr eigenes Kind vergessen? Wenn auch das möglich wäre, so würde doch Gott uns nicht vergessen. Oder kann der unendlich heilige Gott seinem Worte untreu werden? Hat Er nicht an tausend Stellen der heiligen Bücher die feierliche Versicherung gegeben, daß Er die Seinigen nicht nur nicht verlassen, sondern sie stets mit seiner allmächtigen Hand schützen, leiten und ihnen alle Dinge zum Besten wenden werde?

Warum bist du denn so kleinmüthig, so hoffnungslos? Schau' hin auf das herrliche Vorbild, das Maria dir gibt beim Beginn des Leidens Jesu. „Gott will es so," — das war gewiß der einzige Gedanke, welcher sie in diesen Stunden aufrecht erhielt.

Um dein Zagen und deine Kleinmüthigkeit in den Stürmen dieses Lebens zu besiegen, — um dich, selbst in den herbsten Prüfungen, zu einem lebendigen felsenfesten Gottvertrauen zu ermuthigen, sprich auch du recht oft und aus ganzem Herzen: Gott will es so!

Dabei denke an Maria, rufe auf zu Maria, sieh' auf diesen so lieblichen Stern! Schon das Aussprechen dieses süßesten Namens ist Balsam für das verwundete Herz und bringt Licht in die Finsterniß der trostlosen Seele.

Denksprüche.

1. Die Gott liebt, die führt Er auch die Wege seines Sohnes. (Hl. Theresia.)

2. Wenn man des Gekreuzigten genießen will, muß man auch sein Kreuz tragen. (Dieselbe.)

3. Der an dich dachte und für dich sorgte, bevor du am Leben warst: wie sollte Er für dich

keine Sorge tragen — jetzt, da du das bist, was du nach seinem Willen sein sollst? (Hl. Augustin.)

Siebenunddreißigste Betrachtung.
Maria auf dem Wege nach Golgatha.

1.

Die heiligen Evangelisten melden nichts davon, daß die jungfräuliche Mutter beim Anfange der Leidenszeit Jesu zugegen gewesen sei. Nachdem sie aber die zermalmende Botschaft vernommen, der unschuldigste Gottmensch sei zum Tode verurtheilt worden, wie hätte sie dann noch länger zu Hause bleiben können? Nein, die innigste Liebe zu ihrem göttlichen Sohne ließ sie nicht mehr nur im Geiste zuschauen; sie wollte die gebenedeite Frucht ihres Herzens noch einmal sehen, persönlich am Leiden dieses Geliebtesten Theil nehmen, ja wenn nicht dem Leibe nach, doch in der Seele mit Ihm leiden, mit Ihm sterben.

Wirklich wissen wir aus einer höchst glaubwürdigen Ueberlieferung, die sich besonders in der Kreuzwegandacht (IV. Station.) erhalten hat, daß die schmerzhafte Mutter dem göttlichen Erlöser begegnete, als derselbe das schwere Kreuz nach dem Kalvarienberge hinaustrug. An der Stelle dieses Zusammentreffens steht seit uralten Zeiten eine kleine Kirche oder Kapelle. Doch welch ein Begegnen war dies — auf dem so schmach- und schmerzvollen Wege! Welch ein Anblick für Jesus, den besten Sohn Mariä! Welch ein Anblick für sie, die beste Mutter! Wie wird da ihr liebendes Mutterherz von den qualvollsten Schmerzen durchbohrt worden sein!

Doch die heiligste Mutter blieb auch jetzt in ihrer Gottergebenheit fest und unerschütterlich. Mit

Gottes Willen vereint, zeigt sie keine Niedergeschlagenheit, äußert keine Klage, keine Ungeduld. Sie weiß ja gar wohl, daß alle Feinde Jesu, ohne Gottes Zulassung, nichts über Ihn vermocht hätten; sie weiß es, daß wir nur durch ein solches Opfer von unschätzbarem Werthe mit dem beleidigten, unendlich gerechten Gott konnten versöhnt werden. In tiefster Demuth also betet sie die heiligsten Rathschlüsse Gottes an — hoffend und vertrauend, daß aus diesem Leiden Jesu allen Menschen auf ewige Zeiten Versöhnung, Heil und Segen zufließen werden.

2. Christliche Seele! erwäge nun die so wichtigen Lehren, die in diesem Zusammentreffen Jesu und Mariä liegen. Die jungfräuliche Mutter hätte sich diesen schmerzvollen Auftritt wohl ersparen können; doch nein, sie wollte es nicht, sie wollte ihrem geliebtesten Sohne nachgehen, gleichsam Schritt für Schritt nachfolgen auch auf dem blutigen Kreuzwege, den Er jetzt aus Liebe zu uns Menschen freiwillig angetreten hatte.

Und du? Gehörst du nicht auch zu jenen Christen, die zwar gerne im himmlischen Reiche mit Jesus einst herrschen möchten, sich jedoch weigern, hier auf Erden sein Kreuz zu tragen? Du möchtest gern an seiner Seligkeit dort oben Antheil haben; aber um Seinetwillen und mit Ihm in der Trübsal ausharren, das kommt dich schwer an. Du preisest die Wunder, die Er so häufig und auffallend gewirkt hat; aber du kannst dich nicht entschließen, mit Ihm auch die Schmach des Kreuzes zu theilen. *)

Lerne doch von unserer theuersten Mutter, wie du dich zu verhalten hast, wenn der göttliche Hei-

---

*) Nach der Nachfolge Christi. B. 2. Kap. 11.

Maria auf dem Wege nach Golgatha. 117

land mit irgend einem Kreuze (Krankheit, Armuth, Todfälle) gleichsam auf dich zukommt! Nein, weiche Ihm nicht aus! Nimm vielmehr willig an und trage mit Geduld, was Er dir zutheilt. Er kennt vollkommen deine schwachen Kräfte; Er wird dir kein allzuschweres Kreuz aufbürden — und wenn Er dir gleichsam mit der einen Hand das Kreuz auf die Schultern legt, o mit der andern Hand hilft Er's dir tragen und erleichtert so seine Last. O gewiß, unser gütigste Erlöser gibt dir seine allmächtige Gnade, so daß du auch das Schwerste auszuhalten vermagst. Höre jedoch nicht auf, um diese Gnade recht eifrig und inbrünstig zu bitten.

Wir wollen also, mein lieber Leser, so denken, wie der gottselige Verfasser der Nachfolge Christi; mit ihm lasset uns aufrichtig ausrufen: „Wohlan! um Jesus willen haben wir das Kreuz auf uns genommen; um Jesus willen wollen wir es auch tragen — bis an's Ende. Jesus, der unser Führer und Vorgänger (und Reisegefährte) ist, wird auch unser Helfer sein. Sehet! unser König geht vor uns her: Er wird auch für uns streiten. Lasset uns Ihm nachgehen mit festen heldenmüthigen Schritten!" (Buch 3. Kap. 56.)

Denksprüche der heiligen Theresia.

1. Es gibt keinen größern Trost und keinen süßern Genuß, als aus Liebe zu unserm guten Gott zu leiden.

2. Wem unser Herr die Gnade des Leidens verleiht, dem gibt Er große Mittel zur Heiligkeit.

3. Alles ist wenig, wie viel man auch leidet für einen so guten Gott, der so viel für uns gelitten.

4. O mein Jesus! in welch große Leiden versetzest Du jene, die Dich lieben! Aber Alles ist wenig für das, was Du ihnen nachher gibst; es ist wohl recht, daß so Viel auch viel koste.

Achtunddreißigste Betrachtung.
Maria neben dem Kreuze.

1.

In möglichster Andacht und in herzlichem Mitleiden wollen wir jetzt die heiligste Schmerzensmutter unter dem Kreuze Jesu betrachten. Sie hatte den geliebtesten Sohn bis auf den Kalvarienberg begleitet; sie sah Alles, was Er auf diesem blutigen Wege zu dulden hatte. Und kaum ist Er auf der Schädelstätte angekommen, da werden Ihm seine Kleider gewaltsam vom Leibe gerissen, — mit eisernen Nägeln werden seine Hände und Füße durchbohrt; — so wird Er an's Kreuz geschlagen und dasselbe mit der heftigsten Erschütterung erhoben.

Jesus am Kreuze, — Er, in Mitte zweier Bösewichter, — sein Blut rinnt stromweise auf die Erde, — die schändlichsten Lästerungen werden gegen Ihn ausgestoßen. Unter solchen furchtbaren Qualen hängt Jesus drei volle Stunden lang am Kreuze — Er, der heiligste Sohn Gottes und der reinste Sohn Mariä!

Und siehe, da stand Maria (wie der heilige Johannes erzählt 19, 25.) bei dem Kreuze — und sie bleibt daselbst aufrecht stehen bis zum letzten Athemzuge Jesu. Die beste, die zärtlichste Mutter sieht ihren einzigen, ihren theuersten göttlichen Sohn also leiden und sterben!

Fürwahr, ganz besonders in diesen trauer= und angstvollen Stunden ist an Maria in Erfüllung gegangen, was der fromme Simeon ihr lange vorher angekündigt hatte; mit doppelter Gewalt hat jetzt das Schwert der Schmerzen ihre Seele durchdrungen. Sie hat ja, wie heilige Lehrer bemerken, im Geiste das Alles mitgelitten, was ihr göttlicher Sohn an Leib und Seele erdulden mußte; jene Wunden, die Ihn äußerlich zerfleischten, haben auch ihr die peinlichsten Schmerzen verursacht, ja diese Wunden alle haben sich in ihrem mütterlichen Herzen wie zu einer einzigen Wunde verbunden.

So ist Maria neben dem Kreuze durch ihr Mitleiden mit Jesus und durch ihre unermeßliche Liebe zu Ihm wahrhaft die Königin der Martyrer geworden; sie ist nach dem Ausdrucke des Propheten (Klagl. 2, 13.) in ein Meer der Schmerzen gekommen und ohne zu sterben, hat sie damals (wie die heilige Kirche singt) die Palme des Martyrthums verdient.

2. Wie können wir aber Maria am Fuße des Kreuzes stehen sehen, ohne selbst auch mit unserm gekreuzigten Erlöser Mitleiden zu haben? „Siehe, bei dem Tode Jesu erzitterte die Erde, die Felsen zersprangen, die Gräber öffneten sich, der Vorhang des Tempels zerriß, Sonne und Mond verfinsterten sich, die ganze Natur legte Zeichen ihres Mitleidens an den Tag: sollten denn wir kein Mitleiden haben mit Demjenigen, der doch nur für uns, zu unserer Erlösung gelitten hat?" *)

Ja, für uns, für unsere und der ganzen Welt Sünden — deßhalb hängt Jesus am Kreuze! Da=

---

*) S. Bernardi medit. in passion. Dom.

mit wir Sünder nicht ewig leiden müssen, leidet der Unschuldigste so große Qualen; damit wir Strafbare nicht dem ewigen Tode anheimfallen, stirbt der heiligste Gottmensch eines so schmerzhaften Todes. Und wir sollten es bei seinem Kreuze nicht einsehen, wie die Sünde das allergrößte, das allerfurchtbarste Uebel sei? Wir sollten vergessen können, was der göttliche Heiland gethan und gelitten hat, um die Sünden aller Menschen abzubüßen und der ewigen Gerechtigkeit dafür ein gebührendes Sühnungsopfer zu bringen? Und das alles soll uns nicht bewegen, die Sünde von ganzer Seele zu verabscheuen und aus allen Kräften zu vermeiden? Ach, soll denn das unendlich kostbare Blut Jesu an uns verloren gehen?!

Und jene Liebe, in welcher unser göttliche Heiland für uns Alle und für Jeden insbesondere so Vieles gelitten hat, — soll sie in uns keine Gegenliebe bewirken? Ja vom Kreuze herab verlangt Er nicht sowohl unser Mitleiden, als unsere Liebe, und wenn Er Mitleiden verlangt, so verlangt Er es nur deßhalb, damit es uns bewege Ihn zu lieben. *)

Wohlan denn, meine lieben Leser! innig und eifrig wollen wir Denjenigen lieben, der uns bis in den Tod so sehr geliebt hat. Es sei aber nicht eine Liebe nur in Gefühlen, es sei eine Liebe in den Werken, durch Beobachtung dessen, was der göttliche Lehrer uns befiehlt! O möchte unsere Liebe zu Jesus so inbrünstig, so mächtig sein, daß wir mit dem heiligen Paulus in Wahrheit sagen könn-

---

*) Nach den Betrachtungen des heiligen Alphons Liguori über das Leiden Christi.

Maria neben dem Kreuze.

ten: „Was wird uns je trennen von der Liebe Christi? Trübsal? oder Bedrängniß? . . . In all diesem überwinden wir um Dessen willen, der uns geliebt hat." (Röm. 8, 35.)

Zur schmerzhaften Mutter aber wollen wir oft und andächtig beten:

Gib, o Mutter, Quell der Liebe,
Daß mit dir ich mich betrübe,
Mit dir theile deine Qual;
Daß mein Herz im Liebesdrange
Christum, meinen Gott, umfange,
Daß ich stets Ihm wohlgefall'!

Heil'ge Mutter! drück' die Wunden,
Die du mit dem Sohn empfunden,
Meinem Herzen mächtig ein;
Der für mich so hart geschlagen,
Meiner Sünden Schuld getragen,
Theile mit mir seine Pein.

Nachlese aus der heiligen Schrift.

1. Er ist verwundet um unserer Missethat willen, zerschlagen um unserer Sünden willen. (Isa. 53, 5.)

2. Er (der Sohn Gottes) hat mich geliebt und sich selber für mich dargegeben. (Gal. 2, 20.)

3. Für Alle ist Christus gestorben, damit auch, die da leben, nicht mehr sich selber leben, sondern Dem, welcher für sie gestorben und auferstanden ist. (2. Kor. 5, 15.)

Neununddreißigste Betrachtung.
Wie Maria unsere Mutter geworden.

1.

Christliche Seele! erwäge jetzt die hochwichtigen Worte, die unser liebreichste Erlöser zu seiner betrübten Mutter und zu dem Jünger der Liebe vom Kreuze herab sprach. Schon hatte Er mit lauter Stimme für seine Feinde um Verzeihung gefleht; — schon hatte Er seinem reumüthigen Mitgekreuzigten Gnade und das ewige Leben zugesichert; — nun redet Er seine Mutter an und sagt: „Weib, siehe deinen Sohn!" — und zu Johannes hingewendet: „Siehe deine Mutter!" (Joh. 19, 26.)

O, welch tröstliche Wahrheit enthalten diese wenigen Worte! Der göttliche Heiland hatte sein Blut und Leben für uns schon hingegeben; nun wollte Er uns als letztes Pfand seiner Liebe auch noch seine eigene Mutter zu unserer Mutter geben.

„Weib, siehe deinen Sohn!" — „Siehe deine Mutter!" Nein, nicht seine Mutter allein und nicht einzig den geliebten Jünger gehen diese Worte Jesu an; sie sind auch für uns Alle gesprochen. Mit dem Worte: „Weib" wollte der göttliche Heiland andeuten, seine heiligste Mutter sei jenes starke Weib, welches die Macht der alten Schlange, des arglistigen Feindes der Menschen nämlich, zerstören werde; sie sei weit bedeutungsvoller „die Mutter der Lebendigen," sie die neue und bessere Eva des neuen Bundes. (Gen. 3, 20.)

Wir sind demnach die Söhne, die Jesus in der Person des heiligen Johannes seiner Mutter anvertraute; wir sind die Kinder, die Er ihr gleich-

Wie Maria unsere Mutter geworden.

sam an's liebende Mutterherz legte. Sie sollte unsere Mutter und wir ihre Kinder sein: das war der letzte Wille des sterbenden Gottmenschen; das war das Vermächtniß, welches Er am Kreuze machte, und das der Jünger, den Er liebte, uns überlieferte.

Und was das Wort Jesu aussagte, das geschah auch wirklich. Die heiligste Mutter vollzog getreu, was der göttliche Sohn ihr aufgetragen hatte; von dieser Stunde an ward sie wahrhaft und im erhabensten Sinne unsere Mutter, die Mutter Aller, die an den Gekreuzigten glauben.

2. O freue dich, christliche Seele! freue dich von Herzen und danke deinem göttlichen Erlöser; denn auch an dich dachte Er, als Er sprach: „Siehe deinen Sohn!" — und auch dir gilt das andere Wort: „Siehe deine Mutter!"

Freue dich, daß die Mutter Jesu auch deine Mutter ist! An ihr hast du ja die allerbeste, für dich so zärtlich besorgte, so liebreiche Mutter — eine Mutter, zu welcher du in jeder Stunde und in all' deinen Anliegen freien Zutritt haben kannst, — eine Mutter, die Niemanden ohne Trost, ohne Hilfe und Gnade von sich weggehen läßt. O das sei deine Freude, deine Ehre und dein Ruhm, daß Maria deine Mutter ist und daß du ihr Kind sein kannst.

Und diese deine Mutter liebe und ehre doch von ganzem Herzen! Laß keinen Tag vorübergehen, ohne irgend einen Beweis deiner Liebe und Verehrung ihr zu geben.

Zeige dich aber in Allem so, wie es sich für einen Sohn (eine Tochter) einer so hochgebenedeiten, so hochheiligen Mutter und Königin geziemt. O wenn du irgend einer sündhaften Leidenschaft dich hingeben würdest: wie könnte Maria dich als ihr gutes Kind anerkennen? Wäre das nicht wie ein neues Schmerzensschwert, das ihre Seele durchdringen würde? Fliehe also, was sündhaft ist, fliehe ganz besonders das schändliche Laster der Unkeuschheit, und bestrebe dich, nach den schönen Beispielen deiner jungfräulichen Mutter ein tugendhaftes Leben zu führen.

Denksprüche.

1. Unser göttliche Heiland machte Maria zu unserer Mutter, nicht bloß durch eine äußerliche feierliche Verkündigung, sondern wirklich in ihrem Herzen, indem Er bewirkte, daß sie die Menschen liebte, wie Er sie liebte, so weit ihr Herz dem seinigen nahe kommen konnte. (P. Faber.)

2. Die Natur macht nicht einmal Tiger zu Müttern, ohne eine entsprechende Liebe in ihre Brust zu legen; und wir sollten sagen, der sterbende Gottmensch habe eine Mutter geschaffen, ohne ihr die einer Gottesmutter würdige Liebe einzuflößen. (P. Paul Segneri.)

3. Das Herz Mariä schlägt so warm für uns, daß die Liebe aller Mütter zusammen gegen die ihrige nur einer Eisscholle gleicht. (J. B. Vianney, Pfarrer von Ars.)

Vierzigste Betrachtung.
Der Leichnam Jesu im Schooße Mariä.

1.

Abermals betrachten wir die jungfräuliche Mutter in ihren unermeßlichen Schmerzen. Ach, was muß sie gelitten haben, als sie sah, wie ihr gött-

Der Leichnam Jesu im Schooße Mariä.

licher Sohn sein Haupt neigte und starb! Wie wird jener grausame Lanzenstich, womit das heiligste Herz Jesu durchbohrt wurde, ihre eigene Seele auf's peinlichste verwundet haben!

Und welch bittere Schmerzen muß die zärtlichste Mutter erst dann noch empfunden haben, als Joseph von Arimathäa und Nikodemus, diese treuen Freunde Jesu, die heilige Leiche in ihren Mutterschooß legten! Da sah sie wie auf Einmal alle die tiefen Wunden, welche die Geißeln, die Dornenkrone, die Nägel, die Lanze dem geliebtesten Sohne beigebracht hatten. Gewiß, so viele blutige Wunden sie jetzt zählen konnte, ebenso viele Schmerzensschwerter durchbohrten alsdann das Herz dieser allerbesten Mutter.

Dennoch wird ihr Glaube nicht erschüttert. Mit tiefster Anbetung verehrt sie auch in dem entseelten Leichnam den unendlich großen, den ewigen Sohn Gottes, den sie einst als den wahren Gottmenschen in Bethlehem geboren hatte.

Und wie dort im Stalle, wie später bei ihrer Reinigung im Tempel, ebenso opfert sie jetzt dieses unschuldigste Lamm Gottes dem himmlischen Vater auf — zu einer Gottes würdigen Genugthuung und Versöhnung für die Sünden der Welt. Ihr keuschester Mutterschooß ist der heilige Altar, auf welchem sie alle nun ausgestandenen Leiden Jesu dem dreieinigen Gott darbringt und dadurch uns Sündern Verzeihung und Gnade erfleht.

2. Da lerne, o christliche Seele, lerne von der schmerzhaften Muttter, wie du deinen Gott und Herrn verehren, anbeten und Ihm dienen sollst. Denke an das allerheiligste Altarssakrament, welches in unsern Kirchen immerwährend aufbewahrt wird; denke an das hochheilige Meßopfer, welches auf

tausend Altären jeden Tag gefeiert wird! Ist da nicht wahrhaft gegenwärtig ebenderselbe lebendige Sohn Gottes und Sohn Mariä, der einst am Kreuze für uns gelitten hat, für uns gestorben ist? Ist die heilige Messe nicht das feierliche Gedächtniß des Leidens und Todes Jesu, ja die unblutige Erneuerung des blutigen Opfers am Kreuze?

Frage nun dein eigenes Gewissen. Wie erscheinest du im Hause Gottes? vor dem heiligsten Sakramente? bei der heiligen Messe? Erweckest du jedesmal einen lebendigen Glauben an den gegenwärtigen göttlichen Erlöser? Zeigst du auch in deinem äußerlichen Betragen innige Andacht und Ehrfurcht? Hast du während der heiligen Messe die gute Meinung, mit der schmerzhaften Mutter unter dem Kreuze vereint, dem himmlischen Vater seinen vielgeliebten Sohn aufzuopfern zur Sühnung für deine Nachlässigkeiten und Sünden, sowie für jene deiner Mitmenschen?

Oder soll es nicht auch dir gleichwie der schmerzhaften Mutter zu Herzen gehen und dich betrüben, daß so viele Menschen unsern gütigsten Gott, den allmächtigsten Schöpfer und liebreichsten Heiland nicht erkennen, Ihn sogar in seinem heiligsten Sakramente entehren, Ihn gar auf's Gröblichste beleidigen? Nun ist eben die heilige Messe das kostbare Opfer, womit du Ihn für alle diese Unbilden eine wohlgefällige Abbitte und Genugthuung leisten und seiner verletzten Ehre einen gebührenden Ersatz darbringen kannst. Soll dich das nicht ermuntern, mit desto größerm Fleiße (wenn immer möglich) und mit inbrünstiger Andacht diesem hochheiligen Opfer beizuwohnen?

Und wenn du zu was immer für einer Zeit auf den heiligen Altar hinblickst, denkst du dann auch an die unermeßliche Liebe, womit der göttliche Heiland dich und alle Menschen geliebt hat und immerfort liebt? Die Liebe allein hat es ja bewirkt, daß Er unser Versöhnungsopfer, unsere Seelenspeise und der stets unter uns wohnende Freund und Tröster geworden ist. Kannst du aber dabei kalt und unempfindlich sein? Hast du in deinem Herzen keinen Funken der Liebe zu Dem, der dir so zahllose, so mächtige Beweise seiner Liebe gegeben hat und täglich gibt? O rufe doch zur „Mutter der schönen Liebe," daß durch ihre Fürbitte das Feuer der göttlichen Liebe in dir entzündet werde.

Uebungen.

1. Erwecke eine innige Reue und Leid über deine Sünden, weil auch sie die Ursache des bittern Leidens Jesu, sowie der Schmerzen Mariä gewesen sind.

2. Höre heute eine heilige Messe an — zur Genugthuung für alle Beleidigungen, die jemals unserm im heiligsten Sakramente verborgenen Gott sind zugefügt worden.

Einundvierzigste Betrachtung.
Die Osterfreude der seligsten Jungfrau.

1.

Wehmüthig trugen die treuen Anhänger des Herrn seinen heiligen Leichnam zu der Grotte, in welcher ein neues Grab ausgehauen war. Auch die jungfräuliche Mutter folgte diesem Trauerzuge — und mit welch unaussprechlichen Schmerzen!

Wenn aber auch die ehrwürdigste Leiche jetzt in der finstern Grabeshöhle eingeschlossen war: — dennoch war Maria voll der festen Hoffnung. Sie wußte ja wohl, wie ihr göttlicher Sohn so oft und mit so bestimmten Worten von seiner künftigen Auferstehung gesprochen hatte; wie hätte sie denn in diese seine feierliche Versicherung auch nur den leisesten Zweifel setzen können?

Und siehe! wie Maria glaubte und hoffte, so geschah es in der That. Der gekreuzigte Gottmensch stieg am dritten Tage nach seinem Tode, wie Er's vorhergesagt, neu lebendig aus dem Grabe hervor.

Wem ist aber der auferstandene Heiland zuerst erschienen? Die heilige Schrift schweigt zwar hierüber; doch wie hätte es dieser allerbeste Sohn unterlassen können, seine geliebteste Mutter alsobald und vor allen Andern mit einem Besuche zu erfreuen? So ist es nach den Zeugnissen gelehrter und heiliger Kirchenschriftsteller seit den ersten Zeiten des Christenthums immerfort und überall geglaubt worden. *)

Wer will jedoch beschreiben, oder wer kann es auch nur fühlen, wie die heiligste Mutter beseligt und ganz entzückt war, als sie ihren göttlichen Sohn in so herrlicher Gestalt und glänzender Schönheit erblickte? Doch sie freute sich über die Auferstehung Jesu nicht sowohl ihretwegen, als vielmehr Seinetwegen. Jetzt war ja sein großes Werk der Erlösung vollbracht; jetzt hatte seine Erhöhung und Verherrlichung vor Himmel und Erde begonnen: gewiß,

---

*) Statt aller andern wird hier nur der heilige Bonaventura angeführt, der diese Erscheinung als sichere Thatsache geglaubt hat. Siehe Medit. vitæ Christi C. 87.

Die Osterfreude der seligsten Jungfrau.

das war die Freude der gebenedeiten Mutter des göttlichen Erlösers.

2. Wir aber als die Erlösten Jesu Christi, wir als die Kinder der seligsten Gottesmutter — wie sollen wir an ihrer Osterfreude theilnehmen? O ihr Alle, die ihr an Jesum Christum als den ewigen Sohn Gottes und wahren Sohn der reinsten Jungfrau glaubet! auch ihr habet alle Ursache, euch von Herzen zu erfreuen, denn der Gekreuzigte ist auch zu euerm Heile von den Todten auferstanden. Wäre Er nicht auferstanden, so wären wir noch in der Sünde, wir wären noch Kinder des göttlichen Zornes. Doch nein! Er ist wahrhaft auferstanden und dadurch hat Er seine Gottheit und die Wahrheit seiner Lehre auf's Glänzendste bewiesen.

Und wie Er Einmal gestorben ist und nun lebt und herrscht und ewig nicht mehr sterben wird: ebenso wird auch seine Lehre und die von Ihm gestiftete heilige katholische Kirche erhalten werden und bis an's Ende der Zeiten — wenn auch unter Stürmen und Verfolgungen — fortbestehen. Das ist unser Glaube! Das hoffen wir von unserm allmächtigen Herrn und Heiland Jesus Christus!

Was sollst du denn thun, christliche Seele, im Andenken an die Auferstehung Jesu? Mit seiner heiligsten Mutter danke Ihm für die großen Leiden, die Er aus Liebe zu uns ausgestanden. Mit dieser hocherfreuten Mutter danke Ihm auch für den glorreichen Sieg, den Er durch seine Auferstehung über die Sünde, den Tod und die Hölle errungen hat.

Aber auch du sollst mit Jesus siegen über alle Feinde deines Heils. Dem Siege muß freilich der Kampf vorhergehen; erst auf die düstere Leidenswoche folgt der freudige Ostermorgen. Allein der gekreuzigte Erlöser, der da lebt und herrscht — Er hat dir durch sein Leiden Verzeihung, Gnade und Kraft in jedem Kampfe erworben. Er kann und will auch dich reinigen, heiligen und zu allem Guten stärken. Auf Ihn, den allmächtigen Sieger, hoffe fest und zuversichtlich! Zu Ihm bete und flehe mit Inbrunst und voll Vertrauen!

O wir haben einen lebendigen, einen guten Heiland! Traue es Ihm doch zu, daß Er auch dein Heiland und dein Heil sein will, — und Er ist es, Er ist es unfehlbar und überreichlich. Ja, Jesus Christus — dein und mein und der ganzen Welt Heiland — und kein anderer. Ihm sei Ehre, Dank und Anbetung in Ewigkeit! Alleluja.

Uebungen.

1. Um die Osterfreude der göttlichen Mutter zu ehren, bete jetzt das bekannte: Regina cœli, Freu' dich, o Himmelskönigin 2c.

2. Bete auch noch ein Vater unser, auf daß recht viele Sünder geistigerweise auferstehen, d. h. sich bekehren möchten.

Zweiundvierzigste Betrachtung.
Maria bei der Himmelfahrt Jesu.

1.

Nach seiner glorreichen Auferstehung brachte Jesus nur noch vierzig Tage auf dieser Erde zu. Und als die Zeit erfüllt war, in welcher Er von seiner Herrlichkeit Besitz nehmen sollte: da versammelte Er zum letztenmal seine geliebten Jünger um sich, um von ihnen Abschied zu nehmen.

Maria bei der Himmelfahrt Jesu.

Wie muß das für sie ein schmerzlicher Abschied gewesen sein! Und erst für die zärtlichste Mutter Maria — wie war diese Trennung für sie wehmüthig und herzergreifend! Nach der Erzählung des heiligen Bonaventura*) seufzte sie jetzt und sagte unter Thränen: „Mein Sohn! willst Du von hier weggehen, so nimm mich mit Dir." Er aber tröstete sie liebreich, indem Er sprach: „Geliebteste Mutter! laß dir meinen Hingang nicht schwer fallen, denn Ich gehe zum Vater. Es ist aber gut, daß du einige Zeit noch hier bleibest, um die Gläubigen zu stärken. Später werde Ich dich auch in meine Glorie aufnehmen." Demüthig und gottergeben sprach Maria: „Es geschehe, wie Du willst!"

Nun streckte Jesus seine heiligen Hände aus, gab den Anwesenden seinen Segen, und während Er sie segnete, hob Er sich vor ihren Augen empor und stieg wie auf einer leichten Wolke hinauf in den Himmel.

Wie wird jetzt Maria sich glücklich gefühlt haben, die Mutter dieses so verherrlichten Sohnes zu sein! Ja wohl! aber jetzt ward auch sie dem Herzen nach in den Himmel erhoben. Wenn schon die frommen Altväter nach dem seligen Vaterlande dort oben sich sehnten: um wie viel mehr wird Maria ein glühendes Verlangen gehabt haben, dort zu sein, wo ihr Gott und geliebtester Sohn herrschte!

Doch auch hierin hat uns die heiligste Mutter das schönste Vorbild gegeben. Die Sehnsucht nach dem Himmel ist freilich gut, ja sogar nothwendig; aber leben, so lange Gott will, — Gutes thun, so viel man kann, — und zugleich auch leiden,

---

*) Loc. cit. Cap. 98.

was uns Gott täglich auferlegt: das ist unsere höchste Pflicht.

2. Wie bist du aber, o christliche Seele, bemüht, die seligste Jungfrau hierin nachzuahmen? O wenn du auch nur ein wenig Liebe zu deinem göttlichen Erlöser im Herzen hast, so wirst du mit einer heiligen Freude erfüllt werden, wenn du im apostolischen Glaubensbekenntniß oder im Rosenkranzgebete die Worte aussprichst: „Jesus, aufgefahren in den Himmel." Diese Auffahrt des Herrn ist ja, wie der heilige Leo *) schön sagt, unsere Erhöhung; wohin unser Haupt glorreich vorangegangen, dahin haben auch wir Hoffnung berufen zu werden, weil wir in geistigem Sinne seine Glieder sind.

Du betest nun täglich: „Zukomme uns dein Reich! — meinst du es aber auch aufrichtig und ernstlich mit dieser Bitte? Hängt dein Herz nicht weit fester an den vergänglichen Gütern und eitlen Freuden dieser Welt — fester als an dem, was unsichtbar und himmlisch ist und ewig bleibt?

O laß dich doch nicht verblenden von dem trügerischen Glanze aller zeitlichen Dinge! Hefte deine Seele nicht an das, was du einmal zurücklassen mußt. Sursum corda! Hinauf mit dem Herzen! Dort, wo Christus wohnt — dort allein ist ungetrübte Freude, die das Herz wahrhaft und vollkommen beseligt. Und dort im Himmel bereitet dir der göttliche Heiland (nach seinem Versprechen bei Joh. 14, 2. 3.) eine Stätte, damit auch du seiest, wo Er ist.

---

*) Serm. I. de Ascens. Dom.

Maria bei der Himmelfahrt Jesu.

Ist aber diese Wohnung im Himmel nicht Alles werth? Sollst du nicht gerne und eifrig Alles thun, was dich des Himmels würdig macht? Sollst du nicht ebenso mit größter Sorgfalt meiden, was dich der Gefahr aussetzt, die ewige Seligkeit zu verlieren? Sollst du nicht auch die gegenwärtigen Leiden und Trübsale, die nach den Worten des heiligen Paulus (2. Kor. 4, 17.) nur wie augenblicklich und leicht sind, willig und mit Geduld ertragen, um jener Seligkeit theilhaft zu werden, die eine überschwengliche, Alles überwiegende, ewige Herrlichkeit ist? —

Sei also standhaft im Kampfe gegen alles Böse. Thue Gutes, so viel und so lange du kannst — und trage gelassen und gottergeben das Kreuz, welches der Herr dir aufbürdet. „Mußte nicht auch Christus leiden und so in seine Herrlichkeit eingehen?" (Luk. 24, 26.)

Die göttliche Mutter aber bitte jeden Tag, sie wolle dir nach diesem elenden Leben die gebenedeite Frucht ihres Leibes zeigen — Jesum Christum nämlich, der in den Himmel aufgefahren ist und ewig lebt und regiert zur Rechten des himmlischen Vaters.

Denksprüche der heiligen Theresia.

1. Wer kann den Triumph Jesu, seine Auferstehung und glorreiche Himmelfahrt im Geiste sich vorstellen, ohne darüber eine unaussprechliche Freude zu empfinden?

2. Glauben wir etwa mittelst Vergnügen und Zeitvertreib in Besitz dessen zu kommen, was Jesus uns erworben hat um den Preis seines Blutes? Das ist unmöglich.

3. Wir besitzen den Herrn hier auf Erden, und wir werden Ihn auch im Himmel besitzen, wenn wir aus seiner Gesellschaft hienieden recht guten Nutzen zu ziehen wissen.

Dreiundvierzigste Betrachtung.
Maria am heiligen Pfingsttage.

1.

Zu wiederholten Malen hatte der göttliche Erlöser seinen Jüngern den heiligen Geist versprochen. Diese Verheißung Jesu sollte nun nach seiner Auffahrt in den Himmel erfüllt werden. Was thaten deßhalb die Apostel? wie bereiteten sie sich vor, um den göttlichen Geist, diesen himmlischen Tröster würdig zu empfangen?

Der heilige Lukas sagt hierüber ausdrücklich: „Die Jünger des Herrn versammelten sich in einem Saale zu Jerusalem und verharrten da einmüthig im Gebete mit (einigen) Frauen und mit Maria, der Mutter Jesu." (Apostelgesch. 1, 14.)

So war also die seligste Gottesmutter in Mitte der betenden Apostel und der ganzen Schaar jener frommen Seelen, die den Glauben an Jesus treu bewahrten. Und mit welch inniger Andacht wird sie damals gebetet haben, daß der heilige Geist sie selbst und die Apostel mehr und mehr erleuchten und mit seiner allmächtigen Gnade kräftigen und stärken möge! So flehte sie inbrünstig und anhaltend, mit lebendigem Glauben und in fester Zuversicht um die göttliche Feuertaufe — für sich und die ganze Gemeinde der Gläubigen — nicht nur für jetzt, sondern auch für alle kommenden Zeiten.

Maria am heiligen Pfingsttage.

Und siehe! am hohen Pfingstfeste der Juden, da offenbarte sich die dritte göttliche Person, Gott der heilige Geist auf wunderbare Weise; mit Macht und Herrlichkeit kam Er sichtbar herab auf jeden der Apostel und ebenso auf alle Anwesenden.

Was wird aber dieser göttliche Geist ganz besonders in dem unbefleckten Herzen Mariä bewirkt haben! Durch Ihn ist sie ja schon „die Gnadenvolle" geworden, bevor sie den Sohn des Allerhöchsten in ihrem jungfräulichen Schooße empfangen hatte; Er hat sie dann wirklich durch die Kraft, womit Er sie überschattete (Luk. 1, 35), zur würdigsten Gottesmutter gemacht: — was wird Er erst noch am Pfingstfeste Großes an ihr gethan haben! Ja, jetzt erhielt Maria im erhabensten Sinne des Wortes das Sakrament der Firmung, das Vollmaß himmlischer Erleuchtung und göttlicher Liebe, um auch als Mutter der Gläubigen, als Königin und Schützerin der Kirche Jesu mächtig und liebreich sich fortan zu erzeigen. Da ist ihre heiligste Seele wahrhaft und auf die vollkommenste Weise ein geistliches und ehrwürdiges Gefäß geworden, das vortrefflichste Gefäß der Andacht, in welchem alle Reichthümer und Früchte des heiligen Geistes verschlossen waren. Deßwegen nennen sie die heiligen Väter die lieblichste Wohnstätte *) und den lebendigen Tempel des dreieinigen Gottes. **)

2. Da wollen wir in unserer Betrachtung einen Augenblick innehalten. Wir wollen dem dreieinigen Gott danken für alle die unermeßlich großen Gna-

---

*) Tarasius Ep. Constp. Orat. in præsent. Deip.
**) S. Epiph. Or. de laud. Deip.

den, welche Er unserer theuersten Mutter ertheilt hat. Ja, Ihm sei Lob und Preis, daß Er ihre Seele so herrlich mit himmlischen Gaben geschmückt hat, als nur ein Geschöpf in sich zu fassen vermag, so daß sie an geistiger Schönheit alle Engel und Heiligen weit übertrifft.

Lerne aber auch, o christliche Seele! lerne von der heiligsten Gottesmutter, was du zu thun hast, auf daß der heilige Geist seine Gnaden dir stets mittheile und dieselben in dir immer noch vermehre. Denke daran, daß dieser göttliche Geist schon bei deiner Taufe dich geheiligt hat; bei der Firmung aber hat Er dir Kraft und Muth verliehen, um einen guten Glaubenskampf siegreich und beharrlich zu bestehen.

Doch wie oft hast du seither (wie der Apostel sich ausdrückt Ephes. 4, 30.) diesen heiligen Geist **betrübt**, seinen Einsprechungen kein Gehör gegeben, Ihn gar durch deine Sünden von dir verstoßen? O bereue deine Untreue! Mit den Worten des bußfertigen Königs David (Ps. 50.) rufe zu Gott: **„Erschaffe in mir ein reines Herz und erneuere in mir den rechten, den heiligen Geist!"**

Auch hierin sei Maria dein Vorbild: bete wie sie mit versammeltem Geiste und in wahrer Andacht, bete anhaltend und beharrlich, bete auch gern im Vereine mit deinen Glaubensgenossen, bei dem feierlichen, gemeinschaftlichen Gottesdienste. Und wenn die seligste Jungfrau mit den empfangenen Gnaden an Heiligkeit und Tugend immer mehr zunahm: so laß dich durch dieses erhabene Beispiel zu allem Guten mehr ermuntern und ermuthigen. Der heilige Geist will ja auch dich immer frömmer und tugendhafter machen; dazu will Er dir Kraft verleihen, so daß dir mit seiner Gnade möglich werde, was du nach deiner Schwachheit nicht vermagst. Folge also seiner lehrenden Stimme und sei treu einer jeden Gnade, die Er dir gibt.

Uebungen.

1. Alle deine Gebete vereinige mit den Gebeten der göttlichen Mutter.

2. Auch alle deine Handlungen, deine Arbeiten, kurz Alles, was du jeden Tag thust, vereinige recht oft mit jenen Liebesakten, welche Maria hier auf Erden übte und die sie noch immer im Himmel fortsetzt.

Vierundvierzigste Betrachtung.
Die letzten Lebensjahre der seligsten Jungfrau.

1.

Wie allgemein geglaubt wird, lebte unsere seligste Gottesmutter noch fünfzehn Jahre — von der Himmelfahrt ihres göttlichen Sohnes an bis zu ihrer eigenen Aufnahme in die ewige Seligkeit. Während dieser Zeit weilte sie theils in Jerusalem, theils in Ephesus an der Seite ihres treuen Pflegesohnes, des heiligen Evangelisten Johannes. Und wie brachte sie diesen Abend ihrer irdischen Pilgerschaft zu?

Es war dies wohl ein stiller Abend; die seligste Jungfrau lebte ja immer (nach dem Ausdrucke des Apostels Koloss. 3, 3.) mit Christo in Gott verborgen; so auch jetzt in diesen fünfzehn Jahren, in denen sie zwar der leiblichen Gegenwart ihres geliebtesten Sohnes entbehren mußte, welchen sie aber (nach glaubwürdiger Ueberlieferung) jeden Tag im heiligsten Sakramente zu ihrem süßesten Troste empfing. Ihr ganzes Leben war somit ein immer lebhaftes Andenken an Gott, es war der vertrauteste und innigste Umgang mit Ihm, eine fortwährende Uebung inbrünstiger Liebe zu Ihm.

Wenn aber Maria nur so ganz mit Gott und in Gott versammelt lebte, so war sie doch auch immerdar für das Heil Anderer besorgt und thätig. O es ist nicht auszusprechen, wie sie in diesen Jahren so Viele der Gläubigen getröstet, ermuntert und erfreut hat! So war sie schon damals **die Helferin der Christen**, zu welcher alle Bedrängten hineilten — **die Mutter der Barmherzigkeit**, die allen Bittenden geneigtes Gehör gab, gegen Alle sich liebreich erzeigte und ihren Anliegen in mütterlicher Milde mit Rath und That entgegenkam.

Mußte sie aber auch mit Schmerzen sehen, daß schon in diesen Tagen der Name Jesu geschmäht und seine Lehre von „den Juden als ein Aergerniß, von den Heiden als eine Thorheit" (1. Kor. 1, 23.) verachtet wurde: o auch diese betrübenden Ereignisse konnten das Vertrauen unserer gläubigen Gottesmutter nicht schwächen. Es blieb ihr sicher in gutem Andenken, was der heilige Erzengel einst zu ihr gesagt hatte: „**Seines Reiches wird kein Ende sein.**" (Luk. 1, 33.) Diesem Worte glaubte sie fest und unerschütterlich; dieses Wort war ihr süßester Trost bei den furchtbaren Drangsalen, welche jetzt über die Kirche Jesu hereinbrachen. Je gewaltiger diese Anfeindungen und Verfolgungen waren, desto mehr verdoppelte Maria ihre Gebete und flehte zu ihrem göttlichen Sohne, Er möchte seine heilige Kirche in ihren Bedrängnissen schützen, erhalten und auch immer mehr verbreiten.

2. So, christliche Seele, so waren die letzten Lebensjahre der seligsten Jungfrau beschaffen. Diese ihre stille und doch so wirksame, ja wohlthätige Lebensweise ist gleichsam eine laute Stimme, welche dir und mir und allen Gläubigen mit den Worten Jesu (Luk. 10, 37.) zuruft: „Gehe hin und thue du desgleichen."

Jeden Tag und alle deine Arbeiten mit Gebet anfangen und durch Gebet heiligen, auch den Tag hindurch oft dein Gemüth zu Gott erheben, mit besonderer Andacht an deinen göttlichen Heiland Jesus Christus, an seine gnadenreiche Menschwerdung, sein heiligstes Leben und bitteres Leiden denken: sieh', durch solche Uebungen führest auch du ein mit Christus in Gott verborgenes Leben.

Und wie viele Anlässe gibt es nicht, wo du auch die Nächstenliebe ausüben kannst! Ohne von den eigentlichen Werken der Barmherzigkeit etwas zu sagen, wie viel Gutes könntest du stiften nur mit wohlwollenden, freundlichen und liebreichen Worten! Probiere es nur und fange heute schon damit an. Ertrage ruhig und gelassen die üble Laune oder die Unarten deiner Mitmenschen; unterdrücke jede Aufwallung des Zornes oder der Ungeduld; gib Allen, mit denen du umgehest, gute, liebevolle Worte — und du wirst es bald erfahren, daß ein solches Benehmen gegen Andere eine geheimnißvolle Kraft hat, um sie verträglich, sanft und friedfertig zu machen, so daß du mit ihnen in gottgefälliger Eintracht leben kannst.

Endlich, wenn Maria für die noch junge, erst aufwachsende Kirche ihres göttlichen Sohnes so mütterlich besorgt war; wenn sie an den freudigen und traurigen Schicksalen derselben den innigsten Antheil nahm: ist das nicht auch für dich ein schönes Vorbild? Ja, freue dich und danke Gott, wenn die heilige katholische Kirche immer mehr verbreitet wird und allüberall gute Früchte in den Gläubigen hervorbringt. Trage aber auch selbst dazu bei — wenigstens durch Gebet, gutes Beispiel und Unterstützung der Glaubensverbreitung.

Trauere hingegen bei den Leiden und Drangsalen der Kirche. Bete in solchen Zeiten recht eifrig für den Papst, den sichtbaren Stellvertreter Jesu Christi, sowie für die Bischöfe und alle Seelenhirten, damit sie alle, vom Geiste Gottes erfüllt, durch Lehre und Beispiel die ihnen anvertrauten Seelen zur Erkenntniß und Liebe der Wahrheit, somit auch zum ewigen Leben hinführen. Nimm auch ganz besonders zu Maria deine Zuflucht und empfehle ihrem liebenden Mutterherzen jede Noth und alle Anliegen der heiligen Kirche. Maria ist ja immer und immer die mächtige Helferin der Christen, sie ist allezeit „unsere liebe Frau vom Siege." Rufe sie recht inbrünstig an, daß durch ihre Vermittelung das Reich Jesu Christi über alle seine Feinde siegen und in Ruhe und Frieden herrlich blühen möge.

Vorsätze.

1. In der oben angedeuteten Meinung will ich freilich oft und eifrig beten; aber ich will mich auch niemals des heiligen katholischen Glaubens schämen, vielmehr denselben bei jeder schicklichen Gelegenheit frei und offen bekennen.

2. So will ich auch die Kirchengebote genau halten, besonders an den bestimmten Tagen die

heilige Messe andächtig anhören, das vorgeschriebene Fasten gewissenhaft beobachten u. s. w.

Gott helfe mir dazu durch die Verdienste der seligsten Jungfrau!

Fünfundvierzigste Betrachtung.
Vorbereitung zum Tode.

1.

Wir kommen in unsern Betrachtungen näher zu jener Stunde, in welcher die jungfräuliche Gottesmutter aus diesem Thale der Thränen in die himmlischen Freuden aufgenommen wurde. Und wie innig sehnte sie sich nach diesem seligen Augenblick! Welch ein herzliches Verlangen hatte sie, ihren geliebtesten Sohn, ihren Herrn und Gott, wieder zu sehen und dort oben ewig mit Ihm vereinigt zu sein!

Doch auch hierin war Maria die demüthige, die gehorsame Dienerin und Magd des Herrn. Mochte ihre Sehnsucht nach dem Himmel noch so groß sein, o dennoch blieb sie gerne auf der Erde, solange es Gott wollte. Ihm, dem höchsten Gebieter über Leben und Tod, brachte sie jeden Augenblick zum Opfer dar; Gottes Willen zog sie allen ihren Wünschen vor.

Können wir uns eine bessere Vorbereitung auf die Sterbstunde denken, als eben eine solche vollkommene und fortwährende Vereinigung mit dem heiligsten Willen Gottes? In dieser Vereinigung mit Gott machte Maria in jeder Tugend immer neue und größere Fortschritte; das Feuer der göttlichen Liebe brannte in ihrem reinsten Herzen immer mächtiger. So erreichte sie jenen hohen Grad der Heiligkeit, der bei einem Geschöpfe nur möglich ist.

O gewiß, die seligste Gottesmutter, die niemals von irgend einer Sündenmakel verunreinigt wurde — sie, deren Wandel von jeher mehr im Himmel als auf Erden war, — die mit jedem Tage immer reicher an Verdiensten ward: — sie war gewiß jeden Augenblick bereit, diese armselige Erde zu verlassen und ihre heiligste Seele ihrem Schöpfer und Gott wieder zurückzugeben. Wo könnten wir aber besser lernen, auf den Tod uns vorzubereiten, als bei dieser unserer theuersten Gottesmutter Maria?

2. Ja bedenke es, o christliche Seele, „bedenke es, daß der Tod nicht säumt!" So ruft dir der heilige Geist (Sir. 14, 12.) durch den Mund des weisen Mannes zu. Und ebenso ernsthaft erinnert uns der heilige Paulus an unser baldiges Ende, indem er (Hebr. 9, 27.) sagt: „Für jeden Menschen ist es festgesetzt, einmal zu sterben." Und du weißt weder den Tag noch die Stunde. Da du es gar nicht vermuthest oder erwartest, wird des Menschen Sohn kommen, um dich von dieser Welt wegzunehmen. (Luk. 12, 40.)

Dann aber, wann deine Lebens-Uhr für immer — für immer abgelaufen ist; — dann, da für dich die letzte Stunde angekommen, auf welche hienieden keine mehr folgen wird: was wird alsdann geschehen? Sogleich (o bedenke doch das!) — sogleich stehest du dann vor dem Richterstuhle des allmächtigen, allwissenden und gerechten Gottes. Solltest du das je vergessen können? Solltest du so unbekümmert dahinleben können, ohne an den Tod und die darauf folgende Rechenschaft zu denken?

Doch nein, du willst nicht unvorbereitet in die Ewigkeit hinübergeben; aber welches ist denn die beste Vorbereitung zum Tode? Sieh, o christliche Seele, sieh auf das Beispiel unserer göttlichen Mutter Maria. Lerne von ihr fromm leben, eifrig im Guten sein und standhaft das thun, was vor Gott wohlgefällig ist: — fürwahr, dann wirst du einst gut sterben.

Betrachte also jeden neuen Tag als ein großes und kostbares Gnadengeschenk Gottes und laß denselben nicht unbenützt für dein Seelenheil vorbeigehen. O es ist dies jetzt die gnadenreiche Zeit, es sind dies die Tage der Errettung (2. Kor. 6, 2.) Diese so flüchtige Zeit gebrauche doch dazu, um immer mehr Verdienste für den Himmel zu sammeln; in diesen so kurzen Tagen erkaufe dir durch gute Werke eine selige Ewigkeit.

Mußt du auch unter vielen Beschwerden und in täglichen Kämpfen dein Leben zubringen: laß dich das nicht gereuen! Am Ende deiner Laufbahn wirst du um so eher frohlocken; denn was du nach Gottes Willen thust und leidest, das bleibt dir nicht unbelohnt. Am Ende deiner Tage wird dir der gerechte und doch so unendlich gütige Gott zurufen: „Weil du auch nur im Kleinen getreu gewesen bist, will Ich dich jetzt über Vieles setzen; gehe ein in die Freude deines Herrn." (Matth. 25, 21.)

Aus der Nachfolge Christi.

1. Wie selig ist, und wie weise handelt, wer sich bemüht, so zu leben, wie er im Tode wünschen wird, gelebt zu haben!

2. Nimm es doch zu Herzen, wie im letzten Augenblicke die Gefahr so groß und die Furcht als=

dann so peinlich ist! Nur durch eine sorgsame, stete Vorbereitung zum Tode kannst du vor diesem Allen dich schützen.

3. Lerne jetzt der Welt absterben, auf daß du im Tode anfangen kannst mit Christo zu leben.

4. Alles, was du denkst und thust, alles soll so gedacht und so gethan werden, als ob du heute sterben müßtest. (B. 1. Kap. 23.)

Sechsundvierzigste Betrachtung.

Mariä seliges Ende.

1.

Jetzt wollen wir im Geiste an das Sterbelager unserer heiligsten Gottesmutter hinzutreten, um in Andacht und Ehrfurcht ihr seliges Ende zu betrachten. Zuerst jedoch fragen wir: wie konnte denn der Tod, diese Folge und Strafe der Sünde, auch über jene eine Macht ausüben, die doch schon im ersten Augenblicke ihres Lebens ganz sündenlos war und immer in Heiligkeit fortlebte und darin stets vollkommener wurde?

Mehrere heilige Väter *) belehren uns hierüber also: Weil Jesus Christus, der göttliche Sohn Mariä, die Peinen des Todes selbst auch erdulden wollte, geziemte es sich, daß sie ebenfalls, um Ihm in Allem gleichförmig zu werden, sterben mußte. Auch sollte ihr Hinscheiden uns ein Beispiel werden, wie wir den Tod annehmen sollen und selig sterben können.

---

*) S. Joa. Damasc. Or. 1. in Dorm. B. V. M. — Auch der hl. Alphons Lig. Herrlichkeiten Mariä. 2. Thl.

Mariä seliges Ende.

Nun wie ist denn Maria wirklich gestorben? Aus guten Gründen wird allgemein geglaubt, sie habe vor ihrem Hinscheiden noch einmal das hochheilige Sakrament empfangen. Welch eine inbrünstige Communion muß das gewesen sein! So mit ihrem göttlichen Sohne auf die allerinnigste Weise hienieden vereinigt, — in dieser heiligen Liebe schlummerte sie hinüber, um dort mit Ihm in ewiger Seligkeit vereinigt zu sein.

„Es läßt sich durchaus nicht denken, daß Maria eines andern Todes, als vor Liebe gestorben sei. Die göttliche Liebe, die in ihrem Herzen immer inniger brannte, diese allein war die Krankheit, die ihr Leben hienieden auflöste. Darum war ihr heiliges Hinscheiden nicht eigentlich ein Tod, es war vielmehr ein sanftes Entschlummern, ein ruhiges Hinübergehen, ein schmerzenloses Austreten aus dem Körper und ein freudiges Erscheinen vor dem Angesichte des dreieinigen Gottes, den sie aus ganzer Seele über Alles stets geliebt hatte." *)

O wie liebevoll wird sie da die anwesenden, jetzt aber tief betrübten Apostel ihres Hinganges wegen getröstet haben! Wie wird sie da ihnen und ebenso der ganzen Kirche Jesu ihre Fürbitte so heilig und theuer versprochen haben! Wie wird sie mit den Worten ihres göttlichen Sohnes in herzlicher Andacht noch ausgerufen haben: „**Vater, in deine Hände empfehle ich meinen Geist!**" Welch ein glückliches Sterben! Welch ein hochseliges Ende! Wer muß nicht von Herzen wünschen, einmal — wenigstens einigermaßen — also sterben zu können?

---

*) Nach den hhl. Johannes Damascenus, Franz von Sales und Alphons Liguori.

Ja wohl, aber wie können wir auf einen ähnlichen Tod hoffen?

2. Sieh', o christliche Seele! Maria hat so ruhig und mit heiliger Freude diese sichtbare Welt verlassen, weil ihr Herz an nichts Irdischem geheftet war. So wird es auch dir nicht schwer vorkommen, im Tode allem Zeitlichen auf immer den Abschied zu geben, wenn du jetzt im Leben der so großen Anhänglichkeit an die irdischen Güter und Freuden entsagest. Du bist ja doch nicht für diese Welt erschaffen, sondern für Gott, und was die ganze Welt dir geben kann, bringt deinem Herzen keine wahre Ruhe, keine volle Zufriedenheit.

Befolge daher die Ermahnung, die der Apostel (Kol. 3, 2.) allen Christen gibt, indem Er sagt: „Was droben ist, dem sinnet nach, (das suchet), und nicht was auf Erden ist." Und an einer andern Stelle (1. Kor. 7, 30.) lehrt derselbe Apostel: „Die, welche dieser Welt (und ihrer Güter) sich bedienen, sollen sich (ohne Anhänglichkeit daran) so benehmen, gleich als bedienten sie sich derselben nicht."

Ferner bemerke, wie Maria aus heiliger Liebe starb; freiwillig hat sie ihrem Gott und Schöpfer ihr Leben hingegeben, wann und wie Er selbes verlangte. So nimm auch du schon in gesunden Tagen den Tod von der Hand Gottes willig an. Mache jetzt schon recht oft die gute Meinung, du wollest einst deinen Tod Gott dem Herrn zum Opfer bringen — zum Zeichen, daß du Ihn anerkennest als den alleinigen Herrn über Leben und Tod. So nimm den Tod an als eine Strafe und ein Sühnopfer für deine Sünden. Kannst du auch nicht hoffen, ohne alle Schmerzen einst zu sterben: o genug, wenn

du nur in der Liebe Gottes und mit wahrem Buß=
geiste zu sterben die Gnade hast.

Christliche Seele! wenn du so dem Tode gleich=
sam in die Augen schauen und denselben jetzt schon
bewillkommen darfst: fürwahr, dann wird dein letz=
tes Stündlein dich weder heute noch morgen un=
vorbereitet überfallen; vielmehr wirst du dich freuen,
wann es heißen wird: „Jetzt, jetzt gehen wir in
das Haus des Herrn." (Pf. 121, 1.) O nach die=
sem Hingange seufze täglich und rufe wie der hei=
lige Liebesjünger Johannes: „Komme, Herr
Jesu! Komme, Herr Jesu!" (Offenb. 22, 20.)

Gebet des heiligen Bonabentura.

O gebenedeite Jungfrau! wenn meine Seele
diese Welt verläßt, dann komme du mir zu Hilfe
und schließe mich in deine Arme ein. Tröste mich
alsdann, o Maria, durch deine liebliche Gegen=
wart. Auf dieser Reise in ein mir unbekanntes Land
sei du dann meine Begleiterin. Bewirke es, daß
meine vielen Sünden mich nicht ängstigen, noch daß
der böse Feind mich mit seinen Anfechtungen beun=
ruhige. Führe mich in den sichern Port des Heiles,
führe mich zu deinem göttlichen Sohne, meinem
barmherzigen Erlöser. Amen. (Psalter. B. V. Mar.)

Siebenundvierzigste Betrachtung.
Maria, in den Himmel aufgenommen.

1.

Bald nach dem seligen Hinscheiden der jungfräulichen Gottesmutter nahmen die Apostel ihren heiligen Leib und legten ihn im Garten Gethsemane in ein ehrenvolles Grab. Können wir jedoch von der Gerechtigkeit Gottes erwarten, daß Er jenen unbefleckt empfangenen und stets sündenlos bewahrten Leib der Verwesung überlassen habe? Wäre es Gottes würdig gewesen, wenn Er gestattet hätte, daß jener keuscheste Leib, in welchem der Urheber des Lebens empfangen und gebildet wurde, in Staub und Asche zerfallen sollte? Wenn Maria ihrem göttlichen Sohne auch hierin gleichförmig wurde, daß sie wahrhaft gestorben ist: war es nicht billig, daß dieser allmächtige und allerbeste Sohn seine heiligste Mutter auch wieder zu neuem Leben erweckte?

Gewiß, wenn es auch die ältesten Kirchenväter und glaubwürdigste Ueberlieferungen nicht bezeugten, wir könnten es doch nicht anders glauben, als daß die seligste Jungfrau, dieser allerreinste Tempel des menschgewordenen Sohnes Gottes frei sein mußte von jenem Fluche, welcher zwar über das ganze Menschengeschlecht ausgesprochen wurde.

Wirklich, als die Apostel nach drei Tagen das Grab öffneten, fanden sie die ehrwürdige Leiche nicht mehr vorhanden, sondern nur die Grabtücher, in welchen sie war beigesetzt worden. Himmlischer Wohlgeruch duftete aus dem Grabe entgegen, und alle Anwesenden glaubten nun ohne allen Zweifel, der heilige Leib sei durch die Kraft Gottes wieder

O Maria, es erfreue sich und frohlocke die ganze Welt über deine glorreiche Himmelfahrt. (St. Augustinus.)

Maria, in den Himmel aufgenommen.

zu neuem Leben erweckt und Maria sei also mit Leib und Seele in den Himmel aufgenommen worden. So hat es auch die heilige katholische Kirche immerdar geglaubt. Und eben dieser glorreiche Vorzug, der unserer theuersten Gottesmuttter zu Theil wurde, erfüllt das Herz aller frommen Gläubigen mit süßer Freude. Zu Maria aufblickend rufen täglich Tausende und Tausende: „Du bist gebenedeit unter den Weibern und gebenedeit ist die Frucht deines Leibes, **Jesus**, **der dich in den Himmel aufgenommen hat.**"

2. Nun, o christliche Seele, an was denkst du, wenn du diese Worte aussprichst? Der heilige Leichnam der seligsten Jungfrau ist zuerst zur Erde bestattet worden, bevor er in den Himmel aufgenommen wurde: — erinnert dich das nicht an deine eigene Begräbniß?

Ja, erwäge nur recht ernstlich, was mit deinem Leibe geschehen wird, nachdem du deine Seele ausgehaucht hast! Bald geht derselbe in Fäulniß über; den Motten und Würmern wird er zur Speise werden. Wie kannst du denn diesen hinfälligen Körper so sehr verzärteln? Warum bist du weit mehr auf das bedacht, was deinem Leibe und den fünf Sinnen schmeichelt, als auf das, was zum Heile deiner Seele gereicht? O vergiß doch nicht, was Gott zu dem ersten Menschen und dessen Nachkommen gesprochen: „Du bist Staub und wirst wieder zu Staub werden." (Gen. 3, 19.)

Bedenke aber auch jene Worte, die unser göttliche Heiland sprach: „Es kommt die Stunde, in welcher Alle, die in den Gräbern sind, hören werden die Stimme des Sohnes Gottes. Und hervorgehen werden alsdann jene, die Gutes gethan, zur

Auferstehung des Lebens, die aber Böses gethan, zur Auferstehung des Gerichtes." (Joh. 5, 28.)

Da frage dich selbst: was für eine Auferstehung darf ich erwarten? Wenn auch das Verwesliche meines Leibes vermodert sein wird: darf ich hoffen, dasselbe werde einmal (nach dem Ausdrucke des heiligen Paulus 1. Kor. 15, 53.) die Unverweslichkeit anziehen und in verklärter Unsterblichkeit auferstehen? Verdiene ich's durch echt christliche Frömmigkeit und durch viele gute Werke, daß ich auch einst mit Leib und Seele in den Himmel aufgenommen werde?

Ja, echt christliche Frömmigkeit und gute Werke, diese führen zur seligen Unsterblichkeit, zum ewig glücklichen Leben. Also verheißt es unser göttliche Heiland, da Er sagt: „Ich bin die Auferstehung und das Leben; wer an Mich glaubt, wird leben, wenn er auch gestorben ist." (Joh. 11, 25.)

Nachlese aus der heiligen Schrift.

1. Selig die Todten, welche im Herrn sterben .. ihre Werke folgen ihnen nach. (Offenb. 14, 13.)

2. Wir erwarten unsern Herrn Jesus Christus, welcher den Leib unserer Niedrigkeit umbilden wird — gleichgestaltet dem Leibe seiner Herrlichkeit. (Phil. 3, 21.)

3. Lebe fortwährend in der Furcht des Herrn, auf daß du am Tage deines Hinscheidens gute Hoffnung haben darfst. (Sprüchw. 23, 17.)

Achtundvierzigste Betrachtung.
Maria, in dem Himmel gekrönt.

1.

Nach der Aufnahme der allerseligsten Jungfrau müssen wir jetzt auch ihre Krönung im Himmel betrachten. Doch wir armselige Menschen — wie wollen wir mit unsern schwachen Geistes-Augen schauen, was sogar die Faßungskraft der himmlischen Geister übersteigt?

Der heilige Paulus (1. Kor. 2, 9.) versichert, die Herrlichkeit jener, die Gott lieben, sei so groß, so unermeßlich, daß keines Menschen Herz dieselbe je nur zu ahnen oder zu empfinden vermöge: — wer sollte denn zu schildern im Staude sein, was Er Derjenigen bereitet hat, die Ihn geboren, Ihn so viele Jahre mit mütterlicher Liebe und Sorgfalt ernährt und gepflegt hat?

Wenn der König Salomon, sobald ihm seine Mutter angemeldet ward, sogleich sich vom Throne erhob, ihr ehrerbietig entgegenging, für sie einen eigenen Thron zu seiner Rechten hinstellen ließ und ihr so vor allen Anwesenden die höchste Ehre erwies: — wie wird wohl Derjenige, der unendlich mehr ist als Salomon, der Gottmensch Jesus Christus, seine allerbeste Mutter bei ihrem Einzug in den Himmel feierlich empfangen, glorreich verherrlicht haben?

Ja, dieser ewige Sohn Gottes, der durch seine Menschwerdung auch der Sohn der seligsten Jungfrau geworden — Er erklärte jetzt seine Mutter als die Königin des Himmels und der Erde und ließ sie von nun an Theil nehmen an seiner Allmacht und Barmherzigkeit. So erhöhte sie auch Gott der Vater als seine geliebteste Tochter und machte sie zur Schatzmeisterin und Ausspenderin seiner göttlichen Gnaden. Und der heilige Geist schmückte sie als seine reinste Braut mit allen Vorzügen und Vollkommenheiten, die ein Geschöpf nur empfangen kann.

Ist aber Maria nur deßhalb so sehr verherrlicht worden, weil sie gewürdigt ward, die Mutter Jesu zu sein? O nein! sie ist ja auch die reinste und heiligste Jungfrau gewesen; alle Tugenden haben ihre unbefleckte Seele wie mit einer glänzenden Sternenkrone schon hienieden geziert. Dadurch hat sie es verdient, auch dort oben mit der allerschönsten Ehrenkrone gekrönt zu werden. Weil sie Gott am inbrünstigsten liebte, mehr als alle Menschen aller Zeiten, ja selbst mehr als alle Engel und Erzengel: deßhalb ist ihr auch die glorreichste Belohnung zu Theil geworden.

2. Und diese so verherrlichte Gottesmutter, diese tugendhafteste und heiligste Jungfrau ist auch unsere Mutter; soll uns das nicht mit innigster Freude erfüllen? Ja mit den Worten des heiligen Alphons *) rufe ich hier aus:

„Freuen wir uns wegen Maria, daß Gott sie im Himmel auf so ausgezeichnete Weise verherrlicht hat! Freuen wir uns aber deßhalb auch unsertwegen; denn wenn auch die leibliche Gegenwart unserer lieben Mutter durch ihre Himmelfahrt uns entzogen ist, so hat sich dennoch ihr liebevolles Herz nicht von uns getrennt. Ja eben weil Maria jetzt Gott dem Herrn näher steht und inniger mit Ihm

---

*) Herrlichkeiten Mariä. 2. Theil.

vereinigt ist, so sieht sie in Gott unser Elend weit besser und hat also nach der Güte ihres Herzens weit größeres Mitleid mit uns; auch kann sie uns weit besser helfen als zuvor."

„Oder sollte sie etwa deßhalb uns Elende vergessen haben, weil sie jetzt so hoch im Himmel erhöht ist? Gott bewahre uns vor solch einem Gedanken! Wenn die Barmherzigkeit Mariä schon so groß war, als sie noch auf Erden lebte: wie viel größer wird selbe jetzt sein — jetzt, da sie im Himmel thronet! Nein, es ist unmöglich, daß ein so mitleidsvolles Herz, wie das ihrige, bei unserm Elende nicht gerührt werde."

„Schenken wir uns also (so schließt der heilige Bischof) ganz und gar dieser großen Königin! Nehmen wir uns recht ernstlich vor, sie zu ehren und zu lieben, so gut und so viel wir nur können; sie ist ja eine so liebreiche, so freigebige Königin, die ihre Diener mit reichlichen Gnaden überhäuft. Bitten wir diese heiligste Gottesmutter: O glorwürdige Königin Maria! wir freuen uns herzlich über die unaussprechlich große Herrlichkeit, womit Gott dich geschmückt hat. O vergiß uns, deine armen Kinder, nicht! Verschmähe es nicht, mit deinen barmherzigen Augen auf uns elende Sünder herabzuschauen. Je näher du der Quelle alles Guten bist, desto eher kannst du uns alle nöthigen Gnaden zukommen lassen. Ganz besonders bitten wir dich um diese Gnade: mache, daß wir hier auf Erden deine guten Kinder, deine getreuen Diener werden und bleiben, damit wir dich im Himmel die ganze Ewigkeit hindurch preisen und mit dir glückselig sein können."

Uebungen.

1. Setze auch du der göttlichen Mutter eine kleine Krone auf, z. B. bete einen heiligen Rosenkranz, oder übe aus Liebe zu Maria irgend eine Abtödtung der Eßlust u. dgl.

2. In Versuchungen zur Sünde, oder wenn der Eifer im Guten bei dir erkalten will, so muntere dich auf — mit dem Gedanken: ich will zu Maria in den Himmel kommen! Ich will bei ihr und mit ihr im Himmel sein, koste es was es wolle!

Neunundvierzigste Betrachtung.
Die Macht der heiligsten Gottesmutter.

1.

Wir wollen nochmal erwägen, wie unser göttliche Heiland seine heiligste Mutter im Himmel gekrönt hat und wie Er sie in alle Ewigkeit verherrlichen wird. Zu dieser Verherrlichung gehört ganz besonders die unvergleichliche Macht, die ihr als Herrin und Königin des Himmels und der Erde übergeben wurde.

Hören wir hierüber den heiligen Alphons Liguori; er behauptet *) ausdrücklich, Maria sei allmächtig, nicht zwar wie Gott, der vermöge seiner Wesenheit allmächtig ist, sondern durch die Gnade, welche Gott ihr verliehen hat. Somit besitzt Maria (nach den Ausdrücken mehrerer heiligen Väter) eine fürbittende Allmacht, weil sie Alles erlangt, was sie wünscht; in ihren Händen liegen alle Gnadenschätze des Himmels und all unser Heil; sie

---

*) Herrlichkeiten Mariä. 1. Theil. Kap. 6.

Die Macht der heiligsten Gottesmutter.

ist wahrhaft die mächtige Jungfrau, weil Alles geschieht, um was sie bittet.

Wie könnte es auch wohl anders sein? Hat Gott das Flehen eines Abraham, eines Moses und vieler anderer Gerechten so huldvoll erhört: könnte denn der himmlische Vater die Bitten seiner geliebtesten Tochter Maria unerfüllt lassen? Und wenn sie sich an ihren göttlichen Sohn wendet, wie wird derselbe ihr etwas verweigern können? Salomon sprach zu seiner Mutter: „Begehre, meine Mutter! es wäre ja unbillig, so ich mein Angesicht von dir abwenden wollte." Wird denn der himmlische Salomon, Jesus Christus unser Herr und Heiland, gegen seine Mutter weniger gütig und freigebig sein?

„O nein," so redet der heilige Petrus Damiani *) die göttliche Mutter an, „nein, dir ist nichts unmöglich, denn dir ist von deinem göttlichen Sohne alle Macht gegeben worden im Himmel und auf Erden." Doch, wozu so viele Stellen aus den heiligen Vätern? Gibt uns nicht die Geschichte aller Zeiten und Orte die deutlichsten Beweise, daß man durch Maria alle Gnaden und alles Gute schon erhalten hat? Bezeugen dies nicht jene tausend Gnaden- oder Wallfahrtsorte, wo den Hilferufenden unzählige Wohlthaten durch die Hände der seligsten Jungfrau zu Theil geworden? Ja, jene wunderbaren Heilungen von hartnäckigen Krankheiten, jene auffallenden Rettungen aus den größten Gefahren, jene oft augenblicklichen und aufrichtigen Bekehrungen — solche unläugbare Thatsachen, die alsdann sich ereigneten, sobald Maria um ihre Hilfe

---

*) Serm. I. de Nativ. B. V. Mar.

angerufen wurde — verkünden sie es nicht allen Menschen, daß diese beste Gottesmutter eine unumschränkte Macht besitze? Oder sollten wir wohl je denken können, diese fürbittende Allmacht sei jetzt nicht mehr ihr Vorrecht, ihre Belohnung, ihre Glorie?

2. Soll dir aber, o christliche Seele, soll dir diese Macht unserer theuersten Gottesmutter nicht den süßesten Trost gewähren? Wenn du Maria anrufest mit dem glorreichen Titel: „mächtige Jungfrau:" muß dir das nicht freudiges Vertrauen und unerschütterlichen Muth einflößen — in jeder Noth und Bedrängniß? O ja, hoffe nur Gutes, hoffe das Allerbeste von Maria und sprich getrost mit dem heiligen Bonaventura: „Auf dich, o mächtige Königin, setze ich all mein Vertrauen; fürwahr, ich werde ewig nie zu Schanden werden." (Psalt. B. V. M.)

Merke dir jedoch wohl: Maria kommt denen am liebsten zu Hilfe, sie ist die mächtigste Beschützerin ganz besonders derjenigen, die sich von der Sünde ernstlich losreißen und ein wahrhaft tugendhaftes Leben führen wollen.

Solltest du auch tief im Schlamme der Sünde stecken; sollte deßhalb bange Furcht deine Seele peinigen: o verzweifle nicht! Auch dem größten Sünder erlangt Maria die Verzeihung; sie ist eine Vermittlerin, die Alles vermag; sie erflehet auch dir wieder — wenn du deine Sünden bereuest — die Liebe des beleidigten Gottes.

Hast du aber schon angefangen, ein gottseliges Leben zu führen, o so mache dich gefaßt und erwarte vielerlei Prüfungen und harte Kämpfe. Doch sei es! Auch du darfst mit dem heiligen Paulus (Phil. 4, 13.) muthig zu dir selbst sagen: „Alles vermag ich in Dem, der mich stärket." Und diesen so mächtigen Beistand Gottes wirst du unfehlbar erhalten, wenn du die Mutter aller Gnaden um ihre Fürsprache zutraulich und recht oft begrüßest.

Klage also nicht über die große Gewalt, welche die Tugend fordert; klage nicht über die Schwachheit und Unbeständigkeit deines Herzens und Willens; klage auch nicht über die heftigen Versuchungen, womit die Welt und selbst die Hölle dich zur Sünde zu verleiten bemüht sind. Unterlaß es nur nicht, die mächtige Himmelskönigin anzurufen und auf sie zu vertrauen. Maria ist es, die (nach der Versicherung des gottseligen Abtes Lud. Blosius) jene erleuchtet, die von Zweifeln und Unruhe geängstigt, unter ihren Schutz fliehen; sie tröstet jene, die in Gefahren auf sie vertrauen; sie hilft denen, die sie inbrünstig anrufen. Ja Maria ist nach Gott das sicherste Heil ihrer treuen Diener, die untrügliche Hoffnung der Verzweifelnden, der mächtige Beistand der Verlassenen. *)

Zur Nachlese.

1. Jesus Christus ist der allerhöchste Herr und König; deßhalb ist auch seine Mutter Herrin und Königin, und mit diesem ehrenvollen Namen hat sie gleichzeitig auch die Macht einer solchen erhalten. (S. Athanas. in serm. de B. V. M.)

2. Maria übertrifft an Macht und Ansehen die Schaaren der Cherubim und Seraphim. (B. Amade. Hom. 1. de B. V.)

---

*) Cimeliarch. Endolog. 1. B. V. M.

3. Alles vermag Maria durch die Gnade ihres Sohnes. (Idiota Par. 6. Cap. 18.)

4. Unter dem Schutze Mariä hast du nichts zu fürchten. (S. Bern. sup. Miss. Serm. 2.)

Fünfzigste Betrachtung.

Maria, die gütigste Mutter.

1.

Nach der bewunderungswürdigen Macht, die der dreieinige Gott unserer theuersten Mutter Maria verliehen hat, betrachten wir nun auch ihre Güte. Wir haben zwar in diesen Betrachtungen schon mehrmal gesehen, wie Maria immerdar so liebevoll sich zeigte, solange sie hienieden lebte; doch jetzt schwingen wir uns mit unsern Gedanken empor in den Himmel. Wird sich dort oben ihr mildestes Herz etwa geändert haben? O gewiß nicht! Doch wie können wir ihre grenzenlose Güte auch nur einigermassen auf würdige Weise erfassen? Wie viele große, durch Wissenschaft und Frömmigkeit ausgezeichnete Lehrer unserer heiligen Kirche konnten nicht Worte genug finden, wenn sie von diesem so anziehenden Gegenstande sprachen!

Aus der zahllosen Menge dieser gottbegeisterten Lehrer wollen wir doch wenigstens Einen hören, nämlich den „honigfließenden" heiligen Bernard. Da dieser zärtlichste Verehrer der jungfräulichen Mutter ihre Güte betrachtete, rief er ganz entzückt aus: „Wer vermag es, die Länge, die Breite, die Höhe und Tiefe deiner Erbarmung zu erforschen, o glorreiche Gottesmutter? Die Länge dieser Erbarmung erstreckt sich bis zum jüngsten Tag auf Alle, die sie anrufen; Allen hilft die Milde dieser süßesten

Mutter. Die Breite ihrer Freigebigkeit erfüllt den ganzen Erdkreis, so daß Alles von derselben voll ist." *) In einer andern Rede spricht sich der heilige Lehrer hierüber also aus: "Maria ist Allen Alles geworden. In mildthätiger Liebe machte sie sich Allen zur Schuldnerin. Allen öffnet sie den Schooß ihrer Erbarmung, so daß Alle insgesammt und Jeder einzeln von ihrer Gnadenfülle empfangen." **)

In solch erhabenen Ausdrücken äußerte sich der große heilige Bernard über die Güte der gebenedeiten Gottesmutter; und stimmt diesen Worten nicht die ganze heilige Kirche bei? Rufen nicht alle Jahrhunderte, verkünden es nicht die frommen Gläubigen in allen Welttheilen, Maria sei die liebreichste Jungfrau, die Mutter der Barmherzigkeit, die milde, die gütige, die süße Jungfrau?

Und jene Tausende und Tausende, die es wirklich erfahren haben, daß die Fürbitte dieser unserer lieben Frau allvermögend ist — diese alle, preisen sie nicht auch ihre unermeßlich große Güte? O ja, das unbefleckte Herz Mariä ist so weit, so reich, so voll zärtlicher Liebe, daß sie Niemanden zurückweist und Allen Gnade erflehet. Es ist unerhört, daß sie eine inbrünstige Bitte nicht gewährt — unerhört in Ewigkeit — und ertheilt sie auch das nicht, um was wir sie anrufen, so gibt sie uns etwas Anderes, was mehr zu unserm Heile gereicht.

2. Was sollst du aber, o christliche Seele, aus dem, was du jetzt gelesen hast, lernen? Vor Allem aus preise unsern göttlichen Erlöser, daß Er uns

---

*) Serm. 4. in Assumt.
**) De laud. Virg Serm. 1.

Allen, ja auch dir eine so gütige Mutter gegeben hat! Danke aber auch ihr selber für alle die leiblichen und geistigen Gnaden, die du auf ihre Fürbitte schon empfangen hast; sie ist ja, wie so viele heilige Väter lehren, die Ausspenderin der himmlischen Schätze und durch ihre mütterlichen Hände geht jede gute Gabe von Oben. *)

Mußt du aber nicht auch mit dem süßesten Troste erfüllt werden, wenn du dich der Güte unserer besten Mutter erinnerst? Welch eine Freude muß es dir gewähren, wenn du erwägst: Dort oben wohnt meine gütigste Mutter! Sie denkt an mich! Ihr liebreiches Mutterherz schlägt auch für mich, sie sorgt und bittet auch für mich!

Und dieser Gedanke soll in dir nicht auch ein großes und festes Vertrauen erwecken? Sie kann ja dir helfen, wie du in der vorhergehenden Betrachtung gesehen; aber sie will dir auch helfen, wie du es von ihrer Güte nicht anders denken kannst. Wäre es denn nicht eine Sünde, wenn du in diese Güte auch nur den leisesten Zweifel setzen wolltest?

Doch das Vertrauen darf nie in Vermessenheit ausarten. Du darfst wohl von Maria alles Gute und immer das Beste erwarten; doch erwarte und verlange nichts, was gegen Gottes Willen ist oder was deinem Seelenheile nachtheilig wäre. Wie könntest du z. B. hoffen, Maria werde dich in bösen Gelegenheiten von der Sünde bewahren, wenn du solche Gelegenheiten selbst freiwillig aufsuchen würdest oder darin selbst freiwillig verbleiben wolltest?

---

*) Ebenfalls der heilige Bernard. Serm. 3. in Vig. Nativ. Dom.

Maria, die gütigste Mutter. 163

Ober meinst du, diese liebreiche Mutter werde dich sogar von jedem Kreuze befreien? O sie kennt ja am besten den hohen Werth und das kostbare Verdienst der Leiden; sie weiß es gar wohl, daß der Weg des Kreuzes der sicherste Weg zum Himmel ist. So aber Maria in solchen Fällen dir das Kreuz wenigstens erleichtert, oder wenn sie dir Geduld und Ergebung in Gottes Willen erflehet: ist dies nicht eine große, eine unschätzbare Gnade? Und diese Gnade erhältst du sicher durch ihre Fürsprache. —

Befolge also immerhin die schöne Ermahnung, die der heilige Bernard allen Gläubigen an's Herz legt, da er also lehrt: "In allen Gefahren, in jeder Angst und Noth, in zweifelhaften Umständen denke an Maria, rufe auf zu Maria! Nimmer weiche sie aus deinem Munde, nimmer aus deinem Herzen. Und damit dir die Hilfe ihrer Fürbitte zu Theil werde, so weiche nimmer ab von den Beispielen ihres heiligen Wandels. Ihr folgend lenkst du nicht ab vom rechten Wege; zu ihr flehend wirst du niemals verzweifeln; hält sie dich, nimmer fällst du dann; schützet sie dich, nichts ist dann dir furchtbar; führt sie dich, dann ermüdest du nicht; ist sie dir hold, dann gelangst du sicher zum ewigen Heile." (Serm. II. sup. Missus.)

Schliessen wir diese Betrachtungen mit dem frommen alten Liede:

O Mutter mit dem Himmelskinde,
Das jedes Leiden uns versüßt,
Und uns erlöst von Tod und Sünde,
Sei milde Jungfrau uns gegrüßt.

Maria, die gütigste Mutter.

Sieh aus dem Himmel deiner Freuden
Auf uns herab mit Mutterblick,
Die wir im Thal der Thränen leiden,
Uns sehnend nach des Himmels Glück.

Bitt', daß nach deinem schönen Bilde
Stets heilig unser Wandel sei,
Voll Unschuld, Demuth, Sanftmuth, Milde;
In allem Gottes Willen treu.

Dann zeigst du freundlich uns einst droben
Im Vaterlande deinen Sohn,
Und Er, der dich so hoch erhoben,
Reicht dann auch uns die Siegeskron'.

Mit dem holden Jesuskinde
Segne uns Maria milde!

Zweiter Theil.

Andachtsübungen,

besonders für die

Verehrer der heiligsten Gottesmutter Maria.

Vorbemerkungen.

1. Was in diesen Gebeten größer (mit gesperrter Schrift) gedruckt ist, diese einzelnen Worte oder ganze Sätze sind mehrentheils aus der heiligen Schrift genommen.

2. Die oft vorkommenden Gedankenstriche wollen den geneigten Leser erinnern, daß er bei diesem Zeichen eine Pause machen oder ein wenig innehalten möchte.

3. Wo das Wort Ablaß steht, da ist ein Gebet, für welches vom heiligen Vater ein Ablaß verliehen ist. Wie groß dieser Ablaß und von was für einem Papste derselbe gegeben sei, ist im Inhaltsverzeichniß angezeigt und zwar nach der beim Worte Ablaß stehenden Zahl.

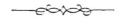

I. Morgengebete.

Beim ersten Erwachen.

Gelobt sei Jesus Christus! —

Ehre sei dem Vater — und dem Sohne — und dem heiligen Geiste — in alle Ewigkeit! Amen.

Gott — mein Gott — zu Dir erwache ich. —

Maria, Mutter Gottes — und meine Mutter, sei mir gegrüßt!

In Gottes Namen — und unserer lieben Frauen Namen — und des heiligen Schutzengels Namen aufgestanden!

Während dem Ankleiden.

Möchte ich doch mit diesen Kleidern einen neuen Menschen anziehen — einen Menschen nach Gott geschaffen — in Gerechtigkeit und Heiligkeit! (Eph. 4, 24.)

Mit den Kleidern bedecke ich meinen Leib: Du, o Jesu, bedecke meine Seele mit deinen unendlichen Verdiensten.

Bereit ist mein Herz, o Gott — bereit ist es, in Allem deinen Willen zu thun.

Während dem Waschen.

Wasche mich rein, o Herr, von jeder Sünde.

Erschaffe in mir ein reines Herz, o Gott — und erneuere in mir einen guten Geist. (Ps. 50.)

Gib, o Gott, daß ich heute durch keine Sünde meine Seele verunreinige.

Beim Kreuzmachen mit Weihwasser.

Im Namen Gottes des † Vaters, der mich nach seinem Ebenbilde erschaffen — und des † Sohnes, der mich durch sein kostbares Blut erlöst — und des † heiligen Geistes, der mich in der heiligen Taufe geheiligt hat.

(Wenn immer möglich, bete jetzt folgendes)

Ausführliches Morgengebet.

Im Namen des † Vaters, und des † Sohnes, und des † heiligen Geistes. Amen. (Ablaß 1.)

Allmächtiger, ewiger Gott! — o dreieiniger Gott — Vater, Sohn und heiliger Geist, ich kniee hier vor Dir und bete Dich demüthigst an. —

Ich bin in dieser Nacht von allem Uebel des Leibes und der Seele bewahrt worden; nach einem ruhigen Schlafe bin ich wieder wie zu einem neuen Leben erwacht. Das erkenne ich als deine Gnade — als deine Wohlthat, wofür ich Dir auch von Herzen danke.

Doch wozu schenkst Du mir diesen neuen Tag? wozu lassest Du mich denselben erleben? Gewiß nur dazu, daß ich mit größerm Eifer Dir diene, — im Kleinen wie im Größern deinen heiligen Willen erfülle — und so am Heile meiner armen Seele getreuer arbeite. Ja, das will ich aufrichtig und ernstlich, — das ist mein fester Entschluß. Es soll mir dieser Tag nicht vorübergehen, ohne daß ich an selbem viele Verdienste für die Ewigkeit gewonnen habe.

Ich will daher heute wissentlich und vorsätzlich keine Sünde begehen. Ich will meine Augen abwenden von Allem, was mich zu bösen Gedanken oder unerlaubten Handlungen verleiten könnte; — meine Ohren sollen wie geschlossen sein für unehrbare oder lieblose Reden — und soviel möglich will ich jede gefährliche Gelegenheit sorgfältig fliehen.

Doch nicht nur Böses zu meiden, soll mein Bestreben sein, — ich will auch im Guten mich eifrig üben — im Gebete, — in Werken christlicher Nächstenliebe, — in Sanftmuth und Geduld bei allen widrigen Begebenheiten.

Es ist Dir aber wohl bekannt, o Gott, wie ich so äußerst schwach bin und aus mir selber nichts Gutes vermag. Daher bitte ich inbrünstig, Du wollest mir mit deiner allvermögenden Gnade stets beistehen. Stärke mich in allen Versuchungen, die etwa heute — nach deiner Zulassung — über mich kommen werden — und schütze mich in jeglicher Gefahr und Bedrängniß. Leite, heilige und regiere immerdar mein Herz — meine Sinne — und all mein Thun und Lassen. Um deiner Gnade und deines Schutzes desto eher würdig zu werden, empfehle ich mich jetzt schon in alle heiligen Messen, die heute in der ganzen Welt gelesen werden, sowie in alle frommen Gebete und guten Werke der heiligen katholischen Kirche.

Ich mache auch die gute Meinung, daß Alles, was ich den ganzen Tag wirklich denken, reden, thun und auch leiden werde, — nur allein aus Liebe zu Dir, o mein Gott, geschehen soll. Ich vereinige alle und jede meiner Handlungen mit den unendlichen Verdiensten Jesu Christi, meines göttlichen Erlösers, sowie mit den Verdiensten der allerseligsten Jungfrau Maria und aller Heiligen.

Vater im Himmel! begleite mich allezeit und überall mit deinem allmächtigen Segen. Jesu, Du Sohn Gottes und Sohn der heiligsten Jungfrau! segne und schütze mich immerdar nach der Güte deines süßesten Herzens. Und Du, o Gott heiliger Geist! gieße fort und fort deine heilige Liebe in mein Herz.

Jesu, Dir lebe ich auch an diesem Tage; — Dir sterbe ich, wenn dies der letzte Tag meines Lebens sein sollte.

Auch zu dir, o jungfräuliche Gottesmutter, erhebt sich jetzt meine Seele. Sei mir von Herzen gegrüßt! Du bist ja auch meine Mutter. Laß mich heute deinem mütterlichen Schutze recht dringend empfohlen sein! Ich will mich auch (so verspreche ich's dir) als dein gutes und gehorsames Pflegkind heute erzeigen — und der Hinblick auf deine schönsten Tugendbeispiele soll mich zu jedem Guten ermuntern. Maria, Mutter der göttlichen Gnade! bitt für mich — jetzt und in der Stunde meines Absterbens.

Heiliger Joseph, du geliebter Nährvater Jesu und keuschester Bräutigam Mariä! Heiliger Namenspatron, alle Heiligen, deren Festtag heute gefeiert wird! O gedenket meiner, der ich noch in diesem Thale der Thränen seufze, — und erbittet mir von Gott Kraft und Stärke, auf daß ich in dem Kampfe gegen alles Böse niemals unterliege, sondern — nach euerm Beispiele — ein frommes, gottesfürchtiges Leben führe, um einst auch in euere Gesellschaft zu kommen und mit euch ewig selig zu werden.

Engel Gottes, der du mein Beschützer bist, welchem des Höchsten Güte mich empfohlen hat! erleuchte, bewahre, leite und regiere mich. Amen. (Ablaß 2.)

Der englische Gruß.
(Ablaß 3.)

1.

Der Engel des Herrn brachte Maria die Botschaft, und sie empfing vom heiligen Geiste. Gegrüßt seist 2c.

2. Maria sprach: „Siehe, ich bin eine Magd des Herrn; mir geschehe nach deinem Worte." Gegrüßt seist 2c.

3. Und das Wort ist Fleisch geworden — und hat unter uns gewohnt. Gegrüßt seist 2c.

V. Bitt für uns, o heilige Gottesgebärerin:

R. Auf daß wir würdig werden der Verheißungen Christi.

Gebet.

Wir bitten Dich, o Herr, Du wollest deine Gnade in unsere Herzen eingießen: damit wir, die wir gemäß der Botschaft des Engels die Menschwerdung Christi, deines Sohnes, erkannt haben, durch sein Leiden und Kreuz zur Herrlichkeit der Auferstehung gelangen mögen. Durch denselben Christum, unsern Herrn. Amen.

Zur österlichen Zeit statt des obigen englischen Grusses.

Erfreu' dich, Himmelskönigin! Alleluja.
Der dich zur Mutter hat erwählt, Alleluja,
Erstand, wie Er vorhergesagt: Alleluja.
Bitt Gott für uns, Maria! Alleluja.

Morgengebete.

V. Freu' dich und frohlocke, o Jungfrau Maria! Alleluja:

R. Denn der Herr ist wahrhaft auferstanden, Alleluja.

Gebet.

O Gott, der Du durch die Auferstehung deines Sohnes, unsers Herrn Jesu Christi, die ganze Welt zu erfreuen Dich gewürdiget hast: wir bitten Dich, verleihe, daß wir durch seine jungfräuliche Mutter Maria zu den Freuden des ewigen Lebens gelangen mögen. Durch denselben Christum, unsern Herrn. Amen.

Kürzeres Morgengebet.

Vom seligen Benedikt Joseph Labre. † 1783.

O mein Gott, Schöpfer Himmels und der Erde — Vater, Sohn und heiliger Geist! — ich danke Dir für die unendliche Liebe, welche Du nicht nur mir, sondern allen Menschen — auch diese Nacht — erwiesen hast.

Ich liebe Dich über Alles — und ich will Dich an diesem Tage und alle Augenblicke meines Lebens von Herzen lieben. Ich bitte Dich um deine Gnade, damit ich deinen Willen stets und getreu erfüllen kann: — ich bitte Dich auch für alle unglücklichen Sünder, auf daß Du sie erleuchten und ihnen die Gnade der Bekehrung ertheilen wollest. Erbarme Dich ihrer, sowie aller Ungläubigen.

Die Abläſſe, die ich gewinnen kann, ſchenke ich den armen Seelen im Fegfeuer, damit ſie daraus befreit werden.

Gib mir, o mein Gott, deine Liebe! Präge meinem Herzen die Zeichen deines Leidens ein, o liebenswürdigſter Erlöſer!

Heilige Jungfrau! bewahre mich heute und alle Tage meines Lebens vor jeder Sünde, damit ich die Liebe meines Gottes niemals verliere. Ich danke dir auch im Namen aller Gläubigen — für die Liebe, welche du zu ihnen trägſt; — insbeſondere bitte ich noch für die Sünder, du wolleſt ihnen helfen und ihnen beiſtehen, damit ſie zu unſerm liebenswürdigſten Gott zurückkehren. Sei heute und allezeit die Helferin Aller. Amen.

Aufopferungsgebet an Maria.
Besonders am Morgen zu verrichten.

Ich grüße dich von Herzen, o Maria, du gütigſte Mutter meines göttlichen Heilandes! Du biſt voll der Gnade; der Herr iſt mit dir; du biſt gebenedeit unter den Weibern und gebenedeit iſt die Frucht deines Leibes Jeſus!

Ich opfere dir auf, o meine heiligſte Mutter, alle meine Gedanken, meine Anmuthungen, Gebete und Almoſen, alle Uebungen der chriſtlichen Frömmigkeit, Nächſtenliebe und Abtödtung, die ich dieſen Tag hindurch verrichten werde. Erlange mir die Gnade, daß ich ſie alle mit der reinſten Meinung vornehme — in der Meinung nämlich, dadurch nur Gott zu gefallen. Ich weihe ſie deinem unbefleckten und heiligsten Herzen, indem ich dich bitte, du wollest sie mit deinen Verdiensten bereichern und mir gestatten, daß ich — mit deinem Herzen vereint — die allerheiligste Dreifaltigkeit und das göttliche Herz Jesu inbrünstig anbeten und verehren könne.

O Maria, Mutter der göttlichen Gnade, meine gute Mutter! bewahre mich den ganzen Tag vor jeder Sünde und erhalte mir Kraft und Stärke zu allem Guten. Amen.

Anrufung Mariä in Versuchungen.
(Mit Ablässen 4.)

O meine Gebieterin! o meine Mutter! dir opfere ich mich ganz auf, und um zu beweisen, daß ich mich deinem Dienste völlig ergeben habe, schenke und weihe ich dir heute meine Augen — meine Ohren — meinen Mund — mein Herz — mich selbst ganz und gar. Weil ich also ganz Dein bin, o gute Mutter, so bewahre und beschütze mich als ein dir zugehöriges Eigenthum.

Kürzere Anrufung.

O meine Gebieterin! o meine Mutter! gedenke doch, daß ich ganz dir angehöre. Bewahre und beschütze mich als ein dir zugehöriges Eigenthum.

II. Abendgebete.

Ausführliches Abendgebet.

Allmächtiger, dreieiniger Gott — Vater, Sohn und heiliger Geist! vor deinem heiligsten Angesichte werfe ich mich ehrerbietigst nieder, um in Andacht diesen Tag zu beschließen. Mit gerührtem Herzen denke ich an die großen, an die unzähligen Gnaden und Wohlthaten, welche Du mir heute wieder an Leib und Seele erwiesen hast. Ja wahrhaft, jede Stunde habe ich's erfahren, daß Du gegen mich liebevoll gewesen und mich so gütig erhalten und beschützt hast. Lob und Preis sei Dir dafür, o himmlischer Vater! Statt meines schwachen Dankes nimm gnädigst an — die un=

endlich kostbaren Verdienste des Leidens und Todes Jesu, deines vielgeliebten Sohnes, sowie die Anmuthungen und guten Werke der allerseligsten Jungfrau und aller deiner Heiligen.

Wenn ich aber auch auf das zurückschaue, was ich heute gedacht, geredet und gethan habe: ach, was sagt mir dann mein Gewissen? Ich werde mich da freilich beschämt fühlen; dennoch will ich diese Gewissenserforschung redlich und aufrichtig vornehmen. Du aber, o allwissender Gott, erleuchte mich und zeige mir alle Versäumnisse und Fehltritte, womit ich Dich wieder beleidigt habe. Erwecke auch in meinem Herzen eine wahre Reue, auf daß ich deiner Barmherzigkeit würdig werde und Verzeihung erhalte.

Hier erforsche dein Gewissen, wie und wie oft du dich den Tag hindurch — von Stund' zu Stund' versündigt habest: gegen Gott — gegen deine Mitmenschen — gegen dich selbst — gegen deine Standespflichten — auch durch Unterlassung des Guten, das du hättest thun können. Nach dieser Prüfung fahre fort zu beten:

Gott, heiligster Vater! mein Gewissen sagt mir laut und deutlich, daß ich an diesem Tage nicht so gelebt habe, wie ich hätte leben sollen. Ich habe wieder viel Gutes unterlassen — und das Gute, das ich etwa gethan, ach wie unvollkommen war es, weil ich's nicht in reinster Meinung, nicht einzig wegen Dir und aus Liebe zu Dir unternommen habe. Und ach! auch Böses habe ich gethan — in Gedanken — mit meinen Gesprächen — durch meine Werke. Herr! ich

bekenne und bereue meine Schuld — meinen Un=
dank — meine Untreue. O verzeihe mir nach
deiner unendlich großen Barmherzigkeit! Verzeihe
mir im Namen Jesu, der auch für meine Sün=
den als Opfer der Versöhnung sich hingegeben.

Erhaltest Du mich aber noch länger am Le=
ben, so will ich gleich mit dem morgigen Tage
anfangen, in allem Guten eifriger zu werden; ich
will besonders jene Sünde, wozu ich mehr geneigt
bin . . . sorgfältig meiden. O es geht ja ein
Tag nach dem andern so geschwind vorbei —
und ich komme meinem letzten Tage und der
Ewigkeit immer näher! Wäre ich denn nicht thö=
richt, wenn ich die so kostbare Zeit nicht gut —
nicht zu meinem Seelenheile verwenden würde?

Auch jetzt, da ich mich zur Ruhe begebe,
mache ich die gute Meinung, ich wolle hiebei nicht
etwa nur der Sinnlichkeit pflegen, sondern deinen
Willen, o Gott, erfüllen; denn Du selbst hast
es ja also angeordnet, daß der Schlaf uns neue
Kraft und Stärke für Leib und Seele ertheile.
Dir sollen also auch diese Stunden der Ruhe ge=
heiligt sein! Jeder meiner Pulsschläge, jeder
Athemzug sei eine Erweckung der Liebe zu Dir
— in Vereinigung mit den Anbetungen und Lob=
gesängen, welche die Engel und Heiligen im Him=
mel und so viele fromme Seelen auf Erden Dir
unaufhörlich darbringen. Während ich aber schlafe,
wache Du über mich und bewahre mich vor Allem,
was unehrbar und sündhaft ist, sowie vor jeg=
lichem zeitlichen Unglück.

Bevor ich aber die Augen schließe, will ich auch noch meiner Mitmenschen gedenken. Deinem Schutze empfehle ich sie alle, der Du ja der Gott und Vater Aller bist. Ganz besonders bitte ich: verleihe den Kranken und allen Leidenden einen erquickenden Schlaf, — schrecke die Bösen ab, daß sie keine sündhafte That verüben, — stehe den Sterbenden bei. Gib endlich, daß auch die armen Seelen im Fegfeuer Erleichterung in ihren Peinen erhalten, ja daß viele aus ihnen jetzt schon zur ewigen Seligkeit gelangen mögen. Amen.

Maria, meine theuerste Mutter! ich weiß es recht wohl, wie deine Fürsprache mir schon so viel Gutes von Gott erhalten hat; auch jene Gnaden, die ich diesen Tag empfangen — sie sind mir aus deiner mütterlichen Hand zugekommen. Für alles das sage ich dir herzlichen Dank und bitte zugleich: laß mich deinem liebevollen Mutterherzen auch für diese Nacht bestens empfohlen sein! Segne und schütze mich an Leib und Seele — jetzt und immer, im Leben und einst im Sterben.

Heiliger Joseph, und ihr alle meine besondern Schutzheiligen . . . seid meiner eingedenk dort oben im Reiche Jesu Christi und bittet für mich, daß ich es verdiene, von der zeitlichen Ruhe einst zur ewigen, von der Nacht dieser Sterblichkeit zum Tage der unvergänglichen Herrlichkeit aufgenommen zu werden.

Heiliger Schutzengel! auch dir bin ich großen Dank schuldig, weil du an diesem Tage mir wahrhaft ein guter, ein schützender Engel gewesen bist. Hätte ich doch nur deinen Ermahnungen jederzeit besser Folge geleistet! O entzieh' mir etwa deßhalb deinen mächtigen Schutz nicht — und wache jetzt an meiner Seite, damit keine Anfälle sichtbarer oder unsichtbarer Feinde mir irgendwie schaden können.

So will ich nun im Namen Jesu schlafen. In deine Hände, o Vater, empfehle ich meinen Geist. In dein heiligstes Herz, o Jesu, lege und verberge ich mich mit Leib und Seele.

Nachtsegen.

Die hochheilige Dreifaltigkeit, Gott der Vater, der Sohn und der heilige Geist, der Friede und Segen unseres lieben Herrn und Heilandes Jesu Christi, die Kraft seines bittern Leidens und Sterbens, das † siegreiche Zeichen des heiligen Kreuzes, die unbefleckte Empfängniß der glorwürdigsten Jungfrau Maria, die Fürbitte aller Heiligen, der Schutz der heiligen Engel, die Verdienste aller Auserwählten Gottes im Himmel und auf Erden stehen für mich, für die Meinigen und für Alles, was uns zugehört, wider alle unsere Feinde und Widersacher, jetzt und in der Stunde unseres Absterbens! Amen.

Kürzeres Abendgebet.

Von dem frommen Nikolaus Wolf. † 1832.

Vor der Gewissenserforschung.

Vater unser, der Du bist in dem Himmel — der Du für mich auf Erden diesen Tag väterlich gesorgt und mich gnädiglich behütet hast!

Geheiligt und gepriesen sei dein Name für alle Gutthaten, die Du mir heute erwiesen hast!

Sollte dieser Tag mir und Andern der letzte des Lebens sein, so ist dies meine letzte Bitte: Zukomme uns dein Reich!

Willst Du, o Gott, daß ich diese Nacht sterbe, so sei es! Dein Wille geschehe wie im Himmel also auch auf Erden.

Um das bitte ich Dich noch: Gib uns heute unser tägliches Brod — jetzt das Brod der Seele, nämlich die Gnade, die Sünden dieses Tages zu erkennen, zu bereuen und abzubüßen.

Nach der Gewissenserforschung.

O mein Gott! mein Vater! Du warst diesen Tag so gut gegen mich, ich aber — ach so böse gegen Dich! Erbarme Dich meiner und aller Sünder. Vergib uns unsere Schulden, wie auch ich meinen Schuldigern — allen Denen vergebe, die mich heute beleidigt haben. Es reuet mich, o mein Gott, daß ich Dir jetzt wieder so lau gedient habe; aus Liebe zu Dir reuet es mich.

Hinfüro, koste es was es wolle, will ich Dir eifriger dienen.

Führe uns nicht in Versuchung. Vater! diese Nacht beschütze mich, damit ich mit frommen Gedanken einschlafe und so wieder zu Dir erwache.

Erlöse uns von allem Uebel der Sünde, auch von allen sichtbaren und unsichtbaren Feinden, von allen Plagen der Seele und des Leibes, besonders aber von dem Tode in der Sünde. A.

Gegrüßt seist du, Maria, voll der Gnaden! Deinem gnadenvollen Herzen empfehle ich mich für diese Nacht. Der Herr ist mit dir; durch Ihn segne mich, während ich schlafe. Du bist gebenedeit unter den Weibern, gepriesen von allen Heiligen im Himmel: und gebenedeit ist die Frucht deines Leibes, Jesus Christus, in dessen heilige fünf Wunden ich meine arme Seele befehle.

Heilige Maria, Mutter Gottes! bitte für mich armen Sünder, daß ich, ohne zu sündigen, schlafen kann. Und wenn ich diese Nacht sterben sollte, so bitte alsdann für mich in der Stunde meines Absterbens. Amen.

Heiliger Schutzengel! streite für mich. Heiliger Namenspatron! bitte für mich. Den armen Seelen im Fegfeuer schenke ich alle Verdienste, die ich diesen Tag erworben habe; Du aber, o Herr, gib ihnen die ewige Ruhe. Amen.

Es walte über uns Gott der † Vater, der † Sohn, und der † heilige Geist! Amen.

Fromme Gedanken beim Auskleiden und Einschlafen.

Möchte ich mit meinen Kleidern auch den alten Menschen ausziehen — ablegen die Sünde und alles, was sündhaft ist!

Herr, es ist Abend geworden; bleibe bei mir mit deiner Gnade!

Jetzt lege ich mich zu Bette; einst legt man mich in's Grab; — wohin wird dann meine Seele kommen?

Es ist Nacht und finster; doch Gott sieht mich — sein Auge sieht auch im Finstern; — nein, ich will nichts Böses thun.

Mit einem Leintuche bedecke ich jetzt meinen Leib; — wie lange wird's noch gehen, bis man meinen entseelten Leichnam mit dem Todtentuche bedecken wird?

Jesus! Dir lebe ich! Jesus! Dir sterbe ich!

Maria! in stiller Nacht hast du deinen göttlichen Sohn geboren; — bitte für mich.

Jesus, Maria und Joseph! Euch schenke ich mein Herz und meine Seele!

Jesus, Maria und Joseph! stehet mir bei in dem letzten Todeskampfe.

Jesus, Maria und Joseph! mit Euch möge meine Seele im Frieden scheiden. (Ablaß 5.)

III. Messgebete.

Erste Meßandacht.
Nach den Gebeten des Priesters.
Bei feierlichen Aemtern zu gebrauchen.

Vorbereitungsgebet.

Allmächtiger Gott! in Andacht will ich jetzt dem erhabenen Opfer der heiligen Messe beiwohnen und dasselbe Dir darbringen, um deiner göttlichen Majestät die gebührende Anbetung, Ehre und Danksagung zu bezeigen, um Verzeihung zu erhalten für mich und alle Sünder, auch um Dich um neue Gnaden anzurufen für mich und alle Menschen, Lebendige und Abgestorbene. Diese meine

Erste Meßandacht.

Meinung vereinige ich mit der Meinung des Priesters am Altare, sowie mit den frommen Gebeten aller anwesenden Gläubigen. Erhöre, o barmherziger Vater, unser gemeinschaftliches Gebet, oder vielmehr erhöre deinen eingebornen Sohn, unsern Herrn und Heiland Jesus Christus, welcher bei diesem hochheiligen Opfer als ewiger Hoherpriester für uns bittet und in dessen Namen — mit Ihm vereint — auch wir unser Flehen zu Dir emporschicken.

Und du, o allerseligste Jungfrau, erbitte mir die Gnade, daß ich es jetzt recht erkenne, welch' eine unendliche Liebe dein göttlicher Sohn uns erzeigt hat und immerdar erzeigt, da Er Einmal am Kreuze sich zu unserer Versöhnung hingegeben und dieses sein Opfer alltäglich auf unblutige Weise erneuert. Möchte doch mein Herz mit solchen Empfindungen erfüllt sein, wie einst das deinige, da du neben dem Kreuze Jesu stundest! —

Beim Staffelgebet und Kyrie eleison.

Allmächtiger, ewiger Gott! ich armer sündiger Mensch — wie darf ich es wagen, vor deinem heiligen Angesichte zu erscheinen? Ich habe schon so vielmal und schwer gesündigt — vor Dir und gegen Dich, o mein Gott! Ich muß wohl auch wie der Priester dort an den Stufen des Altars, an meine Brust klopfen und meine Schuld — meine größte Schuld vor Dir bekennen.

Doch das ist mein Trost, daß deine Barmherzigkeit größer ist, als alle unsere Sünden —

und ich weiß ja, daß Du ein reumüthiges und zerknirschtes Herz nicht verschmähest. Auch Maria, diese mächtige Mittlerin und Fürsprecherin der Sünder, ebenso deine Heiligen und Auserwählten — sie bitten für uns um Verzeihung und Gnade; wie könnte ich denn in der Hoffnung auf Dich noch wanken? Im Geiste der Buße also — meine Sünden bereuend und verabscheuend — bete ich:

Kyrie eleison.
Herr, erbarme Dich unser!
Christe, erbarme Dich unser!
Herr, erbarme Dich unser!

Beim Gloria.

Wahrhaft, Gott ist unendlich groß — Er, der allmächtige, der höchste Herr Himmels und der Erde — Er ist auch unaussprechlich gütig und barmherzig! Freudig stimme auch ich in den feierlichen Lobgesang des Priesters ein und rufe mit ihm: **Ehre sei Gott in der Höhe! Lob und Dank sei Dir, o himmlischer Vater, der Du den Menschen guten Willens einen Frieden gibst, der allen Begriff übersteigt!**

Und Du, o Jesu, Eingeborner Sohn Gottes, der Du durch dein Leiden und deinen Tod die Sünden der Welt hinweggenommen und zur Rechten des Vaters mit dem heiligen Geiste als verherrlichter Gottmensch herrschest: nimm unsere tiefste Anbetung und Huldigung wohlgefällig an und erhöre gnädig die Gebete, die wir jetzt in deinem Namen verrichten.

Dominus vobiscum. — Oremus.

Der Herr sei mit euch! — Lasset uns beten!

Ja, mit uns Allen — auch mit mir und in mir sei der Herr — durch seine Gnade und Liebe, auf daß wir jetzt unsere Hände und Herzen würdig zu Gott erheben und vor Ihm Erhörung finden mögen!

In Vereinigung mit dem Priester bitte ich inbrünstig: Allmächtiger Vater! sieh uns mit gnädigen Augen an. Gib deiner heiligen katholischen Kirche Frieden und Einigkeit. Ertheile deinen Gläubigen Geduld in Trübsalen, Starkmuth in den Kämpfen dieses Lebens und großen Eifer in Beobachtung deiner Gebote. Stärke uns zu allem Guten, damit wir immer vor Dir wohlgefällig wandeln, einst selig sterben und zu deiner Herrlichkeit gelangen. Um dieses flehen wir durch Jesum Christum, unsern Herrn. Amen.

Während der Epistel und dem Evangelium.

Der Priester liest nun einige Stellen aus der heiligen Schrift. Dies sind wahrhaft Gottes Worte. Also hat Gott selbst zu uns geredet durch heilige Männer des alten und neuen Bundes, ganz besonders durch seinen eingebornen Sohn Jesus Christus. Lob und Dank sei Dir, o gütigster Gott, für diese beseligende Lehre! Ich will aber dieselbe fleißig und aufmerksam hören und sie auch im

Herzen treu bewahren. Um zu zeigen, wie ich dazu bereit bin, stehe ich jetzt auf und bezeichne meine Stirne, den Mund und das Herz mit dem Zeichen des heiligen Kreuzes.

Du, o göttlicher Lehrer, der Du allein Worte des ewigen Lebens hast und dieselben in deiner heiligen Kirche durch ihre Priester fort und fort verkünden lassest: stärke mich mit deiner Gnade, daß ich Dir und deiner Lehre stets aufrichtig und ohne Scheu — durch meine Reden und Handlungen anhange, eingedenk der Worte: „Wer Mich vor den Menschen bekennen wird, den werde auch Ich bekennen vor meinem Vater im Himmel." (Matth. 10, 22.)

Beim Credo.

Was jetzt der Priester laut bekennt, das ist auch mein Glaube. Von ganzem Herzen glaube ich — an Einen Gott — den allmächtigen Vater, den Schöpfer Himmels und der Erde. Und an Jesum Christum, seinen eingebornen Sohn, der mit Ihm Eines Wesens und, so wie Er, wahrer Gott ist. Ich glaube, daß dieser ewige Sohn Gottes aus Liebe zu uns Mensch geworden — geboren aus Maria, der allerseligsten Jungfrau, gelitten und gestorben am Kreuze, vom Tode auferstanden und in den Himmel aufgefahren. Ich glaube an den heiligen Geist, der mit dem Vater und dem Sohne zugleich als wahrer Gott angebetet wird.

Erste Meßandacht.

Ich glaube an die Eine, apostolische, katholische Kirche. Was diese heilige Kirche glaubt und lehrt, das glaube und bekenne ich aufrichtig und unerschütterlich. Herr, vermehre in mir den wahren Glauben und gib, daß ich auch nach demselben mein ganzes Leben einrichte, um nach dieser irdischen Pilgerfahrt des ewigen Lebens im Himmel theilhaftig zu werden. Amen.

Bei der Opferung (Offertorium.)

Herr, himmlischer Vater! aus den Händen deines Priesters nimm nun die reinen Gaben wohlgefällig an. Wie wohlriechender Weihrauch möge dieses Opfer vor das Angesicht deiner göttlichen Majestät emporsteigen — Dir zu größerer Ehre, uns aber und der ganzen Welt zum Heile! Und gleichwie am Altare Brod und Wein in den heiligsten Leib und das kostbare Blut deines ewiggeliebten Sohnes bald werden verwandelt werden: so verwandle auch mein Herz in ein gutes und reines, damit ich meinem göttlichen Erlöser immer gleichförmiger werde. Verleihe die gleiche Gnade, auch allen denen, die jetzt mit mir an diesem heiligen Opfer theilnehmen, damit wir alle insgesammt selbst auch ein Dir wohlgefälliges Opfer seien und einst dort oben in deinem heiligen Tempel Dir dargestellt werden.

Zur Präfation.

Die Präfation oder Vorbereitung (Vorrede) für die hochheilige Wandlung ist ein feierlicher

Lobgesang auf die unendliche Majestät und Größe Gottes; sie ist auch eine Danksagung für alle Gnaden und Wohlthaten, die uns durch unsern Herrn und Heiland Jesus Christus, besonders durch sein Leiden und Sterben zu Theil geworden sind.

Möchte doch auch ich jene Ermahnung befolgen, die der Priester jetzt allen Anwesenden zuruft: Sursum corda! Empor die Herzen! Ja billig und gerecht ist es, daß wir Dich, o gütigster Gott, mit dankerfüllten Herzen preisen, sowie es die heiligen Engel und alle Bewohner des Himmels ohne Unterlaß thun. Mit ihnen vereint, rufen wir in tiefster Anbetung:

Sanktus, heilig, heilig, heilig bist Du, o Herr, Gott der Heerschaaren! Himmel und Erde sind deiner Herrlichkeit voll. Ehre (Hosanna) sei Dir in der Höhe! Hochgelobt sei der da kommt im Namen des Herrn! Ehre sei Dir in der Höhe!

Die stille Messe (Canon).

Mildreichster Vater! durch Jesum Christum, deinen Sohn, unsern Herrn und Heiland bitten wir Dich demüthigst, Du wollest jetzt diese gegenwärtigen Opfergaben segnen, heiligen und gnädigst annehmen. Wir bringen Dir dieselben dar für die ganze heilige katholische Kirche, auf daß Du sie mit ihrem sichtbaren Oberhirten, dem römischen Papste, und mit allen Bischöfen und Priestern erhalten, beschützen, einigen und regieren

Erste Meßandacht.

wollest. Wir bitten auch insbesondere für . . . ., sowie für alle Anwesenden und alle rechtgläubigen Bekenner des heiligen katholischen Glaubens.

Wir gedenken auch der glorreichen, allezeit unversehrten Jungfrau und Gottesmutter Maria, ebenso aller heiligen Apostel und Martyrer, ja aller Heiligen im Himmel. Verleihe, o barmherziger Gott, daß wir durch die Verdienste und die Fürbitten dieser deiner Auserwählten in all unsern Anliegen und Nöthen deinen mächtigen Schutz erfahren mögen. Ordne unsere Tage in deinem Frieden, bewahre uns vor der ewigen Verdammniß und laß uns einst der Schaar jener Seligen beigezählt werden.

Jetzt geschieht die hochheilige Wandlung (Consecratio.) Auf das Wort des Priesters steigt der Sohn Gottes, als lebendiger, verherrlichter Gott und Mensch, auf den Altar. Das Wesen des Brodes und Weines verschwindet, es sind nur noch die Gestalten davon vorhanden. Brod und Wein sind verwandelt in den wahren Leib und das wahre Blut Jesu Christi, wie Er's selbst versichert hat. Demüthigst zur Erde gebeugt bete ich daher:

Bei Aufhebung der heiligen Hostie.

Sei gegrüßt — o heiligster Leib unseres göttlichen Erlösers! Ich glaube an Dich — ich bete Dich an — der Du für mich am Kreuze bist erhöht worden. O Jesu — sei mir gnädig und barmherzig!

Bei Aufhebung des heiligen Kelches.

Sei gegrüßt — o hochheiliges Blut, das aus den Wunden meines göttlichen Erlösers geflossen ist! Reinige — heilige — stärke meine arme Seele! O Jesu — sei mir gnädig und barmherzig!

Nach der heiligen Wandlung.

Himmlischer Vater! mit dankbarem Gemüthe gedenken wir jetzt des bittersten Leidens, sowie der glorreichen Auferstehung und Himmelfahrt deines ewigen Sohnes, unseres Herrn. Schaue jetzt mit gnädigem Antlitze auf dieses heilige Brod des ewigen Lebens und den Kelch des immerwährenden Heiles. Dieses reine, dieses heilige und unbefleckte Opfer nimm huldvoll an und aus Liebe zu demselben erfülle uns mit himmlischer Gnade und Segnung.

Um dieses heiligsten Opfers willen gedenke auch derjenigen, die im wahren Glauben uns in die Ewigkeit vorausgegangen sind und bereits im Schlummer des Friedens ruhen. . . . Gib, daß sie alle in den Ort der Erquickung und des ewigen Lichtes gelangen.

Uns Sündern aber, die wir auf die unerschöpfliche Fülle deiner Barmherzigkeit unser alleiniges Vertrauen setzen, — o verleihe, daß wir von der Gemeinschaft deiner Heiligen und Auserwählten niemals abgesondert werden; ja gleichwie wir schon hienieden durch das Band der Liebe mit ihnen vereinigt sind, so laß uns einst auch in

Erste Meßandacht.

ihre Gesellschaft kommen. Darum bitten wir Dich und hoffen es auch — nicht etwa in Ansehung unserer Verdienste, sondern weil Du nachsichtig und gütig bist — durch Christum, unsern Herrn. Amen.

Pater noster. Vater unser.

Durch eben diesen göttlichen Erlöser belehrt, ja selbst auf sein Gebot hin bete ich jetzt mit seinen eigenen Worten:

Vater unser, der Du bist 2c.

O Herr, erlöse und befreie uns von allen Sünden, die wir etwa noch abzubüßen haben, ebenso von Allem, was uns abermals in die Sünde stürzen könnte. Hilf uns so mit deiner allmächtigen Gnade, daß wir von jeglicher Sünde frei und vor allen schweren Drangsalen gesichert sein mögen.

Agnus Dei. O Du Lamm Gottes.

O Jesu, unser Herr und Gott, der Du einst als das geduldigste Lamm zum Tode bist geführt worden, um die Sünden der ganzen Welt in deinem Blute hinwegzunehmen: erbarme Dich unser!

O Jesu, der Du Dich auf dem Altare neuerdings als das unblutige Sühnopfer für unsere Sünden darbringst: erbarme Dich unser — und gib uns den Frieden eines ruhigen Gewissens, die Freude in Dir und die Eintracht mit allen Menschen.

Bei der Communion.

Gütigster Heiland! gern möchte ich Dich jetzt wirklich in mein Herz aufnehmen. Da ich aber heute diese Gnade nicht habe, so bitte ich doch, Du wollest wenigstens geistigerweise zu mir kommen. Nein, o Herr, ich bin nicht würdig, daß Du eingehest unter mein Dach; — sprich Du aber nur ein Wort, und meine Seele wird gesund. Hast Du ja so viele Kranke auch von der Ferne her geheilt: o so heile und stärke mich, zu allem Guten, der ich jetzt ferne von jenem Tische stehe, an welchem der Priester deinen hochheiligen Leib und dein kostbares Blut genießt.

So möge auch diese geistige Communion nach deiner großen Güte mir zum Schutze der Seele und des Leibes und zu einem Heilmittel gegen jegliches Uebel gereichen! Laß mich im Geiste mit Dir stets vereinigt sein und verleihe, daß ich deine Gebote treu befolge und nie und nimmer von Dir und deiner Liebe getrennt werde: der Du lebst und regierst in alle Ewigkeit. Amen.

Die letzten Gebete und der Segen.

Das heiligste Opfer ist nun vollbracht. Laß dasselbe Dir wohlgefällig sein, o Gott, und verleihe gnädigst, daß es mir und Allen, für die ich jetzt gebetet habe, zur Versöhnung und zum zeitlichen und ewigen Heile gereiche.

Göttlicher Heiland! wie Du vor deiner Himmelfahrt deinen Jüngern den Segen gegeben, so segne mich jetzt durch die geweihten Hände deines

Erste Meßandacht.

Priesters. Ich falle daher auf meine Kniee nieder, mache mit Andacht das heilige Kreuzzeichen und spreche:

Es segne mich an Leib und Seele Gott der † Vater, der † Sohn, und der † heilige Geist! Dieser Segen des allmächtigen Gottes begleite alle meine Schritte, meine Arbeiten, mein ganzes Leben. Amen.

Das letzte Evangelium.

Nochmal erinnert sich der Priester an die hochheilige Wahrheit, daß Jesus Christus der wahre allmächtige Gott ist, welcher als das ewige Wort des Vaters alle Dinge geschaffen hat. Und eben dieses Wort, dieser Sohn Gottes ist Fleisch geworden und hat als wahrer Gott und Mensch unter uns gewohnt.

O daß doch das Andenken an diese beseligende Wahrheit niemals aus meinem Sinn und Herzen kommen möchte! Nein, o Jesu, ich will nicht zu jenen gehören, die Dich als den göttlichen Erlöser der Menschen nicht erkannt und nicht aufgenommen haben, vielmehr zu jenen, die in Allem sich als gute Kinder Gottes erzeigen und dadurch der ewigen Seligkeit würdig werden. Dazu verleihe mir deine allvermögende Gnade. Amen.

Aufopferung aller heiligen Messen.
(Ablaßgebet 6.)

Bei der heiligen Messe, oder sonst am Morgen zu beten.

O Herr, allmächtiger Gott! sieh mich hingeworfen vor Dir, um deine göttliche Majestät im Namen aller Geschöpfe zu versöhnen und zu ehren. Aber wie werde ich das thun können — ich, ein armer, sündiger Mensch! Doch ja, ich kann es, ich will es, denn ich weiß es, daß Du Dich rühmest, der Vater der Barmherzigkeit genannt zu werden, und daß Du aus Liebe zu uns sogar deinen eingebornen Sohn dahingegeben, welcher sich am Kreuze für uns aufopferte und auf unsern Altären das Opfer Seiner selbst beständig erneuert.

Deßhalb, obgleich ein Sünder, aber voll Reue, obgleich sehr arm an Verdiensten, aber reich in Jesu Christo, erscheine ich vor Dir, und mit dem Eifer aller Engel und Heiligen opfere ich Dir im Namen aller Geschöpfe die heiligen Messen auf, die jetzt dargebracht werden, sammt allen jenen, die schon dargebracht wurden und bis an's Ende der Welt werden dargebracht werden.

Dabei habe ich die Meinung, diese Aufopferung alle Augenblicke dieses Tages und meines ganzen Lebens zu erneuern — um deiner unendlichen Majestät eine Deiner würdige Ehre und Verherrlichung zu erweisen, um deinen Zorn zu besänftigen und deiner göttlichen Gerechtigkeit für unsere so zahlreichen Sünden Genugthuung zu leisten; um Dir eine deiner Wohlthaten angemessene Danksagung zu erstatten und um deine Barmherzigkeit anzurufen über mich und alle Sünder, über alle lebenden und abgestorbenen Gläubigen, über die ganze Kirche und vorzüglich über ihr sichtbares Oberhaupt, den heiligen Vater in Rom, und endlich auch über alle von der Kirche Getrennten, die im Irrglauben und Unglauben dahinleben, damit sie sich bekehren und selig werden. Amen.

Zweite Meßandacht.
Zur Ehre der allerseligsten Jungfrau Maria.
Gute Meinung.

Himmlischer Vater! ich erscheine jetzt in deinem heiligen Hause, um dem unendlich kostbaren Opfer des neuen Bundes beizuwohnen. Mit dem Priester am Altare opfere ich Dir deinen göttlichen Sohn Jesum Christum — als das Opfer unserer Anbetung, des Dankes und der Versöhnung, ja auch als das gnadenreichste Bittopfer, durch das wir alles Gute erlangen können.

Insbesondere will ich mich jetzt erinnern, wie Du, o gütigster Gott, die seligste Jungfrau Maria — von ihrer unbefleckten Empfängniß an bis zu ihrer glorreichen Aufnahme in den Himmel — mit einer so großen Gnadenfülle und so hohen

Ehrenvorzügen überhäuft haſt. Für alles das will ich bei dieſer heiligen Meſſe Dir freudig danken und Dich zugleich bitten, Du wolleſt die Ehre und Verherrlichung dieſer gebenedeiten Mutter im Himmel und auf Erden noch mehr erhöhen.

Du aber, o liebreichſte Mutter Jeſu! erhalte mir die Gnade, die erhabenen Geheimniſſe, die jetzt vor meinen Augen vollbracht werden, mit innigſter Andacht zu betrachten und daraus großen Nutzen für mein Seelenheil zu ziehen. Ebenſo wie du dort auf dem Kalvarienberge — mit ſolch frommen Geſinnungen möchte ich jetzt dieſem heiligen Opfer beiwohnen. Es geſchehe durch deine Fürbitte, o Maria!

Anfang der heiligen Meſſe.

Mit dem Bekenntniß ſeiner Sünden fängt der Prieſter an den Stufen des Altars das hochheilige Opfer an; er bittet für ſich und die Anweſenden um Verzeihung und Gnade. Muß es da nicht auch mir in den Sinn kommen, daß ich ebenfalls ein ſündiger Menſch bin? Ach ja, o mein Gott! Du weißt es, wie meine Seele ſo unrein iſt — befleckt durch viele Sünden, die ich begangen — mit Gedanken, Worten und Werken. Dieſe meine große Schuld erkenne und bekenne ich in Aufrichtigkeit des Herzens.

Doch ich weiß, daß Du der gütigſte Vater biſt — mild und barmherzig gegen jeden reumüthigen Sünder. Auch glaube ich, daß dein ewiger Sohn als wahrer Gottmenſch auf dieſe Welt gekommen ist, um alle Menschen zu retten und selig zu machen. Und Maria, deren heiligster Sinn und Wandel Dir so wohlgefällig war, daß Du sie zur Mutter des göttlichen Erlösers auserwähltest — Maria ist jetzt bei deinem Throne unsere Fürbitterin; — wie sollte ich denn an deiner Barmherzigkeit noch zweifeln können?

Ja, o himmlischer Vater, aus Liebe zu Jesus, der am Kreuze unser Sühnopfer geworden und jetzt am Altare dieses sein Opfer wiederholt, — auch um der Fürbitten seiner heiligsten Mutter willen — wende dein Angesicht ab von meinen Sünden und verzeihe mir alle meine Vergehungen. Erschaffe in mir ein neues Herz — ein solches, das dem reinsten Herzen Mariä immer gleichförmiger werde.

Kirchengebete nach dem Gloria.

O Gott, der Du es also gewollt hast, daß dein ewiges Wort nach des Engels Verkündigung aus dem Schooße der seligsten Jungfrau Maria die menschliche Natur annehmen sollte: verleihe auf unser flehentliches Bitten, daß, wie wir sie wahrhaft als Mutter Gottes gläubig bekennen, wir auch durch ihre Fürbitten bei Dir stets Hilfe finden mögen.

Wir bitten Dich, o Herr unser Gott, verleihe, daß wir, deine Diener, fortwährender Wohlfahrt der Seele und des Leibes uns erfreuen können: und durch die glorreiche Fürsprache der allerseligsten, immer unbefleckten Jungfrau befreie uns von dem gegenwärtigen Elend und laß uns einst die ewigen Freuden genießen. Durch Christum unsern Herrn. Amen.

Epistel, Evangelium und Credo.

Was jetzt der Priester am Altare liest, ist das Wort Gottes, es sind Worte des ewigen Lebens. Möchte ich doch dieselben immer treu und eifrig befolgen! Das ist ja das Beste, das Nothwendigste. So lehrtest Du selbst, o göttlicher Heiland! Du hast sogar Maria nicht sowohl deßhalb seliggepriesen, weil sie deine Mutter zu sein die hohe Gnade hatte, vielmehr deßhalb, weil sie Gottes Worte so begierig hörte, dieselben sorgfältig in ihrem Herzen bewahrte und sie auch eifrigst ausübte.

Bitte, o du getreueste Jungfrau, daß ich nach deinem Beispiele die göttlichen Lehren gerne anhöre und nach denselben meinen ganzen Wandel im Innern und Äußern einrichte. Ich will daher jeden Tag zu Gott sagen, was du einst zu dem heiligen Erzengel gesprochen: „Siehe, ich bin eine Magd (ein Diener) des Herrn." Es geschehe an mir und durch mich — immer und in Allem — der heiligste, anbetungswürdige Wille Gottes! Alles was Gott will! Alles wie Gott will!

Opferung.

Himmlischer Vater! siehe gnädig herab auf die reinen Gaben, welche der Priester Dir jetzt opfert. Möchte dieses Opfer Dir so wohlgefällig

Zweite Meßandacht.

sein wie dasjenige, das Maria einst im Tempel Dir darbrachte, da sie ihr göttliches Kind, deinen ewigen Sohn, auf ihren jungfräulichen Armen trug! Mit diesem Morgenopfer der heiligsten Gottesmutter vereinige ich das Opfer dieser heiligen Messe und bitte Dich demüthigst, Du wollest dasselbe in väterlicher Huld annehmen — zu meinem und der ganzen Welt Heile.

Kirchengebete.

Wir bitten Dich, o Herr, Du wollest die Geheimnisse des wahren Glaubens unsern Herzen tief einprägen und darin befestigen: damit, gleichwie wir den von der Jungfrau Empfangenen als wahren Gott und Menschen bekennen, wir auch vermöge seiner heilbringenden Auferstehung zur ewigen Freude gelangen mögen.

Nach deiner huldvollen Barmherzigkeit und auf die Fürbitte der allerseligsten, stets reinen Jungfrau Maria laß uns dieses Opfer zum ewigen Heile, aber auch jetzt schon zum zeitlichen Wohle und Segen gereichen. Durch Christum unsern Herrn. Amen.

Bei der Präfation.

Ja es ist billig und recht, daß wir Dich, heiliger Vater, allmächtiger ewiger Gott, von ganzem Herzen loben und preisen. Und wie innig sollen wir Dir noch insbesondere danken für alles das Große, das Du an der seligsten Jungfrau Maria gethan hast! Sie hat ja durch Ueber=

schattung des heiligen Geistes deinen Eingebornen, unsern Herrn Jesum Christum empfangen; sie hat Ihn ohne Verletzung ihrer Jungfrauschaft, zum Heile der ganzen Welt geboren. Ich rufe daher mit den himmlischen Heerschaaren: Lob und Dank, Ehre und Anbetung sei Dir, o heiliger, o dreieiniger Gott!

Vor der Wandlung.

Das heilige Opfer wird jetzt fortgesetzt; der Priester betet für die Gegenwärtigen und für Alle, die sich seinem Gebete besonders empfohlen haben, auch für die ganze heilige katholische Kirche. Damit sein Gebet desto eher Erhörung finde, ruft er die seligste Jungfrau und alle Heiligen um ihre Fürbitte an.

Nun nahet der hochheilige Augenblick, da die geopferten Gaben, Brod und Wein, in den heiligsten Leib und in das kostbare Blut Jesu Christi verwandelt werden. Was soll ich doch denken, was thun, während dieses unbegreifliche Wunder vollbracht wird? Hätte ich doch jenen lebendigen Glauben, mit welchem die Mutter neben dem Kreuze ihres göttlichen Sohnes stund! Damals war Er freilich der Spott der Juden und Heiden; es schien, als sei Er ein ohnmächtiger, ganz schwacher Mensch geworden, der sich nicht helfen könnte. Doch Maria blieb standhaft in dem Glauben an den Gottmenschen und Erlöser der Welt; in dem gekreuzigten Jesus von Nazareth betete sie den ewigen, den allmächtigen Sohn Gottes an.

Zweite Meßandacht.

Auch auf dem Altare erscheint eben dieser göttliche Heiland — unter der unansehnlichen, geringen Gestalt von Brod und Wein; dennoch ist Er da wahrhaft, lebendig, mit Leib und Seele, als verherrlichter Gottmensch zugegen. O ich will ehrfurchtsvoll niederfallen, reumüthig an meine sündige Brust klopfen und in Andacht beten:

Aufhebung der heiligen Hostie und des Kelches.

Sei gegrüßt, Du wahrer Leib meines Erlösers — geboren aus Maria der Jungfrau! Ich glaube an Dich — ich bete Dich an — ich hoffe auf Dich — ich liebe Dich von ganzem Herzen.

Sei gegrüßt, o heiligstes Blut, das aus den Wunden Jesu geflossen! — Reinige mich von all meinen Sünden — stärke mich zu allem Guten — und bewahre meine Seele zum ewigen Leben.

Nach der heiligen Wandlung.

Himmlischer Vater! jetzt ist Jesus, dein eingeborner ewiger Sohn, auf dem Altare gegenwärtig. Siehe, für uns Alle opfert Er sich jetzt auf; — für uns, seine Erlösten, bittet Er abermals, so wie Er sterbend am Kreuze deine Barmherzigkeit für uns anflehte. Aus Liebe zu Ihm sei uns gnädig — mir und allen hier Anwesenden, ja allen Sündern!

Du aber, o schmerzhafte Mutter Maria! gedenke, wie du in tiefster Betrübniß deinen göttlichen Sohn am Kreuze leiden und sterben sahest; — gedenke, wie du alsdann diesen Geliebtesten deines Herzens dem himmlischen Vater zum Opfer dargebracht und so an unserer Erlösung den größten Antheil genommen. O zeige dich auch jetzt noch als unsere Vermittlerin und erbitte uns Verzeihung und Gnade!

Gedenke auch, was der sterbende Heiland vom Kreuze herab zu dir sprach: „Siehe, dein Sohn!" So bist du die Mutter der Erlösten, so auch meine Mutter geworden. O nimm mich doch immer in deinen mütterlichen Schutz und lasse nicht nach, für mich zu bitten, bis du mich unter der Zahl der Seligen im Himmel erblickest. Heilig und theuer sei mir aber auch das andere Wort Jesu: „Siehe, deine Mutter!" Ja, ich will mich als deinen würdigen Sohn (Tochter) erzeigen, dich als meine Mutter von Herzen lieben und mit größtem Eifer verehren.

Diese Eine Bitte versage mir nicht, o Mutter aller Gnaden! Bewirke durch deine allvermögende Fürsprache, daß das Leiden Jesu an uns nicht verloren gehe — weder an mir, noch an einem meiner Miterlösten, sie mögen noch am Leben sein oder schon dieses Zeitliche verlassen haben, insonderheit empfehle ich dir . . .

Während der Communion.

Bei der Communion des Priesters will ich mich wenigstens im Geiste mit dem göttlichen Erlöser vereinigen. Ja ich bitte Dich, mein Herr und Gott! komme zu mir — durch die Kraft deines heiligsten Sakramentes. Mit deiner göttlichen Gnade suche mich heim, auf daß meine

Zweite Meßandacht.

kranke Seele gesund werde. Verleihe, daß ich durch diese geistige Vereinigung mit Dir neue Kraft und Stärke zu jeder Tugend erhalte.

Zum Schlusse der heiligen Messe.

Gütigster Gott! ich danke Dir, daß ich dem hochheiligen Opfer beiwohnen konnte. Möge dasselbe Dir wohlgefällig sein — nach jener Meinung, die ich schon am Anfange gemacht habe! Durch die Hände des Priesters ertheile mir noch deinen allmächtigen Segen. Ich mache daher andächtig das heilige Kreuzzeichen und spreche: Im Namen des † Vaters, und des † Sohnes, und des † heiligen Geistes. Amen.

Zum Schlusse bete noch folgende

Kirchengebete.

Göttlicher Heiland Jesus Christus! zur besondern Verehrung deiner glorreichen Mutter haben wir jetzt das heiligste Opfer dargebracht: verleihe nun auch nach deiner Güte, daß wir durch die (geistige) Theilnahme an diesem Opfer jede uns heilsame Gnade erlangen mögen.

Die Dir wohlgefälligste Vermittelung deiner jungfräulichen Mutter, o Jesu, komme uns stets zu Hilfe: und wie wir durch ihre Hände schon so viele Wohlthaten empfangen haben, so verleihe nach deiner großen Milde, daß wir unter ihrem Schutze ferner aus allen Gefahren errettet, in christlicher Eintracht leben können. Der Du lebst und regierst in alle Ewigkeit. Amen.

IV. Beichtgebete.

Vorbereitungsgebet.

Ich glaube fest, daß unser göttliche Heiland Jesus Christus das heilige Sakrament der Buße eingesetzt hat, damit wir durch dasselbe die Nachlassung der nach der Taufe begangenen Sünden erhalten können. Dieser großen Gnade möchte ich jetzt auch theilhaftig werden; doch ich fühle gar wohl, o Gott heiliger Geist! daß ich ohne deinen Beistand nichts Gutes vermag.

Zu Dir rufe ich also, o Geist des Vaters und des Sohnes! komm und erleuchte mich, damit ich ganz unparteiisch alle meine Sünden erkenne, besonders jene, die ich seit meiner letzten Beicht begangen habe — in Gedanken, Worten

Beichtgebete.

und Werken, selbst auch durch Unterlassung des Guten. Zugleich erweiche mein hartes Herz, auf daß ich meine ganze Sündenschuld auch wahrhaft bereue und sie dem Priester, der hier Christi Stelle vertritt, aufrichtig bekenne. Erwecke endlich meinen so sehr verderbten Willen, damit ich jetzt einmal ernstlich anfange, mein fehlerhaftes Leben zu bessern, meine bösen Gewohnheiten abzulegen und in allem Guten eifriger zu werden.

Auch noch zu dir nehme ich meine Zuflucht, o Maria, nächst Gott meine sicherste Hoffnung! Ich weiß, wie du eine so große Freude hast, wenn du einem Sünder zur Bekehrung und zur Versöhnung mit Gott verhelfen kannst. O so erbitte mir denn doch die Gnade, daß ich meine Vergehen alle recht erkennen, über sie eine heilsame Reue empfinden und eine gottgefällige Beicht verrichten kann. —

Hier folgt die Gewissenserforschung. Denke nun — wie in der Gegenwart Gottes — recht ernstlich nach, was und wie oft du gesündigt habest — gegen die zehn Gebote Gottes, gegen die Gebote der Kirche — in Gedanken, Worten, Werken, oder durch Unterlassung schuldiger guter Werke — durch Vernachlässigung deiner Standes- und Berufspflichten u. s. w.

Wenn du dein Gewissen genugsam erforscht hast, dann bete, wie folgt:

Reue und Leid.

Wenn man das Unglück gehabt hat, in schwere Sünden zu fallen.

O Gott! heiliger, gerechter Gott! ach, ich habe wieder gesündigt — schwer und vielmal habe ich Dich beleidigt! Nein, ich bin nicht würdig, meine Augen zu Dir zu erheben. Ich habe deine Gnade — und das Recht auf den Himmel verloren — und dagegen die Hölle mit all ihren schrecklichen Qualen verdient.

Jetzt sehe ich's ein, jetzt fühle ich's tief und schmerzlich, wie es **böse und bitter ist, Dich — meinen Gott und Schöpfer — Dich meinen gütigsten Heiland verlassen zu haben!** Ich verabscheue daher alle meine Sünden; es ist mir von Herzen leid, daß ich gegen Dich so undankbar, ungehorsam und treulos gewesen bin. O verzeihe doch! Du bist ja der Vater der Barmherzigkeit; **Du willst nicht den Tod des Sünders, sondern nur daß er sich bekehre.**

Wohl weiß ich, daß ich's nach so vielfältigen und großen Vergehen nicht verdiene, von Dir Verzeihung zu erhalten; — doch siehe, o Vater im Himmel! siehe auf Jesum Christum, deinen vielgeliebten ewigen Sohn. Er ist auch für mich am Kreuze gestorben, — Er hat auch für mich sein kostbares Blut vergossen. Höre auf die Stimme dieses heiligsten Blutes, das zu Dir — nicht um Rache, sondern um Gnade ruft. Um der Liebe Jesu willen erbarme Dich meiner! Durch seine unendlichen Verdienste verzeihe mir meine Sünden und schenke mir wieder deine Vater=Liebe, deine Huld und Gnade.

Und sieh, o gütigster Vater! siehe, bei der Reue über meine Sünden habe ich auch den ernst=

lichen Vorsatz, mich zu bessern. Ich will ganz besonders jene Sünde meiden, zu welcher ich am meisten geneigt bin . . . Auch will ich sorgfältig jede böse Gelegenheit fliehen und Alles anwenden, was mich auf dem Wege der Tugend standhaft machen kann. Ich kenne freilich meine große Schwachheit und bedauernswerthe Unbeständigkeit; um so inbrünstiger bitte ich Dich, Du wollest mich mit deiner Gnade also stärken, daß ich auch im Werke vollbringe, was ich mit den Worten Dir und deinem Stellvertreter im heiligen Buß=gerichte verspreche. —

Maria, Mutter der Barmherzigkeit! es war dir ein überaus großes Leidwesen, als du den zwölfjährigen Knaben Jesus ohne deine Schuld verloren hattest. Ach, ich habe Ihn, meinen gött=lichen Erlöser — durch meine Sünden freiwillig und auf boshafte Weise verloren! Erbitte es mir — du kannst es ja, — daß ich den Verlornen wieder finde, daß Er mir gnädig sei und ich mich seiner Liebe wieder erfreuen möge.

Ein anderes Reuegebet.

Nach läßlichen Sünden, für ängstliche Seelen.

Göttlicher Heiland! wie bin ich doch immer ein sündiger Mensch! So oft verspreche ich Dir Besserung — und so bald begehe ich wieder die alten Fehler, Nachlässigkeiten und Sünden! So muß ich mit deinem Apostel (Röm. 7.) klagen, daß das Böse immer noch in mir liegt und daß ich das Gute nicht thue, obschon ich es zu thun verlange. Wahrhaft, das ist für mich eine heilsame Verdemüthigung; denn so erkenne ich's, wie ich aus mir selber nichts Gutes vermag, — ja ohne deinen Beistand wäre ich noch viel tiefer gefallen.

Und wenn ich noch erwäge, wie meine Liebe zu Dir immer so kalt und lau ist, der Eifer in deinem Dienste so gering, das Streben nach größerer Vollkommenheit so schwach: — ach, da muß ich wohl in der Bitterkeit des Herzens ausrufen: „**Herr, gehe mit mir nicht in's Gericht!**"

Doch, o Jesu, Du kennst am besten meine Schwachheit und Unbeständigkeit; Du weißt, wie **des Menschen Sinnen und Denken so sehr zum Bösen geneigt ist.** Ich weiß aber auch, wie Du ein so unendlich gütiger und barmherziger Heiland bist; Du bist ja nur dazu auf diese Welt gekommen, um zu retten und selig zu machen, was verloren war. So hast Du jeden reumüthigen Sünder liebreich aufgenommen. Dadurch hast Du in der That gezeigt, daß Du ein **Hoherpriester bist, der mit unsern Schwachheiten Mitleid haben kann,** weil Du ja selbst bist versucht worden, doch ohne eine Sünde zu begehen. (Hebr. 4, 15.)

Sei denn auch mir gnädig und barmherzig! Was Du selbst einmal zu der Sünderin Magdalena gesagt hast, das sprich jetzt zu mir durch den Mund deines Priesters: **Sei getrost! Dir sind deine Sünden nachgelassen.** Ja verzeihe mir meine Undankbarkeit und Untreue, — die große Lauig=

keit, womit ich meine Gebete verrichte, — die Ungeduld, die ich bei jeder Widerwärtigkeit zeige, — die Unverträglichkeit und Lieblosigkeit, die ich gegen meine Mitmenschen an Tag lege, — auch alle eitlen, hoffärtigen und unehrbaren Gedanken, in denen ich etwa zu lange mich aufgehalten. Was nur immer deinen reinsten Augen an mir mißfällig ist — auch die kleinste Sünde und Un= vollkommenheit, — alles das verabscheue, ver= wünsche und bereue ich von Herzen.

Auch will ich wieder mit mehr Eifer jene Mittel gebrauchen, die mich in der Tugend be= festigen können, vorzüglich das oftmalige und an= dächtige Gebet, Wachsamkeit über mein Herz und meine Sinne, Treue in kleinen Tugendübungen. So will ich Dir (nach der Ermahnung des hei= ligen Paulus) mit **freudigem Gemüthe** die= nen, um wenigstens nach und nach in der christ= lichen Vollkommenheit größere Fortschritte zu machen.

O göttlicher Heiland, der Du selbst diesen guten Willen mir in's Herz gelegt hast: erhalte und stärke denselben fortwährend in mir; in dei= nem heiligsten Namen bitte ich um diese Gnade.

Und du, gebenedeite Mutter Jesu! du hast es in deinem erhabenen Lobgesange selbst verkün= det, **Gottes Barmherzigkeit währe von Geschlecht zu Geschlecht**: sei jetzt meine Für= bitterin und Mittlerin, auf daß diese Barmher= zigkeit Gottes auch mir zu Theil werde. Amen.

Anmuthungen vor der heiligen Beicht.

Ich will mich aufmachen und wieder zu meinem Vater zurückkehren. (Luk. 15.)

Der Herr ist langmüthig und überaus barmherzig. (Psf. 102.)

Gottes Barmherzigkeit hat es gemacht, daß wir noch nicht zu Grunde gegangen sind; — o seine Erbarmungen sind auch jetzt noch nicht erschöpft. (Klgl. Jerem. 3, 22.)

Freude erfüllt den ganzen Himmel eines Sünders wegen, der Buße thut. (Luk. 15.)

O Jesu! der Sünderin Magdalena hast Du ihre großen Missethaten so liebevoll nachgelassen; — verzeihe auch mir!

Du hast den Petrus, der Dich dreimal verläugnete, mit gnädigen Augen angesehen; — siehe auch mich mit mitleidigem Auge an!

Mein Jesus! Erbarmen! (Ablaß 7.)

Süßester Jesu! sei mir nicht Richter, sondern Seligmacher. (Ablaß 8.)

Nach der heiligen Beicht.

O Gott! wie groß, wie unverdient ist doch die Gnade, welche Du mir jetzt erwiesen hast! Durch das heilige Sakrament der Buße hast Du mir alle meine Sünden, ja auch die dafür verdienten ewigen Strafen gnädigst nachgelassen. Du hast mich wieder in deine Kindschaft aufgenommen — und ich darf Dich wieder mit frohem Herzen Vater nennen. Wahrhaft, Vater bist Du —

mein Vater — der liebreichste, der beste Vater! O sei gelobt und gepriesen! Alles, was in mir ist, erhebe deinen heiligen Namen und sage Dir den aufrichtigsten Dank!

Und Du, o göttlicher Heiland, wie gütig hast Du Dich jetzt gegen mich gezeigt! Du bist wahrhaft das Lamm Gottes; durch dein kostbares Blut hast Du der ewigen Gerechtigkeit für meine Sünden schon am Kreuze Genugthuung geleistet; in eben diesem heiligsten Blute hast Du jetzt meine Seele gereinigt. Lob und Dank sei Dir für diese deine große Güte!

Soll ich jedoch zur Strafe für meine Sünden nicht auch selbst irgend ein Bußwerk auf mich nehmen? Ja was mir der Priester in deinem Namen deßhalb vorgeschrieben hat, diese kleine Buße will ich jetzt gern und so gut als möglich verrichten.

Hier bete andächtig die auferlegte Buße und fahre nachher also fort:

Schlußgebet.

Himmlischer Vater! das Gebet, das ich jetzt verrichtet habe, ist freilich nur ein geringes Opfer der Genugthuung für meine Sünden und Nachlässigkeiten; aber ich vereinige dasselbe mit den unendlich verdienstlichen Bußwerken, welche dein göttlicher Sohn Jesus Christus für die Sünden der ganzen Welt ausgeübt hat. Aus Liebe zu Ihm laß Dir auch diese meine unvollkommene Buße wohlgefällig sein!

Jetzt erneuere ich nochmals die guten Vorsätze, die ich schon gemacht habe. Doch wie sind dieselben so schwach, so gebrechlich! Du, o allmächtiger Gott! komme mir mit deiner Gnade zu Hilfe. Du hast ja jetzt das Gute in mir angefangen; — o setze es in deiner Liebe auch fort und vollende es zu deiner Ehre und zu meinem Heile. Stärke mich, daß ich nicht wieder die Wege der Sünde betrete, — daß ich meine bösen Neigungen überwinde, — jede gefährliche Gelegenheit vermeide — und so mehr Gewalt anwende, um das Himmelreich an mich zu reißen und in deiner Liebe zu verharren.

Auch zu dir, o heiligste Mutter meines göttlichen Erlösers, nehme ich abermals meine Zuflucht. Ich fürchte sehr, ich möchte auch nach dieser heiligen Beicht in die alten Sünden wieder zurückfallen. Doch wenn ich nur deiner nicht vergesse; wenn ich nur mit kindlichem Vertrauen mich an dich wende, sobald eine Versuchung sich zeigt: — o dann werde ich's durch deine Fürbitte und unter deinem mütterlichen Schutze erlangen, daß ich in jedem Kampfe siegreich bestehen und im Guten standhaft verbleiben kann. Amen.

Zur Beherzigung nach der heiligen Beicht.

In Christo dem Herrn haben wir Erlösung in seinem Blute, nämlich die Vergebung der Sünden. (Eph. 1, 7.)

Da wir der Sünde abgestorben sind, wie sollten wir ferner in derselben leben wollen? (Röm. 6, 2.)

Was nützt es dem Menschen, wenn er die ganze Welt gewinnen könnte, dabei aber Schaden litte an seiner Seele? (Matth. 16, 28.)

Wachet und betet, damit ihr nicht (abermals) in die Versuchung fallet. (Matth. 26, 41.)

Wer ausharret bis an's Ende, der wird selig. (Matth. 24.)

So viel wirst du im Guten fortschreiten, als du deinen verkehrten Neigungen Gewalt anthust. (Nachfolge Christi I, 25.)

Arbeite eifrig an deiner Besserung; bald wirst du den Lohn deiner Arbeit empfangen. (Ebendas.)

Baue dein Heil nicht auf die Zukunft, die ja ungewiß ist. Jetzt ist die kostbare Zeit, jetzt sind die Tage des Heils, jetzt ist die Zeit der Gnade. (Ebendas.)

V. Communiongebete.

Erste Communionandacht.
Vor der heiligen Communion.

Bitte an Maria.

Zu dir rufe ich, o heiligste Mutter meines Herrn und Heilandes! Du hast diesen ewigen Sohn des himmlischen Vaters in deinem keuschesten Schooße zuerst getragen. O bitte doch, daß ich eben diesen göttlichen Heiland bei der heiligen Communion mit möglichster Andacht empfangen kann. Gib mir einen Theil deines lebendigen Glaubens, einen Funken deiner inbrünstigen Liebe, auf daß dein geliebtester Sohn in meinem Herzen eine reine, Ihm wohlgefällige Wohnung finde und mir dann recht viele und große Gnaden ertheile.

Erste Communionandacht.

Glaube.

Von ganzem Herzen glaube ich, daß Du, o göttlicher Heiland, wahrhaft und wesentlich mit Leib und Seele in dem hochheiligen Altarssakramente gegenwärtig bist. Du, der Du am Kreuze für unsere Sünden dein kostbares Blut vergossen, — Du verhüllest in unscheinbarer Brodsgestalt dein heiligstes Fleisch und Blut, deine erhabene Gottheit und verklärte Menschheit, all' deine Majestät und Größe.

Diese Wahrheit kann ich freilich mit meinem schwachen Verstande nicht begreifen; aber Du — der ewig wahrhaftige Gott — hast dieselbe ausgesprochen: — das genügt mir. Auf dein untrügliches Wort hin glaube ich Alles, was Du durch deine heilige katholische Kirche von dem heiligsten Sakramente zu glauben vorstellst. In diesem Glauben falle ich voll Ehrfurcht nieder und bete Dich demüthigst an als den hier gegenwärtigen allmächtigen Schöpfer, meinen göttlichen Erlöser, mein höchstes Gut. Herr, vermehre in mir den wahren Glauben!

Hoffnung.

Mein Heiland! was darf ich bei deiner Ankunft nicht erwarten? was darf ich nicht hoffen, wann ich Dich in meinem Herzen besitzen werde? Du bist ja der Allmächtige, der immer und in Allem helfen kann; Du bist der Allgütige, dessen Freude es ist, zu geben und Gnade und Segen zu spenden.

Und diesen heiligen Tisch hast Du ja dazu bereitet, damit wir da in unsern Mühseligkeiten Trost und Erquickung, gegen unsere Schwachheit Kraft und Stärke erhalten. So hast Du dieses selbst verheissen; wie sollte ich denn noch zweifeln oder mißtrauisch sein gegen deine Verheißungen? O gewiß, Du wirst deine tröstlichen Worte auch an mir erfüllen. Herr, befestige in mir diese Hoffnung und ich werde ewig nie zu Schanden werden.

Liebe.

Da ich aber so zuversichtlich auf Dich hoffe, ach wo ist denn doch auch meine Liebe? Ich glaube ja, o göttlicher Heiland, daß Du nur aus Liebe zu uns auf diese Welt gekommen — und zu unserer Versöhnung am Kreuze gestorben bist. Ich glaube auch, daß Du nur aus Liebe dieses heiligste Sakrament eingesetzt hast, um bis an's Ende der Zeiten unter uns zu bleiben und unser tägliches Opfer und die Speise unserer Seelen zu sein. Kann ich denn bei all' dem noch kalt und gefühllos bleiben? Soll dies in mir nicht eine recht innige, eine große Liebe zu Dir erwecken?

Ach, ganz beschämt muß ich bekennen, daß ich mit dieser Liebe kaum den Anfang gemacht habe. Bewirke doch durch dein allmächtiges Wort, daß ich wenigstens von heute an Dich über Alles und von ganzem Herzen liebe. Verleihe gnädigst, daß Alles, was ich ferner noch thun oder leiden, reden oder denken werde, ein Akt der vollkom=

Erste Communionandacht.

menſten Liebe gegen Dich ſei, — ſo daß mich nichts mehr von dieſer Liebe trenne, weder die Welt mit ihren Eitelkeiten, noch die böſe Begierlichkeit meines eigenen Herzens, auch nicht Kreuz und Leiden. Möchte doch durch den Genuß des heiligſten Sakramentes eine ſolche thatkräftige Liebe in mein Herz kommen!

Demuth.

Nun iſt der ſelige Augenblick da, in welchem ich Dich, o Jeſu, zu empfangen ſo glücklich bin. Bald ſehe ich die hochheilige Hoſtie in den Händen des Prieſters. Wahrhaft, **Du biſt Chriſtus, der Sohn des lebendigen Gottes** — Du das Lamm Gottes, welches hinwegnimmt die Sünden der Welt!

Ach, wie darf ich Dich, meinen anbetungswürdigen Erlöſer, der Du mit dem Vater und dem heiligen Geiſte Ein Gott biſt — wie darf ich Dich in mein ſündhaftes Herz aufnehmen? Siehe doch nicht auf meine Unwürdigkeit, ſiehe einzig auf deine unendlich große Liebe, in welcher Du geſagt haſt, Du ſeieſt gekommen, die Sünder zu berufen. So faſſe ich denn Vertrauen und ſpreche mit Andacht die Worte der Demuth:

O Herr! ich bin nicht würdig, daß Du eingeheſt unter mein Dach; ſondern ſprich nur ein Wort, ſo wird geſund meine Seele.

Der Leib unſeres Herrn Jeſu Chriſti bewahre meine Seele zum ewigen Leben.

Nach der heiligen Communion.

Anbetung und Dank.

So ist denn jetzt mein Herr und mein Gott in meinem armseligen Herzen! — Woher kommt mir doch diese so große Gnade, dieses so unschätzbare Glück? Ja da habe ich Ursache genug, den Lobgesang der jungfräulichen Mutter zu wiederholen und mit ihr auszurufen: Hoch preiset meine Seele den Herrn! Mein Geist frohlocket in Gott, meinem Heilande, der sich gewürdigt hat, mich elenden sündigen Menschen heimzusuchen. Wahrhaft, Großes hat auch an mir gethan, der da mächtig ist und dessen Name heilig ist!

Wie soll ich aber, o mein göttlicher Erlöser — wie soll ich Dir für diese unermeßlich große Güte gehörig danken? Wie kann ich Dich — den unendlich erhabenen Gott — so anbeten, wie Du es verdienst? Und wo ist die Liebe, welche ich jetzt Dir — meinem liebenswürdigsten Erlöser — bezeigen sollte?

O Maria, Mutter der schönen Liebe! komm du meiner Armuth und meinem Unvermögen zu Hilfe. Opfere du deinem göttlichen Sohne jene glühende Andacht und jene tiefste Demuth auf, in welcher du Ihn in der Krippe zu Bethlehem angebetet hast. Lobe Ihn, danke Ihm, ja liebe Ihn statt meiner und in meinem Namen, wie du das so inbrünstig gethan hast, so oft du Ihn in der heiligen Communion in dein reinstes Herz aufgenommen hast. Auch alle die Wünsche und Bitten, die ich vor Ihm jetzt aussprechen möchte, lege ich gleichsam in deine Hände, damit sie durch deine allvermögende Vermittelung Ihm wohlgefällig werden und vor Ihm Erhörung finden.

Bitten.

Ja, o Jesu, gebenedeiter Sohn der reinsten Jungfrau Maria! aus Liebe zu dieser deiner heiligsten Mutter erhöre die demüthigen Bitten, die ich jetzt mit vollem Vertrauen Dir vortrage. Ich bitte nicht um zeitliche Güter, nicht um Ehren und Reichthümer, nicht um sinnliche Freuden, selbst nicht um Gesundheit, wenn Du voraussiehst, daß dieselbe mir nicht zum ewigen Heile gereichen würde; ich bitte vor Allem aus um eine recht innige und kindliche Gottesfurcht, die mich von aller Sünde abhalte, zu jeder Tugend aneifere und die beharrliche Treue in allem Guten in mir bewirke.

O Jesu, der Du in der Zeit deines sterblichen Lebens die Blinden erleuchtet, die Aussätzigen gereinigt, die Kranken geheilt, die Sünder geheiligt hast: erleuchte auch mich, daß ich Dich und deine beseligenden Wahrheiten immer besser erkenne. Reinige mein Herz von allen, auch den verborgensten Sünden. Mache meine so kranke und schwache Seele gesund und stärke sie so, daß ich von heute an ein wahrhaft frommes tugendhaftes Leben führe. Um so große Gnaden bitte ich Dich und ich hoffe sie von deiner Liebe, die ja keine

Grenzen hat, und von deiner Allmacht, welcher nichts zu schwer ist.

Ich bitte Dich aber auch für das Wohl und den Frieden der heiligen katholischen Kirche, für alle geistlichen und weltlichen Vorsteher, für meine Verwandten, Freunde und Wohlthäter, selbst für meine Feinde; auch für alle Schwerkranken und Sterbenden, sowie für alle armen Seelen im Fegfeuer. Diesen Allen erweise Du deine Barmherzigkeit und ertheile ihnen also deine Gnade, daß sie zur ewigen Seligkeit gelangen.

Zum Schlusse meiner Andacht rufe ich Dich noch um deinen göttlichen Segen an. Ich weiß es, o gütigster Jesu, wie Du vormals die Kinder so liebreich gesegnet hast; das geschah gewiß auch auf die Bitten ihrer liebenden Mütter. O da Du gegen diese guten Frauen so willfährig gewesen bist, kannst Du denn deiner eigenen allerliebsten Mutter eine Bitte versagen? Laß es Dir nun sein, als flehe sie für mich — ihr zwar unwürdiges Pflegkind — um deinen Segen. Ja, o Herr, erhebe deine allmächtige Hand, segne damit mein Herz, meinen Leib und meine Seele, segne mich für alle die Tage, die Du mich noch erleben lassest, auf daß ich dieselben recht gut zu meinem Seelenheil verwende, täglich neue Verdienste sammle und dann einst zu Dir komme, um mit Maria und allen deinen Engeln und Heiligen Dich ewig zu loben und zu preisen.

Du aber, o glorreiche Gottesmutter, und ihr alle Auserwählten des Himmels! erflehet mir die

Gnade, daß das heiligste Sakrament, welches ich jetzt empfangen habe, in mir viel Gutes wirke, und gleichwie ich nun mit Christo so innigst vereinigt wurde, so möge ich durch euere Fürbitte auch dort oben mit Ihm auf ewig vereinigt werden! Amen.

(Die Gebete, die nach der heiligen Communion zur Gewinnung eines Ablasses zu verrichten sind, folgen unten nach der zweiten Communionandacht.)

Zweite Communionandacht.
Vor der heiligen Communion.

Zur Mutter Gottes.

Seligste Jungfrau Maria, die du den ewigen Sohn Gottes als wahren Gottmenschen empfangen und geboren hast: sieh, ich möchte jetzt den gleichen göttlichen Heiland in mein armseliges, ach! so unreines Herz aufnehmen. O wie ist mir bei dieser hochheiligen Handlung deine Fürbitte so nothwendig! Ja, o gnadenvolle Mutter! erflehe mir von Gott die Nachlassung aller meiner Sünden, einen lebendigen Glauben, eine feste Hoffnung, eine inbrünstige Liebe, damit ich meinen Herrn und Heiland, deinen anbetungswürdigen Sohn, recht würdig empfange und durch diese heilige Communion mit vielen Gnaden bereichert werde.

Zu dem göttlichen Erlöser.

Was muß ich doch denken, da ich jetzt zu deinem heiligen Tische, o Jesu, hintreten und da das heiligste Sakrament empfangen will? Du selbst, mein Herr und Heiland — Du bist da wahrhaft und wesentlich als verherrlichter Gottmensch, mit Leib und Seele, mit Fleisch und Blut zugegen. Staunend muß ich ausrufen: Wer bist Du? — und wer bin ich? — Du, der heiligste Gott! — ich aber mit vielen Sünden befleckt!

War es Dir denn nicht genug, in großer Erniedrigung die Gestalt eines Knechtes angenommen zu haben, um für mich zu leiden und zu sterben? Willst Du deine unendliche Majestät auch noch so tief herablassen, daß Du in meinem unreinen Herzen zu wohnen Dich nicht weigerst? Ja, so wolltest Du deine unbegreifliche Erhabenheit und Größe unter den geheimnißvollen Gestalten verbergen, damit wir desto vertrauensvoller zu Dir hintreten und um so zutraulicher mit Dir umgehen möchten.

Wie ist doch deine Güte, o göttlicher Erlöser, so unendlich groß! Nur deine Liebe ist es, die Dich in diesem heiligsten Geheimnisse zurückhält. So hast Du es schon durch einen heiligen Seher (Sprichw. 8, 31.) vorhergesagt, es sei deine Wonne, bei den Menschenkindern zu wohnen. Deßhalb gestattest Du uns nicht nur freien Zutritt zu deinem heiligen Tische, Du ladest uns dazu mit den liebreichsten Worten ein, ja noch

Zweite Communionandacht.

mehr, Du fügst dieser Einladung sogar die schreckliche Drohung bei: „Wenn ihr das Fleisch des Menschensohnes nicht essen werdet, werdet ihr das Leben nicht in euch haben."

Um also deinen Willen zu erfüllen, um das gottgefällige Leben durch Dich zu erhalten, in dieser Absicht erscheine ich jetzt bei der heiligen Mahlzeit, die Du uns in deiner Barmherzigkeit bereitet hast und wo Du selbst die himmlische Speise unserer Seelen bist. Vorher aber bitte ich Dich inbrünstig: entzünde doch mein kaltes Herz mit dem Feuer deiner Liebe. Reinige mich von jeder Makel der Sünde, so daß ich Dich in ein reines Herz aufnehmen kann.

Ja komm, o Jesu! meine Seele sehnt sich nach Dir. Bin ich auch nicht würdig, daß Du bei mir Einkehr nehmest: so habe ich's doch so nöthig, daß Du mich heimsuchest. Komm, o Brod der Engel! komme zu mir, auf daß meiner großen geistigen Armuth abgeholfen werde und ich durch deine Gegenwart in meinem Innersten süßen Trost und neue Kraft zu allem Guten erhalte. —

Nach der heiligen Communion.

Welch eine Gnade ist mir jetzt zu Theil geworden! Jesus Christus — der Sohn Gottes selbst — ist jetzt in meinem Innersten — Er, der liebenswürdigste, gütigste Heiland, den die seligste Jungfrau in Bethlehem geboren — den sie im Tempel dem himmlischen Vater aufgeopfert hat: — Er ist jetzt in mein armes Herz gekommen! —

O Jesu, mein Herr und mein Gott! mit der Liebe deiner heiligsten Mutter, mit der Andacht der frommen Hirten, mit der Ehrfurcht der heiligen drei Könige — so möchte ich jetzt vor Dir niederfallen und Dir meine tiefste Verehrung und Anbetung erzeigen. O ich muß es abermals bekennen, ich bin nicht würdig, Dich in meinem Herzen zu besitzen; — um so mehr danke ich Dir für deine liebevolle Herablassung, für deine grundlose Güte. Verzeihe, daß ich mich zu deinem Empfange nur so lau und nachlässig vorbereitet habe: — verzeihe, daß ich so wenig Liebe habe — zu Dir, meinem gütigsten Erlöser, der Du mir doch die größten Beweise deiner unendlichen Liebe schon so vielmal gegeben und gerade jetzt wieder gibst.

Doch sieh, o Jesu, eben auch jetzt mache ich wieder den ernstlichen Vorsatz, ich wolle ein frommes und gottseliges Leben führen. Von dieser Stunde an sei damit der Anfang gemacht! Ich will mehr an Dich denken, in kindlicher Furcht vor Dir wandeln, in Allem deinen Willen thun und nichts so sehr fürchten, als Dich durch irgend eine freiwillige Sünde zu beleidigen.

Was wird aber aus diesen guten Entschlüssen werden? Ach, ohne deinen besondern Beistand wird mein verderbter Wille auch jetzt wieder sich zum Bösen hinneigen, wohl gar zur Sünde mich verleiten. O so komme doch mit deiner allmächtigen Gnade mir zu Hilfe, auf daß ich stets thue, was Dir wohlgefällig ist. Reiße mein Herz von dem

Zweite Communionandacht.

Irdischen und Sinnlichen mehr und mehr los, auf daß ich doch immer eifriger für Dich und mein Seelenheil lebe.

Möge doch diese heilige Communion solch eine wahrhaftige Besserung, solch eine heilsame Umänderung in meinem Innern und Aeußern bewirken! Ja, das hoffe ich von Dir, o liebreichster Gast meiner Seele! Bei deinem ersten Erscheinen auf Erden hast Du überall Gnaden und Gutthaten ausgespendet, sogar das gläubige Berühren deiner Kleider heilte die Kranken: sollte denn deine Heimsuchung in meinem Herzen nicht auch viel Gutes bewirken? Wenn dem Hause des frommen Zachäus so großes Heil widerfahren, als Du ihn besuchtest: wird mir denn durch die Kraft deines heiligsten Sakramentes nicht auch himmlischer Segen zu Theil werden?

Ja um diesen deinen Segen bitte ich noch kniefällig. Segne mich an Leib und Seele, segne meine Gedanken, Worte und Werke, segne alle meine Arbeiten. Segne auch alle jene, die mit mir in näherer Verbindung stehen . . . jene, für welche ich zu beten Pflicht habe. . .

Auch gedenke ich jetzt schon jener furchtbaren Stunde, in welcher Du mich von dieser Welt abrufen wirst. O verleihe, daß ich alsdann — nach einer reumüthigen Beicht — Dich nochmal in mein Herz würdig aufnehmen kann, um so — durch Dich gestärkt — die Reise in die Ewigkeit furchtlos anzutreten und glücklich zu vollenden. Sei mir dann ein gnädiger und barmherziger Richter, und laß mich in deine Herrlichkeit eingehen, der Du mit dem Vater und dem heiligen Geiste als Ein Gott lebst und regierst in alle Ewigkeit. A.

Zur seligsten Jungfrau.

Maria, gebenedeite Mutter unsers Herrn und Heilandes Jesu Christi, der jetzt in mein Herz zu kommen sich gewürdigt hat: danke du Ihm für diese unschätzbare Gnade. Und da ja deine Fürsprache bei Ihm alles vermag, o so erflehe es mir, daß ich jetzt mit neuem Eifer nach seinem heiligsten Wohlgefallen lebe. So möge es mit seiner Hilfe und durch deine Fürbitte geschehen, daß ich Ihn einst dort oben — nicht mehr wie hienieden unter den sakramentalen Gestalten — sondern von Angesicht zu Angesicht schauen und ewig besitzen könne! Amen.

Ablaßgebet nach der heiligen Communion vor einem Bilde des Gekreuzigten.
(Ablaß 9.)

Sieh, o mein gütigster und süßester Jesus! vor deinem Angesichte werfe ich mich auf meine Kniee nieder und bitte und beschwöre Dich mit der heißesten Inbrunst meiner Seele: durchdringe und erfülle mein Herz mit den lebhaftesten Gefühlen des Glaubens, der Hoffnung und der Liebe, der Reue über meine Sünden und des festen Vorsatzes, mein Leben zu bessern. Um diese Gnaden bitte ich Dich, indem ich zugleich mit innigster Rührung und tiefstem Schmerze deine heiligen fünf

Zweite Communionandacht.

Wunden betrachte und dabei mir vor Augen stelle, was von Dir, o Jesu, der heilige Prophet David gesagt hat: „Sie haben meine Hände und meine Füße durchbohrt, alle meine Gebeine haben sie gezählt." (Ps. 21.)

Gebete,
die man zur Gewinnung eines vollkommenen Ablasses nach der heiligen Communion oder sonst am Communiontage verrichten kann.

O Jesu, der Du in diese Welt gekommen bist, damit wir das wahre Leben in Gott haben und zur ewigen Seligkeit gelangen möchten: ich glaube ganz fest, daß Du deiner heiligen katholischen Kirche die Schlüssel des Himmelreiches anvertraut hast und zwar mit der feierlichen Versicherung, daß Alles, was sie auf Erden binden oder lösen würde, auch im Himmel sollte gebunden oder gelöset sein. Auf diese Versicherung hin glaube ich auch, daß Du deiner heiligen Kirche die Gewalt gegeben hast, Ablässe zu ertheilen und uns dadurch die zeitlichen Strafen zu erlassen, die wir unserer Sünden wegen entweder in diesem oder im zukünftigen Leben erleiden müßten.

Im Glauben an diese Wahrheit und im Vertrauen auf deine unendlichen Verdienste möchte ich jetzt den vollkommenen Ablaß gewinnen, den heute der heilige Vater, dein sichtbarer Stellvertreter auf Erden, den Gläubigen verliehen hat. Ich bereue daher nochmal alle meine Sünden und nehme mir ernstlich vor, mit deiner Gnade, o Jesu, ein frommes, ein Dir gefälliges Leben zu führen.

So will ich denn noch die letzte Bedingniß erfüllen, die zur Gewinnung des Ablaßes vorgeschrieben ist; ich will nämlich nach der Meinung des Oberhauptes der Kirche folgende Gebete verrichten.

1. **Um Erhöhung der heiligen katholischen Kirche.**

O Gott, allmächtiger Vater der Gläubigen, der Du durch deinen heiligen Geist die ganze Kirche leitest und heiligest; der Du durch Jesum Christum die Herrlichkeit deines Namens allen Völkern kundgegeben hast: erhalte diese deine heilige Kirche, die Du in deiner Erbarmung gegründet hast, damit sie in allem Guten wachse und sich über die ganze Erde verbreite und in dem Bekenntnisse deines heiligen Namens standhaft verharre. Amen.

Vater unser 2c. Gegrüßt seist 2c.

2. **Für seine Heiligkeit, den Papst.**

Höchster und ewiger Hirt, Jesus Christus! ich empfehle Dir unsern heiligen Vater, den Papst N., deinen Stellvertreter in deiner heiligen katholischen Kirche. Erhöre seine heissen Gebete und erfülle seine frommen Wünsche, die nur deine Ehre und das Beste der Menschen bezwecken. Leite, erleuchte, stärke, vertheidige und unterstütze ihn, damit er deiner Kirche jederzeit würdig vorstehe. Amen.

Vater unser 2c. Gegrüßt seist 2c.

Zweite Communionandacht.

3. Um Eintracht der christlichen Fürsten.

O Gott, der Du den Frieden gibst und die Einigkeit liebst: verleihe allen christlichen Fürsten vollkommene Eintracht; entferne alle Kriege und Zwistigkeiten, damit deine Gläubigen ungestört und in voller Ruhe von Außen Dir stets dienen mögen. Amen.

Vater unser 2c. Gegrüßt seist 2c.

4. Um Ausrottung der Irrlehren und Bekehrung der Sünder.

Allmächtiger, ewiger Gott, der Du Alle selig machen möchtest und nicht willst, daß nur Einer verloren gehe: siehe gnädig auf diejenigen herab, die durch die Arglist des bösen Feindes in Irrlehren oder auch in schweren Sünden befangen sind. Verleihe gnädigst, daß alle Spaltungen aufhören und daß alle Andersgläubigen ihre Irrthümer ablegen und zur Einsicht der Wahrheit zurückkehren. Die Sünder erwecke zur wahren Buße und Besserung ihres Lebens, damit alle der Erlösung Jesu Christi theilhaftig werden. Amen.

Vater unser 2c. Gegrüßt seist 2c.

5. Für die Seelen im Fegfeuer.

O Gott, Schöpfer und Erlöser aller Gläubigen! verleihe den Seelen deiner Diener und Dienerinnen Nachlaß aller ihrer Sünden, damit sie die Vergebung, die sie allezeit gewünscht haben, durch fromme Fürbitten erlangen: der Du lebst und regierst in alle Ewigkeit. Amen.

Vater unser 2c. Gegrüßt seist 2c.

VI. Nachmittags-Andachten.

Marianische Vesper.

Vater unser ꝛc. Gegrüßt seist du ꝛc.

V. O Gott, merke auf meine Hilfe:

R. Herr, eile mir beizustehen.

Die Ehre sei dem Vater und dem Sohne und dem heiligen Geiste.

Wie sie war im Anfang, so auch jetzt und immer und in alle Ewigkeiten. Amen. Alleluja.

Antiphon. Der Engel Gabriel wurde von Gott in die Stadt Nazareth gesandt, zu einer Jungfrau mit Namen Maria. Der Engel sprach zu ihr: „Sei gegrüßt, du bist voll der Gnade, du bist gebenedeit unter den Weibern! Fürchte dich nicht, Maria! denn du hast Gnade gefunden bei Gott. Siehe, du wirst empfangen und einen Sohn gebären, und du sollst seinen Namen Jesus heißen. Dieser wird groß sein und der Sohn des Allerhöchsten genannt werden. (Luk. 1.)

Erster Psalm. *)

Mächtig und groß und überaus lobenswürdig bist du, o unsere liebe Frau! in der Stadt unseres Gottes: und in der ganzen Gemeinde der Auserwählten.

Man preiset überall deine Barmherzigkeit und deine Güte: Gott hat alle Werke deiner Hände gesegnet.

Mutter des Herrn! erbarme dich unser und heile unsere Schwachheit: nimm hinweg den Schmerz und die Angst unseres Herzens.

Maria, sende uns einen guten Engel zur Hilfe: auf daß wir durch ihn vor allen Feinden beschützt werden.

Mitleidig erbarme dich unser am Tage der Trübsal: erleuchte uns mit den Strahlen deiner Wahrheit.

Mittlerin unseres Geschlechts! erbarme dich unser, :: denn du bist die Hoffnung und das Licht Aller, die auf dich vertrauen.

Werke auf uns du Erretterin der Verlorenen: erhöre unseren Klageruf und unsere Seufzer.

---

*) Diese fünf Psalmen sind vom heiligen Bonaventura verfaßt; ihre Anfangsbuchstaben bilden den Namen Maria.

Mildreiche Frau! erbarme dich und bitte für uns: verwandle unsere Trauer in heilige Freude.

Mit deinen Dienern verfahre nach deinem liebevollen Herzen: lasse sie in ihren Trübsalen nicht zu sehr geängstigt werden.

Mächtige Königin der Ehre und Herrlichkeit: komm uns zu Hilfe und schütze unser Leben vor jeder Gefahr.

Mache gesund, die zerknirschten Herzens sind, o du Gebärerin des Heils: erquicke sie mit deinen süßesten Tröstungen.

Die Ehre sei dem Vater 2c.

Antiphon. Maria sprach zu dem Engel: „Sieh, ich bin eine Magd des Herrn; mir geschehe nach deinem Worte." (Luk. 1.)

Zweiter Psalm.

Aufrufen will ich zu dir, o unsere liebe Frau! und du wirst mich erhören: da ich dein Lob verkündige, wirst du mein Herz mit Freude erfüllen.

Als meine Seele in Trübsal war, rief ich zu dir empor: und du hast mich vom heiligen Berge her erhört.

Alle Sünder, kommet herbei! laßt uns die Fußstapfen Mariä umfangen: und uns hinwerfen zu ihren heiligen Füßen.

Andächtig und voll Ehrfurcht tretet hin zu ihr: euer Herz wird die süßeste Freude fühlen, wenn ihr diese lieblichste Mutter begrüßet.

Nachmittags-Andachten.

An sie wendet euch in all' euern Nöthen und Trübsalen: die Heiterkeit ihres Angesichts wird euch Fröhlichkeit und Muth einflößen.

Achtet, ihr Völker, auf die Gebote des Herrn: und vergesset niemals die Königin des Himmels.

Aufthun soll sich euer Herz, um sie recht eifrig zu suchen: aufthun euer Mund, um sie freudig zu preisen.

Angeflammt werden die innersten Regungen eueres Herzens, um zu lieben die liebenswürdigste Gottesmutter: dann wird sie euere Feinde mit Schande bedecken.

Aus unseren Herzen hat sie Leid und Traurigkeit weggenommen: durch ihre Holdseligkeit hat sie die Bitterkeit unseres Herzens versüßt.

Andächtig verehret sie in ihrer lieblichen Schönheit und unvergleichlichen Würde: und preiset den Schöpfer ihrer Herrlichkeit und Größe.

Die Ehre sei dem Vater ꝛc.

Antiphon. Elisabeth, von dem heiligen Geiste erfüllt, sprach zu Maria: „Du bist gebenedeit unter den Weibern, und gebenedeit ist die Frucht deines Leibes! Und woher kommt mir dies, daß die Mutter meines Herrn zu mir kommt. Selig bist du, die du geglaubt hast, denn was dir vom Herrn ist gesagt worden, wird in dir in Erfüllung gehen. (Luk. 1.)

Dritter Psalm.

Rettung und Hilfe finden wir bei dir, o Maria, unsere Zuflucht: und du bist's, die unsere Feinde zernichtet.

Recht eilends laß uns fliehen zu ihr in jeder Angst und Noth: sie wird uns von allen Gefahren befreien.

Rede doch Gutes für uns, o Mutter: und wende den Zorn deines Sohnes von uns ab!

Ruhmvolle Jungfrau! sieh unsere Armseligkeit: und verziehe nicht länger, unserer Trübsal und Noth zu steuern!

Reiche deine Hand uns Armen und Elenden: und sei uns durch deinen Beistand eine sichere Zufluchtsstätte.

Rathe uns und trage Sorge für uns, daß die drohenden Uebel uns nicht überwältigen: auch am Ende dieses vergänglichen Lebens stehe uns bei, damit wir das ewige erlangen.

Richte deine barmherzigen Augen auf das Elend deiner Diener: und lasse sie in ihren Bedrängnissen nicht unterliegen.

Reichthum heiliger Tugenden verleihe, o mächtige Königin, deinen Dienern: dann wird der Zorn Gottes sich uns nicht nahen.

Reinste Jungfrau! sei eingedenk deiner großen Erbarmungen: erleichtere uns die Last der Leiden, die uns auf unserer Pilgerschaft niederdrücken.

Die Ehre sei dem Vater 2c.

Antiphon. Zur selben Zeit erhob ein Weib unter dem Volke ihre Stimme und sprach zu Jesus: „Selig der Leib, der Dich getragen, und die Brüste, die Du gesogen hast!" Er aber sprach: „Ja, freilich sind selig, die das Wort Gottes hören und dasselbe auch befolgen." (Luk. 11.)

Vierter Psalm.

Ich setze auf dich, o Maria, all mein Vertrauen: wohl bekannt ist mir die unermeßliche Größe deiner Barmherzigkeit.

In der ersten Unschuld bin ich leider! nicht verblieben: doch ich vertraue auf deine Fürsprache und so hoffe ich Verzeihung und Gnade.

In deine Hände befehl' ich meinen Leib und meine Seele: mein ganzes Leben und meine letzte Stunde.

Jetzt noch erneuere die alten Zeichen und thue auch an uns Wunder deiner allvermögenden Fürbitte: auf daß auch wir die Macht deines Armes erfahren.

Immerdar bitte für uns, o Mutter der Gnade: du hast ja den Engeln und den Menschen das Heil geboren.

Inhaberin der göttlichen Gnadenschätze! laß uns derselben theilhaft werden: lindere unsere Schmerzen mit der Salbe des himmlischen Trostes.

In deinen Händen, o Herrin, steht unser Heil und Leben: durch deine Vermittlung gelangen wir zur ewigen Freude.

Ich bitte auch, o Maria: laß Gnade bei Gott finden Alle, die in ihren Nöthen dich anrufen.

Ja, in allen Gefahren, in Zweifeln und Nöthen flehet zu dieser liebreichsten Mutter: ihr werdet die Wirkung ihrer mächtigen Hilfe ganz gewiß erfahren.

In ihrem mitleidigen Herzen ist die heilsamste Arznei für alle reumüthigen Seelen: mit der Süßigkeit ihrer mütterlichen Liebe erquicket sie dieselben alle.

Die Ehre sei dem Vater 2c.

Antiphon. Bei dem Kreuze Jesu stand seine Mutter. Als nun Jesus seine Mutter sah, und bei ihr den Jünger, den Er liebte, sprach Er zur Mutter: „Weib, siehe deinen Sohn!" Dann sagte Er zu dem Jünger: „Siehe, deine Mutter!" Von dieser Stunde an nahm der Jünger sie zu sich. (Joh. 19.)

Fünfter Psalm.

Ave Maria, du Gnadenvolle! Der Herr ist mit dir: die du der verlornen Welt das Heil wieder gebracht hast.

Auf dich blickt vertrauensvoll meine Seele im Andenken an das göttliche Gericht: zeigst du dich als meine Fürbitterin, so werde ich nicht zu Schauden werden.

Aufgefahren bist du, von den Chören der Engel unter abwechselnden Lobgesängen begleitet: mit Rosen und Lilien bist du herrlich gekrönt worden.

Alle Makel der Sünde wasche, o Reinste, von unseren Seelen ab: und heile alle unsere Schwachheiten.

Auf deine Fürbitte lege sich Gottes Zorn gänzlich: versöhne uns mit Ihm durch deine großen Verdienste und deine allvermögende Fürsprache.

Ach! tritt hin zu dem Throne des Herrn und empfehle uns seiner Barmherzigkeit: auf daß wir durch dich von unseren Aengsten errettet werden.

Aus der Kraft deines süßesten Namens zukomme uns die göttliche Hilfe: durch dich mögen alle unsere Werke geleitet werden.

Allen Unmuth und jede Verwirrung des Geistes nimm von deinen Dienern weg; unter deinem Schutze lasse sie im Frieden ihre Tage durchleben.

Allüberall auf der ganzen Erde sollst du verehrt und geliebt werden: droben im Himmel sollen die Chöre der Engel und Heiligen dir lobsingen ohne Ende!

Lesung.

Ich bin die Mutter der schönen Liebe, der Furcht, der Kenntniß und der heiligen Hoffnung. (Sir. 24.)

Der Hymnus: Ave maris stella.

(Vom heiligen Bernard.)

Meerstern! ich dich grüße
Gottesmutter süße,
Allzeit Jungfrau reine
Himmelspfort' alleine.

Eva bracht' uns Strafe
Gabriel dir das Ave:
Sei uns Frieden spendend,
Evas Namen wendend.

Brich das Band der Sünden,
Bringe Licht den Blinden,
Fern halt' alles Wehe,
Segen uns erflehe.

Dich als Mutter zeige!
Unser Flehen steige
Durch dich auf zum Sohne,
Daß Er unser schone.

Jungfrau ohne Gleichen!
Laß dich gern erweichen,
Mach' uns keusch, unschuldig.
Sanft und stets geduldig.

Spende reines Leben,
Mach' den Weg uns eben,
Daß in Himmels Höhen
Froh wir Jesum sehen.

Vater, sei gepriesen,
Dir sei Ehr' erwiesen
Mit dem Geist und Sohne,
Auf dreiein'gem Throne!

V. Würdige mich, dich zu loben, o hochheilige Jungfrau:

R. Gib mir Kraft gegen alle deine Feinde.

Der Lobgesang Mariä. (Magnificat.)

Meine Seele preiset hoch den Herrn: und mein Geist frohlocket in Gott, meinem Heilande.

Denn herabgesehen hat Er auf die Niedrigkeit seiner Magd: siehe von jetzt an werden mich selig preisen alle Geschlechter.

Denn Großes hat an mir gethan, der da mächtig ist: heilig ist sein Name.

Und seine Barmherzigkeit währet von Geschlecht zu Geschlecht: gegen Alle, die Ihn fürchten.

Er übet Macht mit seinem Arme: die stolzen Herzens sind, zerstreuet Er.

Die Gewaltigen stürzt Er vom Throne: die Niedrigen erhöhet Er.

Die Hungrigen erfüllt Er mit Gütern: die Reichen läßt Er leer ausgehen.

Er hat sich Israels, seines Knechtes, angenommen: eingedenk seiner Barmherzigkeit:

Wie Er unsern Vätern verheißen hat: Abraham und seinen Nachkommen ewiglich.

Die Ehre sei dem Vater ꝛc.

Antiphon.

Heilige Maria! stehe den Elenden bei, tröste die Kleinmüthigen, pflege barmherzig die Betrübten, bitte für das ganze Volk, zeig' dich als Fürsprecherin der Diener des Altars, flehe für das fromme Frauengeschlecht und laß Alle deine Hilfe erfahren — Alle, die deinen heiligen Namen verehren.

Laßt uns beten!

O Gott! Verleihe uns, deinen Dienern die Gnade der Gesundheit des Leibes und der Seele, und durch die glorreiche Fürbitte der allerseligsten und stets unbefleckten Jungfrau Maria befreie uns von dem Elende dieser Zeit und schenke uns die Freuden der Ewigkeit: durch Christum, unsern Herrn. Amen.

Salve Regina.

Sei, o Königin, gegrüßet,
Die das Leben uns versüßet.
Uns're Hoffnung, uns're Freud',
Mutter der Barmherzigkeit!

Evens arme Kinder rufen
Auf zu deines Thrones Stufen,
Seufzen nach dir allzumal,
Weinend hier im Thränenthal.

Ach Fürsprecherin am Throne
Bei dem eingebornen Sohne,
Holde Mutter, liebe Frau,
Mit Erbarmen auf uns schau!

Zeig' nach diesen Leidenstagen
Uns die Frucht, die du getragen,
Jesum hochgebenedeit
Und geliebt in Ewigkeit!

O milde, o gütige, o süße Jungfrau Maria.
V. Bitt für uns, o heilige Gottesgebärerin.
R. Auf daß wir würdig werden der Verheißungen Christi.

Lasset uns beten.

Allmächtiger, ewiger Gott, der Du den Leib und die Seele der glorwürdigen Jungfrau und Mutter Maria, damit sie eine würdige Wohnung deines Sohnes werde, durch Mitwirkung des heiligen Geistes vorbereitet hast: verleihe, daß wir, die wir ihres Andenkens uns erfreuen, durch ihre milde Fürbitte von den bevorstehenden Uebeln und dem ewigen Tode befreit werden: durch denselben Christum, unsern Herrn. Amen.

V. Gib uns, o Herr, deinen Frieden:

R. Und das ewige Leben. Amen.

V. Gottes Schutz und Hilfe sei immer bei uns.

R. Und mit allen Anwesenden. Amen.

V. Und die Seelen aller Abgestorbenen mögen durch die Barmherzigkeit Gottes im Frieden ruhen.

R. Amen.

Schlussbefehlung.

Dir, o Mutter, widmen wir
Diese Lobgesänge!
Nimm, o Jungfrau, huldreich auf
Unser heißes Flehen!

Lenk' in dieser Lebenszeit
Uns're matten Schritte;
Steh' uns bei am Lebensend,
Holde, süße Mutter. Amen.

VII. Litaneien.

1. Die lauretanische Litanei.

(Mit 300 Tagen Ablaß. Pius VII.
30 Sept. 1817.)

Herr, erbarme Dich unser!
 Christe, erbarme Dich unser!
 Herr, erbarme Dich unser!
 Christe, höre uns!
Christe, erhöre uns!
Gott Vater vom Himmel, erbarme Dich unser!
Gott Sohn, Erlöser der Welt, erbarme Dich unser!
Gott heiliger Geist, erbarme Dich unser!
Heiligste Dreifaltigkeit, ein einiger Gott, erbarme Dich unser!
Heilige Maria, bitt für uns!

Litaneien.

Heilige Gottesgebärerin, bitt für uns!
Heilige Jungfrau aller Jungfrauen, *)
Mutter Christi,
Mutter der göttlichen Gnade,
Du allerreinste Mutter,
Du allerkeuscheste Mutter,
Du ungeschwächte Mutter,
Du unbefleckte Mutter,
Du liebliche Mutter,
Du wunderbare Mutter,
Du Mutter des Schöpfers,
Du Mutter des Erlösers,
Du allerweiseste Jungfrau,
Du ehrwürdige Jungfrau,
Du lobwürdige Jungfrau,
Du mächtige Jungfrau,
Du gütige Jungfrau,
Du getreue Jungfrau,
Du Spiegel der Gerechtigkeit,
Du Sitz der Weisheit,
Du Ursache unseres Heils,
Du geistliches Gefäß,
Du ehrwürdiges Gefäß,
Du vortreffliches Gefäß der Andacht,
Du geistliche Rose,
Du Thurm Davids,
Du elfenbeinerner Thurm,
Du goldenes Haus,
Du Arche des Bundes,

---

*) Bitt für uns!

Du Himmelspforte, bitt für uns!
Du Morgenstern, *)
Du Heil der Kranken,
Du Zuflucht der Sünder,
Du Trösterin der Betrübten,
Du Helferin der Christen,
Du Königin der Engel,
Du Königin der Patriarchen,
Du Königin der Propheten,
Du Königin der Apostel,
Du Königin der Martyrer,
Du Königin der Beichtiger,
Du Königin der Jungfrauen,
Du Königin aller Heiligen,
Du Königin, ohne Makel der Erbsünde em=
  pfangen,
Du Königin des heiligen Rosenkranzes,
O Du Lamm Gottes, welches Du hinwegnimmst
  die Sünden der Welt: verschone uns, o Herr!
O Du Lamm Gottes, welches Du hinwegnimmst
  die Sünden der Welt: erhöre uns, o Herr!
O Du Lamm Gottes, welches Du hinwegnimmst
  die Sünden der Welt: erbarme Dich unser,
  o Herr!
Christe, höre uns!
Christe, erhöre uns!
  Vater unser 2c. Gegrüßt seist du, Maria 2c.
  Unter deinen Schutz und Schirm fliehen wir,
o heilige Gottesgebärerin! verschmähe nicht unser

---

*) Bitt für uns!

Gebet in unsern Nöthen, sondern erlöse uns allzeit von allen Gefahren, o du glorwürdige und gebenedeite Jungfrau! unsere Frau, unsere Mittlerin, unsere Fürsprecherin! versöhne uns mit deinem Sohne, empfiehl uns deinem Sohne, stell' uns deinem Sohne vor!

V. Bitt für uns, o heilige Gottesgebärerin!

R. Auf daß wir würdig werden der Verheißungen Christi.

Gebet.

Wir bitten Dich, o Herr! Du wollest deine Gnade in unsere Herzen eingießen, damit wir, die wir durch die Botschaft des Engels die Menschwerdung Christi, deines Sohnes, erkannt haben, durch sein Leiden und Kreuz zur Herrlichkeit der Auferstehung gelangen mögen, durch denselben Christum, unsern Herrn. Amen.

V. Bitt für uns, o heiliger Joseph!

R. Auf daß wir würdig werden der Verheißungen Christi.

Gebet.

Wir bitten Dich, o Herr! daß uns durch die Verdienste des Bräutigams deiner heiligsten Gebärerin geholfen werde, damit, was unser Vermögen nicht erhalten kann, uns durch seine Fürbitte geschenkt werde, der Du lebst und regierst Gott von Ewigkeit zu Ewigkeit. Amen.

2. Zum heiligen Herzen Mariä.

Herr, erbarme Dich unser!
Christe, erbarme Dich unser!
Herr, erbarme Dich unser!
Christe, höre uns!
Christe, erhöre uns!
Gott Vater vom Himmel, erbarme Dich unser!
Gott Sohn, Erlöser der Welt, erbarme Dich unser!
Gott heiliger Geist, erbarme Dich unser!
Heiligste Dreifaltigkeit, ein einiger Gott, erbarme Dich unser!
Heiligstes Herz Mariä, bitt für uns!
Du vielgeliebtes Herz der Tochter des himmlischen Vaters, *)
Du hochgebenedeites Herz der Mutter des göttlichen Sohnes,
Du auserwähltes Herz der Braut des heiligen Geistes,
Du bewunderungswürdiges Herz der Mutter unseres Schöpfers,
Du liebenswürdiges Herz der Mutter unseres Erlösers,
Du glorreiches Herz Mariä,
Du mächtiges Herz Mariä,
Du gütiges Herz Mariä,
Du getreues Herz Mariä,
Du sanftmüthiges Herz Mariä,
Du demüthiges Herz Mariä,

---

*) Bitt für uns!

Du liebreiches Herz Mariä, bitt für uns!
Du geduldiges Herz Mariä, *)
Herz Mariä, du Sitz der Weisheit,
Herz Mariä, du Spiegel der Gerechtigkeit,
Herz Mariä, du Thron der Barmherzigkeit,
Herz Mariä, du Inbegriff aller Heiligkeit,
Herz Mariä, du Arche des Bundes,
Herz Mariä, du Pforte des Himmels,
Herz Maria, für uns mit siebenfachem Schwert= durchbohrt,
Herz Mariä, du Licht der Verirrten,
Herz Mariä, du Zuflucht der Sünder,
Herz Mariä, du Stärke der Gerechten,
Herz Mariä, du Trost der Betrübten,
Herz Mariä, du Kraft in den Versuchungen,
Herz Mariä, du Hoffnung der Sterbenden,
Herz Mariä, du Hilfe in allen unsern Trübsalen,
Herz Mariä, du Unterpfand der Verheißungen Jesu,
Herz Mariä, du vollkommenes Brandopfer der göttlichen Liebe,
Herz Mariä, du Bewunderung aller Chöre der Engel,
Herz Mariä, du süßeste Freude des ganzen himm= lischen Hofes,
Herz Mariä, gekrönt mit himmlischer Glorie und Herrlichkeit,
O Du Lamm Gottes, welches Du hinwegnimmst die Sünden der Welt: verschone uns, o Herr!

---

*) Bitt für uns!

O Du Lamm Gottes, welches Du hinwegnimmst die Sünden der Welt: erhöre uns, o Herr!

O Du Lamm Gottes: welches Du hinwegnimmst die Sünden der Welt: erbarme Dich unser, o Herr!

Christe, höre uns!

Christe, erhöre uns!

Vater unser 2c. Gegrüßt seist du, Maria 2c.

V. Maria, unbefleckt, sanft und demüthig von Herzen:

R. Bilde unser Herz nach dem Herzen Jesu.

Gebet.

O Gott, der Du das Herz der allerseligsten Jungfrau Maria mit der Fülle deiner Gnaden geschmückt, mit dem Lichte deiner süßesten Liebe erleuchtet, und mit den lieblichsten Tugenden bereichert hast, damit dein eingeborner Sohn, unser Herr Jesus Christus, eine würdige Wohnung darin finde; verleihe uns durch das göttliche Wohlgefallen, das Du an diesem heiligsten Herzen hast, daß wir desselben Tugenden immer eifriger nachahmen und durch seine Verdienste von allem Uebel und von dem ewigen Tode mögen befreit werden.

Gütigster Gott, der Du das heilige und unbefleckte Herz Mariä mit den nämlichen Gefühlen des Erbarmens und der Zärtlichkeit für uns erfüllt hast, von denen das Herz Jesu, deines und ihres Sohnes, stets durchdrungen war: verleihe Allen, die dieses jungfräuliche Herz verehren, daß sie durch die Verdienste desselben eine vollkommene

Uebereinstimmung der Gefühle und Neigungen mit dem heiligsten Herzen Jesu erlangen und bis in den Tod bewahren. Durch Jesum Christum, unsern Herrn. Amen.

3. Zur schmerzhaften Mutter Gottes.

Herr, erbarme Dich unser!
Christe, erbarme Dich unser!
Herr, erbarme Dich unser!
Christe, höre uns!
Christe, erhöre uns!
Gott Vater vom Himmel, erbarme Dich unser!
Gott Sohn, Erlöser der Welt, erbarme Dich unser!
Gott heiliger Geist, erbarme Dich unser!
Heiligste Dreifaltigkeit, ein einiger Gott, erbarme Dich unser!
Heilige Maria, du betrübteste Mutter Jesu, bitt für uns!
Heilige Maria, die du zu Bethlehem keine Herberge gefunden hast, *)
Heilige Maria, die du deinen eingebornen Sohn im Stalle geboren hast,
Heilige Maria, die du bei der Beschneidung deines göttlichen Kindes ein herzliches Mitleiden getragen hast,
Heilige Maria, die du bei der Weissagung Simeons vom Schwerte der Schmerzen durchdrungen worden bist,

---

*) Bitt für uns!

Heilige Maria, die du mit dem göttlichen Kinde nach Egypten hast fliehen müssen, bitt für uns!

Heilige Maria, die du deinen zwölfjährigen Sohn im Tempel verloren und mit Schmerzen gesucht hast, *)

Heilige Maria, die du mit Betrübniß sehen mußtest, wie dein Sohn Jesus von den Juden gehaßt und verfolgt wurde,

Heilige Maria, die du mit dem innigsten Herzenleid von deinem Sohne Abschied genommen hast,

Heilige Maria, die du mit Schmerzen vernommen, dein göttlicher Sohn sei verrathen und gefangen worden,

Heilige Maria, die du gesehen hast, wie dein göttlicher Sohn auf's Grausamste und Schimpflichste mißhandelt und von einem Richterstuhl zum andern ist geschleppt worden,

Heilige Maria, die du bei der grausamen Geißlung und schmerzhaften Krönung deines Sohnes im Innersten deiner Seele bist verwundet worden,

Heilige Maria, die du gehört hast, wie dein Sohn Jesus ungerechter Weise zum Tode ist verurtheilt worden,

Heilige Maria, die du deinem geliebten Sohne auf dem blutigen Kreuzwege begegnet bist und Ihn in der äußersten Entkräftung gesehen hast,

---

*) Bitt für uns!

Heilige Maria, die du gesehen hast, wie dein Sohn auf's Grausamste seiner Kleider ist beraubt und an das Kreuz geschlagen worden, bitt für uns!

Heilige Maria, die du deinen lieben Sohn Jesus am Kreuze hängen sahest und alle seine heiligen Worte hörtest, *)

Heilige Maria, die du mit deinem Sohne am Kreuze für die Sünder gebeten, und sie als deine Kinder angenommen hast,

Heilige Maria, die du deinen Sohn am Kreuze die schrecklichste Todesangst leiden und sterben gesehen hast,

Heilige Maria, die du gesehen, wie man deinem göttlichen Sohne noch nach dem Tode seine heilige Seite geöffnet und verwundet hat,

Heilige Maria, die du den Leichnam deines Sohnes vom Kreuze in deinen mütterlichen Schooß aufgenommen hast,

Heilige Maria, die du weinend deinem geliebten Sohne bis zum Grabe gefolgt bist,

Maria, du schmerzhafte Mutter,

Maria, du Königin der Martyrer,

Maria, du Spiegel der Geduld in Kreuz und Leiden,

Maria, du Beispiel und Trösterin aller Betrübten,

Maria, du Stärke der Kleinmüthigen,

Maria, du Zuflucht der büßenden Sünder,

Maria, du Hilfe der Sterbenden,

---

*) Bitt für uns!

Maria, du Trost der armen Seelen im Fegfeuer, bitt für uns!

Maria, du liebreiche Beschützerin aller deiner Pfleg=kinder, bitt für uns!

O Du Lamm Gottes, welches Du hinwegnimmst die Sünden der Welt: verschone uns, o Herr!

O Du Lamm Gottes: welches Du hinwegnimmst die Sünden der Welt: erhöre uns, o Herr!

O Du Lamm Gottes: welches Du hinwegnimmst die Sünden der Welt: erbarme Dich unser, o Herr!

Christe, höre uns!

Christe, erhöre uns!

Vater unser 2c. Gegrüßt seist du, Maria 2c.

V. In aller unserer Trübsal, Angst und Noth:

R. Komm uns zu Hilfe, o schmerzhafte Mutter Maria!

Gebet.

O Gott, bei dessen Leiden das Schwert des Schmerzes die süßeste Seele deiner glorreichen Jungfrau und Mutter Maria nach der Weissa=gung Simeons durchdrungen hat: verleihe gnädig, daß wir, die wir ihre Schmerzen und Leiden mit Andacht verehren, die glückselige Wirkung deines Leidens erlangen. Der Du lebst und regierst, Gott in Ewigkeit. Amen.

4. Von der Nachahmung Mariä.

Herr, erbarme Dich unser!

Christe, erbarme Dich unser!

Herr, erbarme Dich unser!

Christe, höre uns!
Christe, erhöre uns!
Gott Vater vom Himmel, erbarme Dich unser!
Gott Sohn, Erlöser der Welt, erbarme Dich unser!
Gott heiliger Geist, erbarme Dich unser!
Heiligste Dreifaltigkeit, ein einiger Gott, erbarme Dich unser!
Heilige Maria, bitt für uns!
Du heiligste Jungfrau, *)
Du keuscheste Jungfrau,
Du Vorbild aller Tugenden,
Du gütigste Gottesmutter,
Sei unsere Fürsprecherin bei deinem Sohne, daß wir dir nachfolgen,
Daß wir, wie du, Gottes Willen in Allem getreu und freudig thun,
Daß wir, wie du, Gott über Alles lieben,
Daß wir, wie du, Jesu standhaft anhangen,
Daß wir, wie du, Gottes Wort gern hören und eifrig befolgen,
Daß wir, wie du, vom wahren Glauben und christlichen Wandel nie abweichen,
Daß wir, wie du, von aller Unreinigkeit uns behutsam enthalten,
Daß wir, wie du, stets sanftmüthig und demüthig seien,
Daß wir, wie du, alle Eitelkeit und Hoffart verabscheuen,

---

*) Bitt für uns!

Daß wir, wie du, das stille, einfache Leben lieben, bitt für uns!

Daß wir, wie du, unsere Standespflichten fleißig erfüllen, *)

Daß wir, wie du, jede Beschwerde unseres Standes ergeben und geduldig ertragen,

Daß wir, wie du, Armuth, Mangel und Verfolgung gelassen und ruhig erdulden,

Daß wir, wie du, unter dem Kreuze zu Gott oft hinaufschauen und auf Ihn vertrauen,

Daß wir, wie du, durch die Trübsale immer besser und vollkommener werden,

Daß wir, wie du, unsern Beleidigern von Herzen verzeihen,

Daß wir, wie du, theilnehmend gegen das Schicksal unserer Mitmenschen seien,

Daß wir, wie du, trösten, helfen, und Anderen erlaubte Freude machen, wo wir immer können,

Daß wir, wie du, alle Vorschriften der heiligen Religion eifrig erfüllen,

Daß wir, wie du, stets vor Gott wandeln, oft an Ihn denken und gern beten,

In allen Vorfällen des Lebens,
In der Stunde der Versuchung,
In Freuden und Leiden,
In Zweifeln und Ungewißheiten,
In Gewissensängsten und Gemüthsbeschwerden,
In der Stunde des Todes,
Maria, unsere Mutter und Königin,

---

*) Bitt für uns!

O Du Lamm Gottes: welches Du hinwegnimmst die Sünden der Welt: verschone uns, o Herr!

O Du Lamm Gottes: welches Du hinwegnimmst die Sünden der Welt: erhöre uns, o Herr!

O Du Lamm Gottes, welches Du hinwegnimmst die Sünden der Welt: erbarme Dich unser, o Herr!

Christe, höre uns!

Christe, erhöre uns!

Vater unser 2c. Gegrüßt seist du, Maria 2c.

V. Bitte für uns, o heilige Gottesgebärerin:

R. Auf daß wir würdig werden der Verheißungen Christi.

Gebet.

O Gott! wir erkennen und verehren Maria als die heiligste Mutter deines göttlichen Sohnes. Wir rufen sie an als die mächtigste und liebevollste Fürsprecherin für uns arme Menschen, und wir sind auch bereit, ihrem schönen Beispiele, so viel wir vermögen, nachzufolgen.

Nur bitten wir Dich mit kindlichem Vertrauen um Gnade und Beistand, damit wir unsern guten Vorsatz getreu erfüllen, und im Werke zeigen mögen, daß wir deine wahren Diener und würdige Pflegkinder Mariä seien. O dann werden wir uns auch einst mit ihr und allen lieben Heiligen im Himmel ewig erfreuen können, was Du uns gnädig verleihen wollest durch Jesum Christum, deinen Sohn, unsern Herrn. Amen.

VIII. Gebete für die Hauptfeste der seligsten Jungfrau.

Mariä unbefleckte Empfängniß.
8. Dezember.

Kirchengebet.

Gott, der Du durch die unbefleckte Empfängniß der allerseligsten Jungfrau deinem Sohne eine würdige Wohnung bereitet hast: wir bitten inbrünstig, Du wollest uns durch ihre Fürbitte von Sünden rein zu Dir gelangen lassen, gleichwie Du sie durch den vorhergesehenen Tod eben dieses deines Sohnes vor aller Makel bewahrt hast. Durch denselben Christum unsern Herrn. Amen.

Gebete für die Hauptfeste der sel. Jungfrau. 259

Gebet nach dem heiligen Alphons Liguori.

O unbefleckte Königin Maria! ich freue mich mit dir, daß Gott dich von aller Sündenmakel befreit hat. Ich danke Ihm für diesen so großen und außerordentlichen Vorzug, womit Er dich einzig und allein aus allen Menschen begnadigt hat. So bist du jene vollkommene und unbefleckte Taube geworden, wie dein göttlicher Bräutigam selbst dich nannte, indem Er sprach: „Du bist ganz schön und es ist keine Makel in dir." (Hohel. 4, 7.)

Laß mich denn doch dich loben und preisen, o süßeste, liebenswürdigste, unbefleckte Jungfrau Maria, die du ja deinem Herrn und Gott selbst so schön erscheinst! Ich bitte aber auch mit der ganzen Inbrunst meines Herzens, du wollest mit deinen barmherzigen Augen auf die schrecklichen Wunden meiner armen Seele herabblicken. Habe doch Mitleid mit mir und mache, daß ich geheilt werde! Erbarme dich meiner, der ich nicht nur in der Sünde geboren, sondern sogar nach der heiligen Taufe meine Seele durch mancherlei Sün= den befleckt habe.

Und siehe, du kannst ja mir alle nöthige Gnade und Hilfe erlangen. Oder was sollte dir Gott wohl versagen — Er, der dich zu seiner Tochter, zu seiner Mutter und zu seiner Braut erwählt und dich deßhalb vor aller Sündenmakel bewahrt und dich allen Geschöpfen vorgezogen hat? O ja, wie der heilige Philippus Neri, mit solcher

Zutraulichkeit rufe ich zu dir: Maria, du mußt mich selig machen. Mache, daß ich fort und fort an dich denke, und vergiß auch du mich nie. Und wenn einmal meine irdische Laufbahn vollendet ist, o dann möge ich doch deine Schönheit im Himmel erblicken, wo ich dich noch weit mehr loben und lieben werde, meine Mutter und Königin, o unbefleckte Jungfrau Maria!

Mariä Vermählung.
23. Januar.
Kirchengebet.

Wir bitten Dich, o Herr, ertheile deinen Dienern die Fülle himmlischer Gnaden: damit die festliche Feier der Vermählung der seligsten Jungfrau uns den wahren Frieden vermehre, gleichwie die Geburt ihres göttlichen Sohnes für uns der Anfang des Heiles war. Durch denselben unsern Herrn ꝛc.

Ein anderes Festgebet.

Wie hochbeglückt war unter allen Männern der heilige Joachim, dein Vater, o Maria! Wie glückselig deine Mutter, die heilige Anna! Glückselig Alle, die mit dir verwandt waren! Glückselig ganz besonders der heilige Joseph, der würdig erfunden wurde, mit dir vermählt zu werden, somit dein Bräutigam, ja dein wahrer Gatte zu sein!

O wie wird sich dieser dein keuschester Gemahl erbaut haben, da er so lange Zeit deine herrlichen Tugendbeispiele zu sehen das Glück hatte! Und wenn du an seiner Seite und mit ihm deine Hände und dein Herz zum Himmel erhoben: wie viele Gnaden wirst du nicht auf ihn herabgefleht haben!

So will ich mich denn auch mehr an dich erinnern. Kann ich zwar mit meinen leiblichen Augen dich nicht sehen, so sollst du doch meinem Geiste lebhaft und vielmal vorschweben. Ich will recht oft an dich denken, deine Heiligkeit beherzigen, und dich kindlich mit einem Ave begrüßen und anrufen. Du aber, o Mutter aller Gnaden! blicke auf mich herab und mache, daß ich durch einen frommen Lebenswandel würdig werde, dereinst mit dir jener großen Seligkeit theilhaftig zu werden, die du im Himmel jetzt schon genießest. Es geschehe, o Maria, durch deine allvermögende Fürbitte!

Mariä Reinigung (Lichtmeß).
2. Februar.

Kirchengebet.

Allmächtiger, ewiger Gott! wir flehen in tiefster Demuth deine Majestät an, daß Du uns würdig machen wollest, ebenso mit gereinigtem Herzen Dir vorgestellt zu werden, gleichwie dein eingeborner Sohn in der Wesenheit unseres Fleisches heute im Tempel Dir ist dargestellt worden. Durch denselben unsern Herrn ꝛc.

Gebet nach dem heiligen Alphons Liguori.

Heilige Mutter Gottes, meine liebe Mutter Maria! du hast heute im Tempel zu Jerusalem deinen göttlichen Sohn dem himmlischen Vater aufgeopfert. So hast du schon bei diesem Opfer in den erst später erfolgten Tod Jesu eingewilligt und hast somit den größten Antheil an unserer Erlösung genommen. Das ist mir aber auch der sicherste Beweis, daß du unsere Rettung und unser Heil von ganzer Seele wünschest. Wie sollte ich denn nicht auch alle meine Hoffnung, nach Gott, auf dich setzen? Darf ich von deinem liebreichsten Herzen nicht alles Gute erwarten?

Ja, o hochgebenedeite Jungfrau Maria! auf dich setze ich all mein Vertrauen. Deßhalb bitte ich dich mit kindlicher Zuversicht, du wollest dich meiner armen Seele erbarmen. Gedenke, welch ein großes Opfer du heute gebracht hast! Gedenke, wie dein göttlicher Sohn schon damals bereit war, für uns einst am Kreuze zu sterben! O so gestatte doch nicht, daß an mir verloren gehe, was dein gütigster Jesus für mich wirklich gethan hat!

Und gleichwie du heute eine so hochheilige Opfergabe, den menschgewordenen Gottessohn selbst, in den Tempel getragen hast: ebenso möchte ich jetzt mein armes Herz Gott dem Herrn aufopfern und zwar durch deine allerreinsten Hände. O was diese Ihm darbieten, das nimmt Er mit Wohlgefallen an. Ja durch dich will ich mich Gott zum Opfer bringen. Ich will nämlich mich recht eifrig bemühen, in Allem nur seinen heiligsten

Gebete für die Hauptfeste der sel. Jungfrau. 263

Willen zu thun. Du aber, o Gnadenvolle, verhilf mir dazu durch deine mächtige Fürbitte. Thue das fort und fort aus Liebe zu deinem geopferten Sohne, und lasse nicht zu, daß ich Denjenigen durch neue Sünden je wieder verliere, welchen du an diesem Tage mit so großen Schmerzen zum Kreuzestode aufgeopfert hast.

Mariä Verkündigung.
25. März.

Kirchengebet.

O Gott, der Du gemäß der Botschaft des Engels dein ewiges Wort aus dem Schooße der seligsten Jungfrau Maria hast wollen Fleisch annehmen lassen: verleihe auf unser flehentliches Bitten, daß wir, die wir sie wahrhaft als Gottesgebärerin bekennen, durch ihre Fürbitten bei Dir Hilfe finden mögen. Durch denselben unsern Herrn 2c.

Gebet des heiligen Ephrem.

Sei mir gegrüßt, o heiligste Gottesmutter voll der Gnaden! ganz Reine, ganz Unbefleckte, ganz Unversehrte! Du nach der allerheiligsten Dreifaltigkeit die Herrin Aller und nach dem göttlichen Mittler Jesus Christus die Mittlerin der ganzen Welt.

Sieh meinen Glauben und verschmähe nicht meine Liebe, du, die du mitleidig und gnädig bist! Deine Macht mir zu helfen ist nicht geringer, als dein gütiger Wille; denn du hast in unaussprechlicher Weise den Sohn Gottes als wahren Gottmenschen geboren. So steht dir gleichsam Alles zu Gebote, womit du seine Barmherzigkeit uns erlangen kannst — die Hände, mit denen du Ihn getragen, die Brust, mit welcher du Ihn ernährt hast. Zum Schuldner hast du Den, der gesagt hat: „Ehre Vater und Mutter," — der es auch sich zur Ehre rechnet, deiner Fürsprache Gehör zu geben. Verschmähe mich denn doch nicht, o Mutter Jesu, meines göttlichen Erlösers! Und damit Er mir gnädig sei, so erinnere Ihn an die Windeln, in welche du Ihn in seiner Kindheit eingewickelt hast; füge zu dem deinen noch das, was Sein ist, sein Kreuz, seine Wunden, sein Blut, wodurch wir erlöset wurden. Durch alles das versöhne mich mit Ihm und erflehe mir immerdar seine Gnade. O ja, du wirst dies thun; auf dich setze ich meine Hoffnung, weil du nach dem Fleische die wahre Mutter des Sohnes Gottes bist, dem alle Ehre und Anbetung gebührt mit dem Vater und dem heiligen Geiste, jetzt und allezeit und zu ewigen Zeiten. Amen.

Schmerzenfest Mariä.

Freitag vor dem Palmensonntag.

Kirchengebet.

Göttlicher Heiland! bei deinem Leiden durchdrang, nach Simeons Weissagung, das Schwert des Schmerzes die süßeste Seele deiner glorwürdigen, jungfräulichen Mutter Maria: verleihe gnädigst, daß wir, die wir ihre Schmerzen und Leiden in Andacht verehren, die heilsamen Wirkungen deines Leidens erlangen. Das verleihe uns auch durch die Verdienste und Fürbitten aller jener Heiligen, die bei deinem Kreuze in gläubiger Treue verharrten. Der Du lebst und regierst 2c.

Nach einem alten lateinischen Gebete.

Süßeste Mutter und Herrin! gedenke jener heiligen Leidensstunden, da du bei dem Kreuze deines geliebtesten göttlichen Sohnes gestanden bist. Rufe dir in's Gedächtniß zurück die Gedanken deiner Seele und die Bedrängnisse deines unschuldigsten Herzens, welche du damals gehabt, als dein Eingeborner vor deinen Augen geopfert worden ist als Sühnopfer für die Sünden der Welt. Gedenke, daß Er so gern und willig alle seine qualvollen Leiden und selbst den schmerzhaftesten Tod ertragen hat für die Sünder, wie auch ich einer bin. Gedenke aber auch, daß ich gerade beim Tode Jesu dein Sohn (deine Tochter) geworden bin, denn jene heiligen Worte, die der sterbende Erlöser zu dir und zum heiligen Johannes gesprochen — o sie gehen auch mich an, sie sind auch mir zum süßesten Troste gesagt.

Zu dir also, o meine beste und liebreichste Mutter, nehme ich heute voll Vertrauen meine Zuflucht. Dir empfehle ich mich selbst und alle meine Anliegen und alle meine Angehörigen, und wähle und wünsche dich für jetzt und immer zu meiner ersten Schutzheiligen, ja zu meiner Mutter.

Ach, meiner vielen Sünden wegen verschmähe mich doch nicht! Um Dessentwillen, der aus Liebe zu mir nackt und zerfleischt vor dir am Kreuze hing, verstoße mich nicht, vielmehr siehe mich mit so liebevollen Augen an, wie dein göttlicher Sohn Jesus Christus auf dich und den heiligen Liebes= jünger herabschaute. So zeige es in meinem gan= zen Leben und noch im Tode, daß du wahrhaft meine Mutter und Beschützerin bist; o daß doch auch ich eines deiner guten Pflegekinder sein möchte. Amen.

Mariä Heimsuchung.
2. Juli.

Nach einem alten Kirchengebet (Ord. Cist.).

Allmächtiger, ewiger Gott, der Du in deiner unermeßlich großen Liebe die seligste Jung= frau Maria, als sie deinen göttlichen Sohn schon in ihrem keuschesten Schooße trug, durch innerliche Einsprechungen angeregt hast, ihre fromme Base Elisabeth zu besuchen: verleihe gnädigst, daß wir durch die Verdienste dieser ihrer Heimsuchung mit himmlischen Gaben bereichert und aus allen Ge= fahren und Uebeln errettet werden. Durch densel= ben unsern Herrn 2c.

Gebet nach dem heiligen Alphons Liguori.

O Königin des Himmels und meine Königin! auf die Meinung des heiligen Geistes hin hast du so eilig den Weg angetreten, um das Haus deiner Base Elisabeth durch deinen Besuch zu er=

freuen und mit großen Gnaden zu beglücken. Besuche doch auch die arme Wohnung meiner Seele! Eile, o Maria! eile, denn du weißt es ja besser als ich, wie arm ich bin, wie viele Uebel mich stets bedrohen, von wie vielen ungeregelten Neigungen und Gewohnheiten, ach sogar von vielen Sünden ich immerdar gedrückt werde.

Doch ich weiß, durch dein Fürwort bei deinem göttlichen Sohne kannst du mich von allen Krankheiten der Seele heilen und meine Armuth mit himmlischen Gütern bereichern. Du bist ja die Schatzmeisterin Gottes! Zeige dich als solche auch gegen mich. Besuche mich heute so, daß du auch jene Gnadenschätze mitbringest, die ich besonders nöthig habe. Auf solche Weise besuche mich recht häufig während meines Lebens, aber auch vorzüglich noch in der Stunde meines Todes. O nein, alsdann verlaß mich nicht, auf daß ich unter deinem mütterlichen Schutze, wie an deiner Hand geführt, die allerwichtigste Reise in die Ewigkeit antrete und dieselbe glücklich vollende. Amen.

Am Skapuliersonntag.

16. Heumonat oder am darauf folgenden Sonntag.

Kirchengebet.

Göttlicher Erlöser, der Du den Carmeliter-Orden mit dem ausgezeichneten Ehrentitel der allerseligsten Jungfrau, deiner Mutter, geziert hast: verleihe uns, wir bitten Dich, daß wir, die wir heute ihr feierliches Gedächtniß begehen, unter ihrem mächtigen Schutze stets geschirmt, dereinst zu den ewigen Freuden zu gelangen gewürdigt werden. Der Du lebst und regierst 2c.

Gebet des heiligen Bernard.

Zu dir, o Königin des Himmels und der Erde, erheben wir unsere Augen und Herzen. Vor deiner Hoheit und Würde beugen wir die Knie, neigen das Haupt, und Gebete voll Inbrunst senden wir empor zu dir in den Himmel.

O sieh, vor dem furchtbaren Richter stehen wir Sünder — vor Ihm, dessen strafendes Schwert über unserm Haupte schwebt. Wer wird selbes abwenden von uns? Ach, Niemand ist dazu mehr geeignet als du, durch die wir ja zuerst die Barmherzigkeit aus den Händen unseres Herrn und Gottes empfingen.

Oeffne denn, o Mutter der Barmherzigkeit! öffne die Pforte deines mildesten Herzens unsern seufzenden Gebeten. Zu dir weinen unsere Augen, zu dir rufen wir voll Vertrauen.

Du bist ja voll der Gnaden. Der schweige von deiner Erbarmung, o seligste Jungfrau! der in seinen Nöthen dich anrief und keine Hilfe bei dir fand. Fahre denn doch fort, der ganzen Welt deine Milde kundzugeben; theile auch uns von jener Gnade mit, die du bei Gott gefunden hast. Erflehe durch dein heiliges, Gott so angenehmes Gebet Versöhnung den Schuldigen, Genesung den Kranken, Kraft den Kleinmüthigen, Trost den Betrübten, Hilfe allen, deren Seele in Gefahr steht.

Laß uns durch dich Zutritt finden bei deinem Sohne, o Mutter der Gnaden! Durch dich ist Er uns ja gegeben worden; durch dich nehme Er uns auch auf! Deine Unschuld entschuldige unsere vielen und großen Schulden. Deine Demuth erhalte Verzeihung für unsere Hoffart. Der Reichthum deiner göttlichen Liebe bedecke die Menge unserer Sünden. Deine glorreiche Fruchtbarkeit bewirke es, daß auch wir fruchtbar werden an guten Werken und Verdiensten für den Himmel.

O Maria, unsere Frau, unsere Mittlerin, unsere Fürsprecherin! versöhne uns mit deinem Sohne, empfehle uns deinem Sohne, stelle uns deinem Sohne vor.

Mariä Himmelfahrt.
15. August.

Kirchengebet.

Wir bitten Dich, o Herr! verzeihe alle Vergehen deiner Diener: damit wir, die wir durch unsern Wandel Dir nicht gefallen können, durch die Fürbitte der Mutter deines Sohnes, unseres Herrn und Heilandes, zur Seligkeit gelangen. Durch denselben unsern Herrn ꝛc.

Gebet des heiligen Alphons Liguori.

O große, erhabene, glorwürdige Königin Maria! am Fuße deines Thrones liegend, rufen wir von diesem Thränenthale dir Lob und Preis zu. Wir freuen uns von Herzen über die unermeßlich große Herrlichkeit, welche Gott dir vor allen Engeln und Heiligen verliehen hat. O vergiß uns, deine Diener und Kinder nicht — jetzt, da du zur Königin des Himmels und der Erde bist erhoben worden. Verschmähe es nicht, von deinem erhabenen Throne barmherzig auf uns arme Sünder herabzuschauen. Je näher du der Quelle aller Gnaden bist, desto leichter kannst du uns von denselben mittheilen.

O siehe doch, wie wir uns noch immer in so mächtigen Stürmen, in so vielen und großen Gefahren befinden! Komm' uns denn doch zu Hilfe. Um der Verdienste deines seligen Hinscheidens willen erlange es uns, daß wir stets in heiliger Gottesfurcht leben, daß wir im Stande der Gnade diese Welt verlassen und dann zu dir in den Himmel kommen, um daselbst mit allen Auserwählten dich zu loben und deine Würde und Heiligkeit, wie du es verdienst, zu preisen. Amen.

Das Fest des reinsten Herzens Mariä.

Wird an einigen Orten am Sonntag nach ihrer Himmelfahrt gefeiert.

Kirchengebet.

Allmächtiger, ewiger Gott, der Du in dem Herzen der seligsten Jungfrau Maria eine würdige Wohnung des heiligen Geistes zubereitet hast: verleihe uns gütigst die Gnade, daß wir, die wir das Fest dieses ihres reinsten Herzens mit Andacht feiern, immer nach dem Verlangen deines

Gebete für die Hauptfeste der sel. Jungfrau. 271

eigenen Herzens zu leben vermögen. Durch unsern Herrn 2c.

Ablaß=Gebet.
Nro. 10.

O süßes, o mildes Herz Mariä! Herz der Mutter Gottes und unserer lieben Mutter! Gegenstand des Wohlgefallens der allerheiligsten Dreifaltigkeit, würdig aller Verehrung und der zärtlichsten Liebe der Engel und Menschen! O Herz, dem Herzen Jesu am meisten ähnlich, dessen vollkommenstes Abbild du bist! Herz voll der Güte, der Liebe und des innigsten Mitleids gegen unser Elend! würdige dich, die kalte Eisrinde unserer Herzen zu zerschmelzen, und bewirke, daß sie ganz zum heiligsten Herzen des göttlichen Erlösers hingezogen werden. Flöße ihnen eine große Liebe zu deinen Tugenden ein, und entzünde sie mit jenen heiligen Gluthen, von denen du beständig entflammt bist. Schliesse die heilige Kirche in dein Herz ein; beschütze sie und bleibe stets ihre sichere Zuflucht und die unüberwindliche Festung gegen jeden Anfall ihrer Feinde. Sei du uns der Weg, auf welchem wir zu Jesus kommen, und gleichsam der Kanal, durch den uns die zu unserm Heile nothwendigen Gnaden zufließen. Sei unsere Hilfe in all' unsern Nöthen, unser Trost in den Betrübnissen, unsere Stärke in der Versuchung, unsere Zuflucht in der Verfolgung, unser Beistand in Gefahren, besonders in dem letzten Kampfe unseres Lebens, zur Zeit des Hinscheidens, wo die Hölle sich gegen uns waffnen wird, um sich unserer Seelen in jenem furchtbaren Augenblicke, von dem die ganze Ewigkeit abhängt, zu bemächtigen. Dann, ja dann, o gütigste Jungfrau, laß uns deines mütterlichen Herzens Milde erfahren; laß uns dann fühlen, wie deine Fürbitte bei dem Herzen Jesu eine so große Macht hat; öffne uns in dieser Quelle der Barmherzigkeit eine sichere Zuflucht, auf daß wir dahin gelangen, Ihn mit dir im Himmel zu preisen in alle Ewigkeit. Amen.

Lobspruch.

Erkannt, gelobt, gesegnet, verehrt und verherrlicht sei zu allen Zeiten und an allen Orten das göttliche Herz Jesu und das unbefleckte Herz Mariä! Amen.

Mariä Geburt.
8. September.

Kirchengebet.

Wir bitten Dich, o Herr, ertheile deinen Dienern die Fülle himmlischer Gnaden; damit die festliche Feier der Geburt der seligsten Jungfrau uns den wahren Frieden vermehre, gleichwie die Geburt ihres göttlichen Sohnes für uns der Anfang des Heiles war. Durch denselben unsern Herrn ꝛc.

Gebet des heiligen Alphons Liguori.

O heiliges, himmlisches Kind, Maria, dazu bestimmt, die Mutter unseres Erlösers und die

Vermittlerin der Sünder zu werden! O du erhabenstes Geschöpf aus allen Geschöpfen im Himmel und auf Erden, denn nur Gott ist größer als du und die Größten im Himmel erscheinen klein vor dir! ich weiß, daß es dir lieb ist, wenn du deine große Macht zur Hilfe der elenden Sünder verwenden kannst, und daß der Herr dir keine Bitte versagt. Zeige denn auch an mir, wie vieles du bei Gott vermagst, und erflehe mir wahren Schmerz über meine Sünden und dazu die Kraft, mich zu bessern und die noch übrigen Tage meines Lebens Gott treu zu bleiben.

Wenn du so dich meiner annimmst und mir so beistehst, was habe ich danu noch zu fürchten? Himmel und Erde wissen, daß der, den du schützest, nicht verloren gehe. Laß denn deinen Schutz auch mir zu Theil werden, o Maria, meine Königin, meine Mutter! Dir übergebe ich heute meine Seele; sei darauf bedacht, sie zu retten. O Heil Aller, die dich anrufen! rette mich. Amen.

Das Namensfest Mariä.
Am Sonntag nach Mariä Geburt.
Kirchengebet.

Wir bitten Dich, allmächtiger Gott, verleihe gnädigst, daß deine Gläubigen, die sich des Namens der allerseligsten Jungfrau Maria und ebenso ihres Schutzes erfreuen, durch ihre milde Fürbitte von allen Uebeln auf Erden befreit werden und dereinst zu den ewigen Freuden im Himmel gelangen mögen. Durch unsern Herrn 2c.

Gebet des heiligen Alphons Liguori.

O mächtige Mutter Gottes, meine liebe Mutter Maria! ich verdiene es zwar nicht, zu dir nur zu beten; doch ich weiß, daß du meine Seligkeit wünschest. O so erhalte mir vorab die Gnade, daß ich, obgleich meine Zunge unrein ist, dennoch recht oft deinen heiligen Namen anrufen könne; dieser Name ist ja die Hilfe der Lebenden und das Heil der Sterbenden.

Und wenn ich dich, o Maria, anrufe, dann eile mir beizustehen. O in allen Versuchungen, die über mich kommen, in all' meinen Nöthen und Anliegen will ich nie müde werden, dich anzurufen und das süße Wort zu wiederholen: Maria, Maria! O welche Stärkung, welche Freude, welches Vertrauen fühle ich in meinem Innersten, wenn ich diesen süßesten Namen nur aussprechen, oder an denselben auch nur denken kann! Gott sei Dank, daß Er dir einen solch liebenswürdigen, solch mächtigen Namen gegeben hat.

Doch, o meine Gebieterin, es soll mir nicht genügen, dich nur zu nennen und anzurufen; nein, ich will dich auch aus Liebe nennen, ich will, daß meine Liebe zu dir mich daran erinnere, dich zu jeder Stunde mit einem Ave zu begrüßen und anzurufen.

Sei mir aber auch wahrhaft Maria, und laß mich die heilsamen Wirkungen deines süßen Namens stets erfahren! Die Anrufung dieses Namens sei mir Trost in jeder Bedrängniß, Hoff=

Gebete für die Hauptfeste der sel. Jungfrau. 275

nung in jeder Noth, ein starker Schild in den Versuchungen und mein mächtiger Schutz im Tode! Amen.

Das Rosenkranz-Fest.
Am ersten Sonntag im Oktober.

Kirchengebet.

O Gott, dessen eingeborner Sohn durch sein Leben, seinen Tod und seine Auferstehung uns alle zur Erlangung des ewigen Heiles nothwendige Gnaden erworben hat: verleihe uns, daß wir, indem wir diese Geheimnisse in dem heiligen Rosenkranze der seligsten Jungfrau Maria erwägen, sowohl nachahmen, was sie enthalten, als auch erlangen, was sie verheißen. Durch denselben unsern Herrn ꝛc.

Noch ein anderes Gebet für dieses Fest.

Seligste Jungfrau und Gottesmutter Maria! die heilige katholische Kirche begrüßt dich heute allüberall als „**Königin des heiligen Rosenkranzes,**" aber auch als „**Unsere liebe Frau vom Siege.**" Wie und wann hast du denn dich als Siegerin gezeigt?

Die Jahrbücher der Geschichte verkünden es laut und deutlich, daß die frommen Gläubigen, die in ihren Bedrängnissen zu dir gerufen, durch deine Fürbitte und unter deinem Schutze so viele und so glänzende Siege über ihre Feinde errungen haben. So wurden zur Zeit des heiligen Dominikus, ganz besonders durch das heilige Rosen=

kranz-Gebet, die damaligen Irrlehrer überwunden; so wurden später, auch unter Anrufung deines heiligen Namens, die Türken, diese mächtigen Feinde der christlichen Religion, von den Grenzen des katholischen Kaiserreichs zurückgeschlagen.

Lob und Dank sei dir, o siegreiche Königin, für alle die Gnaden, die du den Menschen jemals erbeten hast! Sei aber auch ferner die Schutzmutter und Hilfe der heiligen katholischen Kirche! Durch deine milde Fürbitte rette sie in den großen Gefahren, denen sie fortwährend ausgesetzt ist, und laß nicht zu, daß ihre vielen Feinde sie besiegen.

Auch mich nimm immerdar unter deinen mütterlichen Schutz und Schirm. Verhilf mir zum Siege in allen Versuchungen, daß ich niemals thue, was sündhaft ist, vielmehr standhaft im Guten verharre. Ich will es aber auch nicht bei dem bewenden lassen, dich heute als Königin des heiligen Rosenkranzes zu begrüßen; nein, ich will dieses dir so angenehme Gebet selbst auch recht oft und andächtig verrichten, um dadurch deiner Fürbitte und deines Schutzes würdig zu werden. O dann darf ich freudig erwarten, du werdest am Ende meines Lebens auch mir einen Kranz darreichen — jenen schönen und unverwelklichen Kranz, womit die seligen Bewohner des Himmels geschmückt sind. Es geschehe! Amen.

Gebete für die Hauptfeste der sel. Jungfrau. 277

Mariä Opferung.
21. November.

Kirchengebet.

O Gott, der Du die allerseligste Jungfrau Maria, dieses reinste Heiligthum des göttlichen Geistes, in deinem Tempel Dir heute hast darstellen und aufopfern lassen: verleihe gnädig daß wir durch ihre Fürbitte dereinst in dem Tempel deiner Herrlichkeit Dir dargestellt zu werden verdienen mögen. Durch unsern Herrn rc.

Ein anderes Festgebet.

Allerseligste Jungfrau! in deiner frühesten Jugend bist du heute im Tempel zu Jerusalem erschienen, um dich Gott dem Herrn zum Opfer darzubringen und Ihm den schönen Frühling deines Lebens zu weihen und zu heiligen. So hast du dich dem Umgange mit der Welt und ebenso ihren Vergnügungen entzogen, um jene Unschuld und Heiligkeit, die du schon seit dem ersten Augenblicke deiner sündenlosen Empfängniß besaßest, desto sicherer zu bewahren.

Wahrhaft, was du da gethan hast, das ist mir zur Beschämung und zur Lehre. Ach, obgleich in der Sünde empfangen, fürchte ich dennoch weder die Gefahren, die in der Welt mich umgeben, noch will ich mir selbst mißtrauen; gegentheils, ich halte mich sogar freiwillig in solchen Gefahren auf und bränge mich leichtsinnig in dieselben hin=

ein — nicht beachtend, daß ich all meine Tugend wie in einem äußerst gebrechlichen Gefäße trage. (2. Kor. 4, 7.)

O Maria, durch deine schönen Beispiele unsere beste Lehrerin! erhalte mir doch die nöthige Einsicht, alles das zu erkennen, wodurch meine Seele Schaden leiden und ich zur Sünde verleitet werden könnte. Erflehe mir aber auch eine feste Entschlossenheit und einen ernstlich=kräftigen Willen, jede sündhafte Gelegenheit zu fliehen und alle Reize zur Sünde zu überwinden.

O deine Opferung im Tempel erinnert mich lebhaft an mein Taufgelübde. Soll ich denn demselben jetzt untreu werden? soll ich abermals dem Satan und seiner Hoffart und seinen Werken fröhnen? Nein, o Maria, das soll nicht und niemals geschehen! Du aber erbitte mir die Gnade, daß ich die noch übrige Zeit meines Lebens besser zubringe — wie es vor Gott wohlgefällig ist und mir zum ewigen Heile gereicht. Amen.

Mariä Krönung.

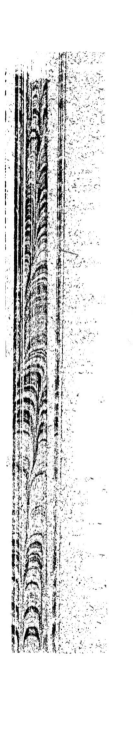

IX. Mai-Andacht.

Vorbemerkung.

Wer den göttlichen Herrn und Heiland Jesum Christum liebt, wird auch seine gebenedeite Mutter Maria lieben. Daher sind auch die Festtage dieser göttlichen Mutter für ein wahrhaft christliches Gemüth höchst ehrwürdige und hochfeierliche Tage. Seit längerer Zeit jedoch genügten diese auf einzelne Tage beschränkte Feste nicht; die Andacht frommer Gläubigen weihte auch einen ganzen Monat der besondern Verehrung unserer glorwürdigen Himmelskönigin. Dazu ward der lieblichste Monat des Jahres, der schöne Mai, bestimmt; der Blüthe-Monat sollte auch der allerschönsten Blume des Himmels geheiligt sein. —

Die heilige Kirche hat diese Andachtsweise gutgeheißen und Jedermann zur Theilnahme an dersel=

ben aufgemuntert. So that dies der hochselige Papst Pius VII., indem er den 21. März 1815 allen Christgläubigen, die während dieses Monats entweder allein oder gemeinschaftlich die sogenannte Maiandacht zur Ehre der allerseligsten Jungfrau verrichten, für jeden Tag einen Ablaß von 300 Tagen, und Einmal im Monat, nach würdigem Empfang der heiligen Sakramente, einen vollkommenen Ablaß verliehen.

Für diese Andacht sind zwar keine besonderen Gebete vorgeschrieben; doch mag es den frommen Lesern dieses Büchleins erwünscht sein, darin auch eine Anleitung zu haben, wie sie etwa diesen Gnaden-Monat durch Gebet und Betrachtungen heiligen und der unbefleckt empfangenen Gottesmutter weihen können. Daher wird hier für jeden Tag auf eine der vorhergehenden Betrachtungen hingewiesen, sowie auf eine der schon angeführten Litaneien, worauf noch ein Gebet (Schlußgebet) folgt, das die ganze einfallende Betrachtung des Tages kurz in sich schließt.

Gute Meinung für den ganzen Monat.

Am Abend vor dem Maitag.

Maria, glückseligste Mutter Jesu, meine geliebteste Mutter! mit innigster Freude und in herzlicher Andacht will auch ich den lieblichen Maimonat ganz besonders deiner Verehrung weihen. Mit den vielen Tausenden deiner bir ergebenen Pflegkinder will ich in diesen Tagen deine unbegreiflich große Würde als Gottesmutter preisen, deine unbegrenzte Macht als Königin des Himmels und der Erde loben, deine unerschöpfliche Güte als Mutter der Barmherzigkeit erheben und auch deine unübertreffliche Heiligkeit bewundern und verherrlichen. Was ich jetzt täglich zu deiner

Ehre zu thun gedenke, das laß dir doch wohlgefällig sein — als ein zwar schwaches Zeichen der innigsten Hochschätzung und kindlichen Liebe, die ich zu dir in meinem Herzen trage.

Wenn ich aber die kommenden Tage so in deinem Dienste zuzubringen mich bestreben werde: darf ich dann nicht auch hoffen, dieser Monat werde für mich auch ein besonderer Gnaden-Monat sein und du werdest auch gegen mich deine Milde auf's Freigebigste erweisen? Ja, o Mutter aller Gnaden, erhöre huldvoll die inbrünstigen Bitten, die ich jetzt an dein liebreiches Mutterherz richten werde. Vor Allem aus erlange mir die Gnade, daß ich in eben dieser angenehmen Zeit, durch den Hinblick auf deine herrlichen Tugendbeispiele ermuntert, jede Sünde mehr verabscheue und fliehe, zugleich aber frömmer, tugendhafter und in allem Guten eifriger werde.

So ertheile mir deinen mütterlichen Segen und bewirke es durch deine Fürsprache, daß ich mein frommes Vorhaben getreu in's Werk setze und vollbringe — nach Gottes Wohlgefallen, zu deiner Freude und zu meinem Seelenheile. Die Abläße, die ich durch diese Andacht gewinnen werde, lege ich gleichsam in deine Hände und bitte dich, du wollest dieselben zum Trost der armen Seelen im Fegfeuer je nach deinen Wünschen verwenden. Amen.

Erster Tag.

Maria, die Mutter Jesu.

Lies die 1. Betrachtung dieses Buches Seite 9. Bete nachher die lauretanische Litanei Seite 244.

Schlußgebet.

Maria, du bist die Mutter Jesu, du die Mutter des Sohnes Gottes, die Mutter deines Schöpfers; — welch eine unermeßlich hohe Würde! Wie kann ich deine Erhabenheit genugsam preisen? Wahrlich, da kann ich nur staunen und bewundern.

Doch deine Würde als Gottesmutter — o welch große Hoffnung, welch süßen Trost flößt sie mir ein! Wenn Gott der Vater uns seinen vielgeliebten Sohn durch dich gegeben hat: wird denn dieser göttliche Erlöser, der ja auch dein Sohn geworden — wird Er uns durch dich nicht auch alles Gute ertheilen? Wenn du bei Ihm eine Bitte einlegst, wie könnte Er sie unerhört lassen?

Bitte denn doch auch für mich, o du wunderbare Mutter! Erflehe mir vor Allem aus die Gnade, daß ich deinen Sohn Jesus als meinen Herrn und Gott, als meinen gütigsten Erlöser immer besser erkenne, im lebendigen Glauben an Ihn unerschütterlich verharre und diesen Glauben auch durch gute Werke offenbare. So möge ich nach einem gottgefälligen Leben zu dir in den Himmel kommen, um deine Herrlichkeit dort zu schauen und ewig daran theilzunehmen! Amen.

Maiandacht.

Zweiter Tag.

Maria, auch unsere Mutter.

Für heute dient die 2. Betrachtung Seite 12.
Nachher bete die Litanei vom heiligen Herzen Mariä Seite 248.

Schlußgebet.
Vom heiligen Franz von Sales.

Ich grüße dich, süßeste Jungfrau, Mutter Gottes! Du bist auch meine Mutter und Herrin; daher bitte ich dich, mich als deinen Sohn und Diener anzunehmen, weil ich ja selbst auch keine andere Mutter und Herrin mehr haben will als dich. Ich bitte dich also, meine gute und liebevolle Mutter! tröste du mich in allen meinen leiblichen und geistigen Trübsalen. Erinnere dich und bleibe doch dessen eingedenk, daß du meine Mutter bist und ich dein Sohn bin, und daß du sehr mächtig bist und ich ein Sünder, ein armer, schwacher Mensch bin. Ich bitte dich daher, du wollest mich auf allen meinen Wegen und in allen meinen Handlungen leiten und beschützen. Sage nicht, du könnest mir nicht helfen; denn dein göttlicher Sohn hat dir alle Macht gegeben, sowohl im Himmel als auf Erden. Sage auch nicht, daß du nicht dürfest; denn du bist die Mutter aller Gläubigen und insbesondere die meinige. O so komme mir doch stets zu Hilfe; befreie meine Seele und meinen Leib von allem Uebel und bitte, daß ich deine Tugenden eifriger nachahme. Erhalte mir alle jene Gaben und

Gnaden, wodurch ich der allerheiligsten Dreifaltigkeit wohlgefällig werden kann. Amen.

Dritter Tag.

Zur Verehrung Mariä gehört ihre Nachahmung.

Siehe die 3. Betrachtung Seite 14.
Bete die Litanei von der Nachahmung Mariä Seite 254.

Bitte an Maria um Nachahmung ihrer Tugenden.

Seligste Jungfrau Maria! mit freudigem Herzen grüße ich dich als die gebenedeite Mutter unseres göttlichen Herrn und Heilandes Jesu Christi; ich grüße dich auch als unsere gütige und mächtige Mutter. Wie sollte ich jedoch im Hinblick auf deine so erhabenen Ehrenvorzüge vergessen können, daß du auch die reinste, die heiligste Jungfrau und Mutter gewesen bist?

Ja, ganz schön bist du, o Maria! geziert mit allen Tugenden, wahrhaft der glänzendste Spiegel der Gerechtigkeit. Du warst immer so fromm und gottesfürchtig, so unschuldig und rein in Sitten, so freundlich und wohlthätig, so demüthig, gehorsam und geduldig.

O daß ich doch diese deine Tugenden nicht nur loben und bewundern, sondern auch von dir erlernen und sie mehr und mehr zu den meinigen machen möchte! Wie könnte dir sonst meine Andacht und Verehrung wohlgefällig sein? wie wäre ich dein gutes Pflegkind, wenn mein Lebenswandel dem deinigen so unähnlich wäre?

Mutter der Barmherzigkeit! habe Mitleid mit mir, da ich noch so weit von deiner Heiligkeit entfernt bin. Mit Gottes Gnade will ich jetzt anfangen, so zu denken, zu reden und zu handeln, wie du mir mit deinem Beispiele vorangegangen bist. Diese Gnade erbitte du mir von deinem göttlichen Sohne, der da sei hochgelobt in Ewigkeit! Amen.

Vierter Tag.
Die unbefleckte Empfängniß Mariä.

Lies die vierte Betrachtung Seite 17.
Lauretanische Litanei Seite 244.

Gebet des heiligen Alphons Liguori.

O meine glorwürdigste Königin Maria! ich freue mich mit dir und danke unserem Gott, daß Er dich von aller Sündenmakel bewahrt und befreit hat; ich glaube diese Wahrheit fest und zuversichtlich und bin bereit, wenn es nothwendig wäre, mein Blut zu vergießen, um diesen großen und außerordentlichen Ehrenvorzug deiner unbefleckten Empfängniß zu bekennen und zu vertheidigen. Ich wünschte, daß die ganze Welt dich preisen möchte als jenes schöne Morgenroth, welches dem herrlichen Tage vorherging, da Jesus Christus, die ewige Sonne, geboren ward. Ich wünschte, die ganze Welt möchte dich kennen und lieben als jene auserwählte Arche, welche vor dem allgemeinen Schiffbruch der Sünde bewahrt blieb; als jene weiße Lilie, welche zwischen den

Dörnern, nämlich den sündhaften Kindern Adams gewachsen ist — in unversehrter Reinheit und vollkommener Heiligkeit.

Aber ach, wie steht es mit mir ganz anders! Ich bin nicht nur in der Sünde geboren, ich habe sogar nach der heiligen Taufe meine Seele durch viele Sünden wieder verunreinigt. O Maria! blicke doch mit deinen barmherzigen Augen auf die Wunden meiner Seele und heile mich. Empfehle mich deinem göttlichen Sohne, auf daß ich mit seiner Gnade alles Sündhafte eifriger vermeide und durch ein frommes Leben der ewigen Seligkeit mich würdig mache. Amen.

Fünfter Tag.

Mariä Geburt und unser Geburtstag.

Für heute die 5. Betrachtung Seite 20.
Litanei vom heiligen Herzen Mariä Seite 248.

Schlußgebet.

Vom heiligen Franziskus von Assisi.

Ich grüße dich, o Maria, Mutter Gottes, allezeit Jungfrau, allerheiligste Herrin und Königin, in welcher die ganze Fülle der Gnade ruht. Unter den Frauen ist keine, die dir gleich geboren wurde; du warst schon bei deiner Geburt die geliebteste Tochter des himmlischen Vaters; Er hat dich zur Mutter seines ewigen Sohnes auserwählt; du bist auch als die Braut des heiligen Geistes in die Welt eingetreten. Ich grüße und verehre dich als den Palast, den Tempel und die Mutter unseres Herrn Jesu Christi; ich bewundere und preise alle die Tugenden, womit deine Seele geschmückt war.

Du bist aber auch die mildeste, die gütigste Mutter. Komm uns doch in deiner Milde und Liebe zu Hilfe. Bitte deinen allerliebsten Sohn, beschwöre Ihn bei seiner großen Barmherzigkeit, durch seine gnadenreiche Menschwerdung und seinen schmerzhaftesten Tod, daß Er uns unsere Sünden verzeihen wolle. Erflehe uns auch die Gnade, unsern ganzen Lebenswandel stets so einzurichten, daß derselbe eine fortwährende gute Vorbereitung zu einem seligen Ende sei. Amen.

Sechster Tag.

Das frühzeitige und vollkommene Opfer Mariä.

Für jüngere Leute dient heute die 6. Betrachtung Seite 22, für ältere aber die 7. Betrachtung Seite 25. Litanei von der Nachahmung Mariä Seite 254.

Weihegebet des heiligen Aloysius.

Heilige Jungfrau Maria, meine Führerin und meine Königin! siehe ich wende mich an dein erbarmungsreiches Herz und stelle von heute an meinen Leib und meine Seele und Alles was mich angeht, unter deine Obhut und deinen besondern Schutz. Dir vertraue ich an und deinen Händen übergebe ich alle meine Hoffnungen und Tröstungen, alle meine Trübsale und Bedrängnisse. Dir empfehle ich mein ganzes Leben und ganz besonders das Ende desselben, auf daß durch

Die Sternenkrone.

deine mächtige Fürbitte und deine Hochverdienste alle meine Werke nach deinem und deines göttlichen Sohnes Willen stets geordnet und geleitet werden mögen. Amen.

Siebenter Tag.

Maria betet und arbeitet.

Lies heute die 8. Betrachtung Seite 27.
Bete die lauretanische Litanei Seite 244.

Schlußgebet.

O Maria, du engelreine Unschuld und schönstes Vorbild einer kindlich-frommen jungfräulichen Seele! wie rührend und erbaulich ist Alles, was die heiligen Evangelien und glaubwürdige Ueberlieferungen von dir erzählen! Rein und lieblich, stille und bescheiden hast du den Frühling deines Lebens zugebracht; nicht mit eitlen Vergnügungen, sondern in Gebet und mit Arbeit hast du diese schönen Jahre zugebracht. So bist du in deiner Umgebung und unter Allen deines Geschlechtes das gewesen, was die schöne, weiße Lilie in einem Garten ist; all dein Thun und Lassen verbreitete den lieblichsten Wohlgeruch jeder Tugend.

Möge doch dein herrliches Tugendbild mir stets wie ein heller Spiegel vor Augen schweben! Deine allvermögende Fürbitte aber unterstütze mich, daß ich Leib und Seele mit jungfräulicher Sittsamkeit vor aller Verunreinigung bewahre; daß ich durch anhaltendes Gebet und durch eine meinem Stande angemessene Arbeitsamkeit allen Gefahren meines Seelenheils sicher entgehe. So bitte für mich, daß ich die Unschuld und Reinheit des Herzens, diese schönste Zierde der Seele, immer unversehrt bewahre. Mit Gottes allmächtiger Gnade und unter deinem mütterlichen Schutze geschehe es! Amen.

Achter Tag.

Maria, mit dem heiligen Joseph vermählt.

Für diesen Tag dient die 10. Betrachtung Seite 33. Bete nachher die lauretanische Litanei Seite 244.

Schlußgebet.

Heiligste Mutter Jesu! du wolltest in Allem nur den Willen Gottes erfüllen; so auch bei deiner Vermählung mit dem heiligen Joseph. Diese deine eheliche Verbindung stammte nicht aus dem Fleische, oder aus sinnlicher Zuneigung, sondern einzig aus keuschester Liebe, so daß du dennoch die allerreinste und unversehrte Jungfrau geblieben bist.

So lehrest du mich, o seligste Jungfrau, wie ich im Kleinen und Großen, bei widrigen Ereignissen und in glücklichen Tagen die Fügungen Gottes anbeten und mich denselben demüthigst zu unterwerfen trachten soll. Möchte ich's doch immer recht lebhaft erkennen, daß unser gütigste Gott bei Allem, was Er macht und ordnet, nur mein wahres Heil beabsichtigt!

Durch die Verdienste deiner jungfräulichen Vermählung bitte ich dich, o Maria! erhalte mir ein recht festes Vertrauen auf Gottes weiseste Vorsehung. Erflehe mir auch die Gnade, daß ich nach deinen schönen Beispielen den heiligsten Willen Gottes allezeit getreu und eifrig erfülle. Amen.

Neunter Tag.

Maria, die demüthigste Magd des Herrn.

Lies zuerst die 12. Betrachtung Seite 39.
Nachher bete die Litanei von der Nachahmung Mariä Seite 254.

Gebet des heiligen Augustin.

O seligste Jungfrau! wer kann dir genugsam danken, daß du zu den Worten des heiligen Engels, der dir die Menschwerdung des Sohnes Gottes ankündete, deine Einwilligung gegeben hast? Unschätzbar sind ja die Vortheile und alle die Gnaden, welche dadurch der verlornen Welt zu Theil wurden. Wie wird unsere schwache Natur, die zu Grunde gegangen war und durch deine Vermittlung den Anfang ihrer Befreiung gefunden hat, dich deßhalb so zu loben im Stande sein, wie du es würdig bist? Lasse dir denn unsere Danksagung gefallen, obgleich sie sehr gering ist und deinem Verdienste nicht gleich kommt.

Maria, die du von dem heiligen Engel als die Gnadenvolle bist begrüßt worden! o springe den Elenden bei, hilf den Kleinmüthigen, stärke die Schwachen, bitte für das gesammte Volk, die Geistlichkeit und das fromme weibliche Geschlecht. Laß Alle, die dein Andenken ehren, die

Wirkung deines Beistandes fühlen; sei Allen gnä=
dig, die zu deiner Milde ihre Zuflucht nehmen
und erfülle ihre Wünsche und Bitten. Amen.

Zehnter Tag.

Maria, in den Willen Gottes ergeben.

Für heute die 13. Betrachtung Seite 42.
Lauretanische Litanei Seite 244.

Gebet des heiligen Athanasius.

O überselige Tochter, von David abstammend!
höre uns und sei gnädig unsern Bitten. Wir
erkennen und verehren dich als unsere Mutter,
Frau und Fürstin, weil Derjenige von dir ge=
boren wurde, den wir als unsern höchsten Herrn,
als unsern wahren und ewigen Gott anbeten.

O heiligste und auch nach der Geburt Jesu
vollkommenste Jungfrau! weil du doch voll der
Gnade bist, so mache auch uns jener übergroßen
Schätze theilhaftig, die du besitzest. Ja, sei du
immerdar beim Throne Gottes unsere Fürsprecherin,
die du unsere Frau, unsere Königin und die aller=
würdigste Mutter unseres Gottes bist.

Von dem heiligen Erzengel Gabriel haben wir
gelernt, dich, o Gnadenvolle, o Gebenedeite unter
den Weibern! zu begrüßen. Da wir aber diesen
so rühmlichen Gruß freudig wiederholen, o so ge=
denke auch du unser und bitte für uns arme Sün=
der, jetzt und in der Stunde unsers Absterbens.
Amen.

Eilfter Tag.

Maria, unser Vorbild bei der heiligen Communion.

Das lehrt die 14. Betrachtung Seite 44.
Bete die Litanei vom heiligen Herzen Mariä Seite 248.

Schlußgebet.

Sei gegrüßt, o Mutter der göttlichen Gnade! durch dich empfingen wir das Brod des Lebens, das vom Himmel stieg und der Welt das Leben gibt. Durch die flammende Liebe, in welcher dein göttlicher Sohn vor seinem bittern Leiden das heiligste Altarssakrament eingesetzt hat, bitte ich dich inbrünstig: erflehe mir ein reines, ein mit gottgefälligen Tugenden geschmücktes Herz, auf daß ich dieses göttliche Brod mit lebendigem Glauben und in heiliger Sehnsucht recht oft empfange und dadurch in der Liebe zu Jesus mehr und mehr entzündet werde. Bitte, o allvermögende Fürsprecherin! bitte, daß der jedesmalige Genuß dieser himmlischen Speise mich zu allem Guten kräftige; bitte, daß ich auch noch am Ende meiner irdischen Pilgerfahrt durch dieses hochheilige Sakrament gestärkt werde, um dann die Reise in die Ewigkeit getrost und sicher anzutreten. Möge ich dann den göttlichen Erlöser, welchen ich jetzt nur unter geheimnißvoller Gestalt empfange, in seiner unaussprechlichen Herrlichkeit von Angesicht zu Angesicht schauen und ewig in Ihm glückselig sein! Amen.

Zwölfter Tag.

Mariä Heimsuchung.

Siehe die 15. Betrachtung Seite 48.
Litanei von der Nachahmung Mariä Seite 254.

Schlußgebet.

O glorreiche Mutter des Königs der Glorie, nach dessen wundervoller Empfängniß du in Eile über die Gebirge stiegest, deine Verwandte Elisabeth zu begrüßen und ihr die demüthigsten Liebesdienste zu erweisen! Durch alle jene Wunder, welche dieser dein Besuch bewirkte, bitte ich dich, du wollest mir eine aufrichtige und thätige Liebe zu allen meinen Mitmenschen erwerben.

O du Königin der Propheten, die du eben damals die herrlichste aller Weissagungen ausgesprochen und in so erhabener Weise die Güte und Allmacht Gottes gepriesen hast! bitte, daß auch ich zu denen gehöre, die wahrhaft Gott fürchten und dadurch der Barmherzigkeit Gottes sich würdig machen. Bitte ferner, daß auch ich, so wie du, meine höchste und reinste Freude finde — nicht in den eitlen Vergnügungen oder vergänglichen Reichthümern dieser Welt, sondern in Gott, meinem gütigsten Herrn und liebreichsten Erlöser. So möge es dann durch deine allvermögende Fürsprache geschehen, daß ich einst mit dir im Himmel die unendlichen Erbarmungen Gottes ewig zu loben und zu verherrlichen gewürdigt werde! Amen.

Dreizehnter Tag.

Maria bei der Geburt Jesu.

Die Betrachtung findest du auf Seite 61.
Lauretanische Litanei Seite 244.

Gebet des heiligen Methodius.

Lobwürdigste Mutter Maria! du hast Denjenigen in deinen jungfräulichen Schooß aufgenommen, welcher der allmächtige Sohn Gottes ist; Denjenigen hast du ernährt, welcher der ganzen Welt Nahrung ertheilt. Der, welcher den Himmel und die Erde erfüllt, welcher der Herr aller Dinge ist — Er hat deiner bedürftig sein wollen, indem du Ihm aus deinem Fleisch und Blute jenen menschlichen Leib mitgetheilt hast, den Er vorher nicht hatte.

Freue dich, o Mutter deines Gottes! freue dich, denn Der, welcher allen Geschöpfen das Dasein verleiht, hat dein Schuldner werden wollen; siehe, wir Alle sind Schuldner Gottes, du aber, ja du allein hast deinen Gott zum Schuldner. Daher kommt es, daß du leichtern Zutritt bei Gott findest, weil Er dir als seiner Mutter nichts versagen kann. O so gebrauche doch dieses dein Vorrecht zu unsern Gunsten! Sei unser eingedenk und erbarme dich über unser Elend. Empfehle uns deinem göttlichen Sohne und erhalte uns stets seine Gnade. In all unsrer Trübsal und Noth komm uns zu Hilfe, o du seligste Gottesmutter Maria!

Vierzehnter Tag.
Mariä Reinigung und ihr Gehorsam.
Siehe die 22. Betrachtung Seite 70.
Litanei vom heiligen Herzen Mariä Seite 248.
Schlußgebet.

Hochbeglückte Mutter Jesu, des Sohnes Gottes! wie tief beschämt es mich, wenn ich den demüthigen Gehorsam betrachte, in welchem du bei deiner Reinigung alle Vorschriften des Gesetzes beobachtet hast! Ach, ich will immer nur meinen Willen erfüllen, da ich doch in Allem einzig nach dem Willen Gottes und der heiligen Kirche mich richten sollte. So erzeige ich mich wahrlich nicht als eines deiner guten Pflegkinder, wenn ich deinen vollkommenen Gehorsam so wenig nachahme.

Habe doch Mitleid mit mir, o barmherzige Mutter! Erhalte mir die Gnade, daß ich's recht erkenne, der Ungehorsam sei nicht der Weg zum Himmel, er führe vielmehr in's Verderben. O nein, auf diesem Wege will ich mit Gottes Gnade ferner nicht mehr wandeln! Der demüthigste Gehorsam, den ich an deinem göttlichen Sohne selbst erblicke, sowie dein eigenes schönstes Beispiel ermuntere mich, meinen bösen Willen stets zu verleugnen und ihn dem Willen Gottes und den Geboten seiner heiligen Kirche zu unterwerfen. So sei es mein Wahlspruch und zugleich die Richtschnur meines Lebens: **Was Gott will und wie Gott will!** Es geschehe in Allem der heiligste Wille Gottes!

Fünfzehnter Tag.
Das Schwert der Schmerzen.

Die Betrachtung auf Seite 76.
Litanei von der schmerzhaften Mutter Seite 251.

Schlußgebet.

O jungfräuliche Mutter! mit himmlischer Freude ward der fromme Simeon erfüllt, als du dein göttliches Kind in seine Arme legtest; doch welch eine schmerzhafte Weissagung mußtest du aus dem Munde dieses von Gott erleuchteten Mannes vernehmen! Da ward dir vorausgesagt, daß dein Sohn einst Vielen in Israel zum Falle und ein Ziel des Widerspruchs sein werde — Er, der doch vom Vater bestimmt war, das Licht der Welt, das Heil der Völker und die Ehre Israels zu sein. Auch dir ward angekündigt, daß ein Schwert der bittersten Schmerzen deine Seele durchdringen werde. So bist du schon von diesem Tage an eine Mutter der Schmerzen geworden; doch du hast deine so großen Leiden mit demü=thigster Ergebung in den Willen Gottes auf dich genommen.

Bitte, o Königin der Martyrer! bitte bei deinem Sohne für mich, daß mein Wandel seiner Lehre niemals widerspreche und daß ich alle Trüb=sale dieses Lebens in heiliger Ergebung und Ge=duld ertrage und den Willen Gottes standhaft erfülle, so daß auch ich am Ende meines Lebens mit dem frommen Simeon getrost ausrufen könne:

Herr, nun laß deinen Diener im Frieden hin=
gehen — zu den ewigen Freuden im Himmel.
Amen.

Sechszehnter Tag.
Die Flucht nach Aegypten.

Lies die 25. Betrachtung Seite 79.
Litanei von der schmerzhaften Mutter Seite 251.

Gebet nach dem heiligen Alphons.

Inniges Mitleid habe ich mit dir, o Maria, um jener großen Schmerzen willen, die dein zartestes Mutterherz auf der langen Reise nach Aegypten empfunden hat. O gewiß hat es dich ganz besonders betrübt, als du sahest, wie dein neugebornes Kind von denselben Menschen ver= folgt ward, wegen deren Erlösung Es in die Welt gekommen war.

Doch diese Verfolgung Jesu hat noch nicht aufgehört. Er wird ja leider auch jetzt noch von so vielen Menschen, sogar von getauften Christen, mißkannt und durch schwere Sünden beleidigt. Möchte ich doch niemals zu der Anzahl dieser Verblendeten, dieser Undankbaren gehören! Ach, ich würde ja dadurch nicht Ihn allein, ich würde auch dich betrüben.

Von Herzen bin ich entschlossen, mich niemals einer solchen Untreue schuldig zu machen. Sollte ich auch von meinen Mitmenschen allerlei Böses zu erleiden haben, so will ich es im Geiste der Buße geduldig ertragen; ich will es Gott auf=

opfern als einen kleinen Ersatz für die Beleidigungen, die ich Ihm jemals zugefügt habe.

Du aber, o Maria, stehe mir bei auf meiner Reise in die Ewigkeit, auf daß ich am Ende derselben, mit dir vereint, den einst verfolgten Heiland in seiner Herrlichkeit sehen und ewig lieben könne. Amen.

Siebenzehnter Tag.

Verborgenes Leben Mariä in Nazareth.

Siehe hierüber die 27. Betrachtung Seite 85. Bete die lauretanische Litanei Seite 244.

Schlußgebet.

Heiligste Mutter! dein stilles, ganz in Gott verborgenes Leben zu Nazareth gibt mir die schöne Lehre, wie auch ich meine Berufsarbeiten verrichten und das Zeitliche besorgen soll, ohne dabei Gott und das Ewige zu vergessen. Wie in Gottes Gegenwart, zur Ehre und im Namen Gottes soll ich meine Beschäftigungen anfangen, fortsetzen und vollenden. So hast du den größten Theil deines Lebens zugebracht — bei und mit deinem göttlichen Sohne, bei und mit deinem keuschesten Bräutigam, dem heiligen Joseph — von der Welt unbeachtet, Gott dem Allwissenden allein bekannt.

O beste Lehrerin eines gottesfürchtigen Lebens! erbitte mir die Gnade, daß auch mein ganzer Wandel wahrhaft ein Wandel vor Gott und meinem heiligen Schutzengel sei. O dieses leben=

dige Andenken an Gott wird mich vor jeder Sünde bewahren und zu allem Guten aneifern. So lebe ich dann in der Zeit, zugleich aber für die Ewigkeit. Was ich so für Gott und im Namen Jesu thue, das wird mir ein verdienstliches Werk, womit ich den Himmel erkaufen kann. Daß es doch also geschehen möge, dazu verhilf du mir durch deine mächtige Fürbitte, o Mutter der göttlichen Gnade! Amen.

Achtzehnter Tag.

Maria verliert den göttlichen Knaben.

Die Betrachtung findest du auf Seite 88.
Litanei von der schmerzhaften Mutter Seite 251.

Schlußgebet.

Sei gegrüßt, o Maria, die du deinen göttlichen Sohn in seinem zwölften Jahre nach Jerusalem in den Tempel geführt hast. Ach, welch ein bitterer Schmerz war es für dich, als du den Geliebtesten deines Herzens ohne eigene Schuld verloren hattest! Nein, da hattest du Tag und Nacht keine Ruhe mehr; in tiefster Trauer hast du unaufhörlich nach Dem geseufzet, der deine Freude, deine Liebe, dein höchstes Gut war.

Wenn ich dich aber dieses schmerzhaften Verlustes wegen weinen sehe, ach was muß ich denn denken, da ich ja freiwillig, der Geschöpfe und meiner bösen Gelüste wegen, meinen Gott schon so oft verlassen und verloren habe! Durch die Verdienste all der Schmerzen, womit in jenen drei Tagen dein liebevolles Mutterherz gequält wurde, erbitte es mir, daß ich fortwährend die Beleidigungen beweine, die ich meinem Gott jemals zugefügt habe. Siehe, jetzt bereue ich dieses von Herzen; ich bin fest entschlossen, Alles zu vermeiden, wodurch ich meinen gütigsten Vater und Heiland wieder verlieren könnte. O nein, laß es doch nicht geschehen, daß ich mir dieses größte Unglück, dieses einzige Uebel abermals zuziehe; vielmehr erhalte mir die Gnade, in allem Guten standhaft zu verharren. Amen.

Neunzehnter Tag.

Maria sucht und findet Jesum.

Lies die 29. Betrachtung Seite 91.
Litanei vom heiligen Herzen Mariä Seite 248.

Gebet nach dem heiligen Alphons.

Jungfräuliche Mutter Maria! nachdem du den göttlichen Knaben verloren hattest, da wußtest du wie Niemand anderer, was für einen unendlich kostbaren Schatz du entbehren mußtest. In innigster Betrübniß suchtest du nun Jesum und ließest nicht nach zu suchen, bis du Ihn wieder gefunden hattest; du fandest Ihn aber nicht bei den Verwandten, nicht auf den Straßen der Stadt, sondern im Tempel, im Hause seines himmlischen Vaters.

O Maria, laß mich und alle Sünder weinen, weil wir unsern göttlichen Heiland schon so vielmal durch unsere Sünden verloren haben! Bitte für uns, daß wir Ihn wieder finden. Wir kennen ja seine große Barmherzigkeit, in welcher Er jeden reumüthigen Sünder aufnimmt; deßhalb wissen wir auch, daß wer Ihn sucht, Ihn auch findet. So bezeugt dies der Prophet (Klagl. 3, 25.), da er sagt: „**Gut ist der Herr gegen die Seele, die Ihn sucht.**"

Bewirke aber, o Maria, daß wir den Herrn so suchen, wie wir Ihn suchen sollen — durch eifriges Gebet, in seinem Hause, vor und in seinem allerheiligsten Sakramente. Auch durch dich finden wir Jesum; du bist ja die Pforte, durch welche wir am sichersten zu Ihm gelangen. O so laß uns durch deine Fürsprache immerdar Zutritt bei Ihm finden! Amen.

Zwanzigster Tag.

Maria bei der Hochzeit zu Kana.

Die Betrachtung auf Seite 101.
Litanei von der Nachahmung Mariä Seite 254.

Gebet des heiligen Petrus Damiani.

Heilige Jungfrau Maria! auf der Hochzeit zu Kana hast du dich als allvermögende Fürbitterin gezeigt selbst gegen jene, die von dir nichts erbaten; stehe nun ganz besonders denen bei, die dich um deine Hilfe anrufen. O denke doch huldvoll an uns! Du weißt ja, in welch großen Gefahren du uns auf dieser Erde zurückgelassen hast; nein, nein! es geziemt sich nicht, daß du in deiner milden Barmherzigkeit unser großes Elend vergessest. Und du bist auch so mächtig; du kannst sogar die Verzweifelnden so aufrichten, daß sie von Neuem aufathmen und Hoffnung auf Rettung schöpfen.

Höre denn doch nicht auf, uns Gutes zu erweisen. Alle Schätze der Barmherzigkeit Gottes sind ja in deine Hände niedergelegt. Du selbst suchest die Gelegenheiten auf, die Elenden zu retten und deine Barmherzigkeit an denselben auszuüben. So wird auch noch deine Herrlichkeit vermehrt, wenn die Reumüthigen durch deine Vermittelung Verzeihung erlangen und in den Himmel kommen. Denke also an uns und hilf uns, damit auch wir dereinst im Himmel deines lieblichsten Anblickes genießen können. Amen.

Einundzwanzigster Tag.
Maria lehrt uns beten.

Siehe die 33. Betrachtung Seite 104.
Lauretanische Litanei Seite 244.

Schlußgebet.

Gebenedeite Gottesmutter Maria! zu dir nehme ich abermals meine Zuflucht; ich weiß ja, daß dir die Schätze des Himmels anvertraut sind und daß du von deinem göttlichen Sohne Alles erhältst, um was du Ihn bittest. Wie sollte ich denn in all meinen Anliegen nicht voll Vertrauen zu dir rufen? Darf ich nicht ganz zuversichtlich alles Gute von deiner Fürbitte erwarten?

Erhöre denn doch die demüthige Bitte, die ich heute dir vortrage. Erflehe mir die Gnade, daß ich nach deinem schönen Beispiele stets mit großer Andacht, mit lebendigem Vertrauen zu Gott beten kann. Sollte ich auch bei meinen Gebeten nicht sogleich Erhörung finden, o so bitte dann, daß ich deßhalb nicht kleinmüthig werde oder verzage, sondern im Vertrauen auf Gott und seine heiligste Vorsehung unerschütterlich verharre.

Wie könnte aber mein Gebet vor Gott eher Wohlgefallen finden, als wenn es gleichsam durch deine Hände dem Herrn vorgestellt wird? Ja deßhalb empfehle ich alle meine Gebete und Andachten deinem mildreichen Mutterherzen. Bringe sie — mit deinen Gebeten vereint — vor den Thron deines göttlichen Sohnes. Gewiß, durch deine Vermittelung werde ich alle mir nöthigen Gnaden erhalten, gleichwie ich auch durch deine Fürbitte und unter deinem Schutze selig zu werden hoffe. Amen.

Zweiundzwanzigster Tag.

Das Wort Gottes hören und befolgen.

Die 35. Betrachtung Seite 109.
Litanei von der Nachahmung Mariä Seite 254.

Schlußgebet.

Sei gegrüßt, unsere liebe Frau und Mutter! Ich gedenke jener Zeit, da dein geliebtester Sohn das Evangelium des himmlischen Reiches predigte; — da Er auf mannigfaltigen und beschwerlichen Reisen, durch Städte, Dörfer und Flecken wandelte und die hochheiligen Geheimnisse

Gottes den Menschen entfaltete. Da folgtest auch du, o Maria, dem göttlichen Lehrer und hörtest aufmerksam und lernbegierig die Worte des Heils, die Er verkündete. Doch du ließest es bei dem alleinigen Hören dieser Worte nicht bewenden; du bewahrtest dieselben auch in deinem Herzen und befolgtest sie eifrig und getreu.

Mutter der göttlichen Gnaden! erflehe mir die Gabe der Betrachtung und des innerlichen Gebetes, damit ich tief im Gemüthe erwäge, wie Vieles dein göttlicher Sohn für die Erlösung und zum Heile der ganzen Menschheit gethan und gelitten hat. Bitte auch, daß ich eben durch die Beherzigung dieses großen Erlösungswerkes Jesu angeeifert werde, seine unendliche Liebe mit mehr Gegenliebe zu vergelten und eifriger in all meinen Handlungen auszuüben, was Er durch seine heiligsten Beispiele und seine beseligenden Worte uns gelehrt hat. Amen.

Dreiundzwanzigster Tag.

Maria auf dem blutigen Wege nach dem Kalvarienberge.

Lies die 37. Betrachtung Seite 115.
Bete die Litanei von der schmerzhaften Mutter Seite 251.

Gebet des heiligen Alphons Liguori.

Ich habe Mitleid mit dir, meine geliebte Mutter, um des bittern Schmerzes willen, der gleich einem Schwerte deine Seele durchdrang, als du deinen göttlichen Sohn Jesus — zum Tode verurtheilt, mit Stricken und Ketten gebunden, mit Blut und Wunden bedeckt, mit Dornen gekrönt, und mit dem schweren Kreuze beladen — hinausgehen sahest zur Richtstätte auf Golgatha. Ach welch ein Schmerz war es für dich, als du deinem geliebtesten Sohne, deinem Herrn und Gott in solch trauriger Gestalt, begegnetest! Damals sahet Ihr einander an, und euere Blicke waren wie schmerzliche Pfeile, mit denen euere von Liebe zu einander entzündete Herzen verwundet wurden.

Um dieses deines großen Schmerzes willen bitte ich dich, du wollest mir die Gnade erlangen, daß ich von meinem göttlichen Erlöser mich niemals trenne, sondern Ihm treu bleibe, auch wenn Er mich mit Widerwärtigkeiten heimsucht. Ich weiß ja, daß der Weg des Kreuzes — der Weg zum Himmel ist. Und du und dein unschuldiger Sohn, ihr habet so Unaussprechliches aus Liebe zu mir gelitten; — sollte denn ich Sünder mich weigern, die viel leichtern Kreuze, die Gott mir auferlegt, zu tragen? Das möge doch niemals geschehen! Vielmehr will ich mit Gottes Beistand mit meinem gekreuzigten Erlöser stets vereinigt sein und jedes Kreuz bis zu meinem letzten Athemzuge geduldig tragen. Wie kann ich aber so standhaft und geduldig sein in Kreuz und Leiden? Dazu habe ich eine ganz besondere Gnade Gottes nöthig. Erhalte mir dieselbe durch die Verdienste all deiner Leiden, o schmerzhafte Mutter! Amen.

Maiandacht.

Vierundzwanzigster Tag.

Maria unter dem Kreuze.

Die Betrachtung findest du auf Seite 118.
Bete die Litanei von der schmerzhaften Mutter Seite 251.

Schlußgebet.

Schmerzhafte Mutter! das härteste der Leiden, das deine Seele durchdringen sollte, kam erst damals über dich, als du deinen liebsten Sohn in den qualvollsten Peinen am Kreuze hangen und sterben sahest. Deine Liebe ließ es nicht zu, daß du von Ihm dich hättest trennen können; vielmehr brachte sie dich ganz nahe zum Kreuze. Mit Ihm, dem Gekreuzigten, wolltest du leiden; mit Ihm, dem Geduldigsten, wolltest du dulden; neben dem treulich Ausharrenden wolltest du standhaft stehen und wie Er ausharren als eine getreue Magd des Herrn.

Das Andenken an deine Schmerzen stärke uns zur Geduld in den unsrigen! Dein Beispiel lehre uns auch das härteste Leiden ertragen — mit stillem, ergebenem Sinn und mit vertrauensvollem Blicke auf Gott, der verwundet und heilet, betrübet und erfreuet. Bitte aber auch deinen göttlichen Sohn, Er möge uns seine Gnade schenken, daß wir nicht in unsern Sünden sterben und sein kostbares Blut an uns nicht verloren sei. Erflehe uns aufrichtige Reue über unsere Sünden, wahre Besserung des Lebens und endlich eine glückselige Sterbstunde in der Gnade und Liebe Gottes. A.

Fünfundzwanzigster Tag.

Wie Maria unsere Mutter geworden

Siehe die 39. Betrachtung Seite 122.
Bete die lauretanische Litanei Seite 244.

Gebet des heiligen Anselm.

O heilige Jungfrau! welch eine Freude, welch ein Trost ist es für uns, daß du bei dem Tode Jesu, neben seinem Kreuze stehend, unsere Mutter geworden bist! O die Gottesmutter ist unsere Mutter; die Mutter Dessen, der allein als Herr und Gott freispricht und verurtheilt, ist unsere Mutter! So ist demnach unser Richter zugleich unser Bruder; der Erlöser der Welt ist auch unser Bruder; dies ist Er durch dich, o Maria, geworden.

Wie sicher muß denn nicht unsere Hoffnung sein, da unser Schicksal in den Händen des Besten aller Brüder und der Zärtlichsten aller Mütter liegt! Ja, o heilige Jungfrau! gnadenreiche Königin! sei mir immerdar ein starker Thurm, ein schützender Arm gegen die Gewalt des bösen Feindes. Du kennst seine feinen Anschläge; treibe ihn zurück und gib nicht zu, daß er mich durch seine Lockungen verführe; beschämt soll er zurückweichen, durch deine Macht gedemüthigt, soll er sich entfernen. Dann werde ich Armseliger, den deine Kraft beschützt hat, niemals aufhören, dich und deinen göttlichen Sohn zu preisen. Amen.

Sechsundzwanzigster Tag.
Die letzten Lebensjahre der seligsten Jungfrau.

Die Betrachtung siehe Seite 137.
Die lauretanische Litanei Seite 244.

Schlußgebet.

Glorreiche Mutter und Königin! da du noch auf dieser Erde wandeltest, bist du die Lehrerin der Gläubigen, die Trösterin der Betrübten, die Helferin der Bedrängten gewesen; ist es denn gedenkbar, du habest jetzt aufgehört, derjenigen dich anzunehmen, welche dein göttlicher Sohn selbst deiner mütterlichen Sorge anvertraut und empfohlen hat? O nein, du bist und bleibst unsere Mutter, somit auch unsere Zuflucht, unsere Helferin, die mächtige Beschützerin der heiligen Kirche Jesu. Deßhalb rufe ich voll Vertrauen zu dir mit den Worten deines eifrigsten Dieners, des heiligen Bonaventura:

„Sei gegrüßt, Maria! Du bist unsere Hoffnung. Alle, die deinen Namen kennen, sollen auf dich vertrauen; denn du verläßsest jene nicht, die dich suchen. Oder wer sollte nicht auf dich hoffen, da du sogar den Verzweifelnden beistehest? Und wie sollten wir nicht zu dir rufen, da wir ja von so mancherlei Drangsalen fort und fort bedrängt werden? Ja, zu dir seufzen wir; zu dir schreien wir, du Trost der Elenden, du Licht der Verirrten, du gütigste Herrin Aller. Eja also, unsere Fürsprecherin! wende deine barmherzigen Augen zu uns. Und nach der Verbannung, in welcher

Maiandacht. 311

wir hienieden schmachten, zeige uns Jesum, die gebenedeite Frucht deines Leibes, auf daß wir, Ihn sehend, Ihn auch besitzen, und durch seinen Anblick mit Seligkeit erfüllt werden." Amen.

Siebenundzwanzigster Tag.

Seliges Hinscheiden Mariä.

Lies die 46. Betrachtung Seite 144.
Die Litanei von der Nachahmung Mariä Seite 254.

Gebet um einen glückseligen Tod.

Vom hl. Alphons Liguori.

O Maria, wie wird mein Tod beschaffen sein?! Furcht und Angst erfüllt mich, wenn ich an meine Sünden und zugleich an jenen schrecklichen Augenblick denke, der über meine ewige Seligkeit oder ewige Verdammniß entscheidet. O meine liebreichste Mutter! ich setze alle meine Hoffnung auf das kostbare Blut Jesu, deines göttlichen Sohnes, und auf deine allvermögende Vermittelung. Ohne das müßte ich ja verzweifeln; doch nein, unter deinem Schutze bin ich sicher, durch deine Fürbitte bin ich ja gerettet.

Verlasse mich denn doch nicht, tröste mich in der großen Noth, in welcher ich mich alsdann befinden werde. Erhalte mir die Gnade, daß ich in jener Stunde dich häufiger anrufe, damit, wann ich den Geist aufgebe, ich noch zuletzt deinen und den Namen deines Sohnes auf den Lippen habe.

O Maria! meine Augen werden dich in meiner Todesstunde suchen und zu sehen wünschen; bin ich auch dieser großen Gnade nicht würdig, so stehe mir wenigstens unsichtbarer Weise bei, damit ich, von Liebe zu Gott und zu dir entflammt, diese Erde verlasse, um dich die ganze Ewigkeit hindurch im Himmel lieben zu können. Amen.

Achtundzwanzigster Tag.

Maria, in den Himmel aufgenommen.

Siehe die 47. Betrachtung Seite 148.
Die lauretanische Litanei Seite 244.

Schlußgebet.

Heiligste Mutter unseres göttlichen Erlösers! deine unvergleichlichen Tugenden, ganz besonders deine makellose und unversehrte Reinigkeit haben es verdient, daß dein entseelter Leib bald nach deinem Hinscheiden durch Gottes Allmacht zu einem neuen, verklärten und glanzvollen Leben auferweckt wurde. Bitte für uns, daß wir Leib und Seele in Keuschheit erhalten, überall und allezeit ehrbar wandeln und solch ein gottgefälliges Leben führen, daß auch wir einst am Tage des Gerichtes einer seligen Auferstehung theilhaftig werden.

Glorreiche Königin, die du, von unzähligen Engeln begleitet, mit unbeschreiblicher Pracht in den Himmel aufgenommen wurdest: o gedenke unser und erflehe uns die Gnade, daß wir uns jetzt

Maiandacht.

durch gute Werke recht viele Verdienste für die Ewigkeit sammeln, einst in der Liebe Gottes diese Welt verlassen und bann dazu gelangen, an beiner Herrlichkeit theilzunehmen und der Gesellschaft aller lieben Engel und Heiligen uns ewig zu erfreuen. Amen.

Neunundzwanzigster Tag.

Maria, in dem Himmel gekrönt.

Die Betrachtung für diesen Tag Seite 153.
Bete die lauretanische Litanei 244.

Schlußgebet.

Von P. Paul Segneri, S. J.

O Königin des Himmels und der Erde, die du als Tochter, Mutter und Braut des Allerhöchsten ein so großes Recht über alle Geschöpfe hast: aus tausend Gründen gehöre auch ich dir an und bin dein Eigenthum, und ich will es noch aus selbst eigener freier Wahl sein.

Siehe, ich erwähle dich für immer als meine Herrin und Königin. Ich übergebe mich dir ganz; du, du sollst mich vollkommen besitzen; ich will gänzlich dein sein und dir angehören, von dir gänzlich abhangen. Ich verlange, daß du die Vollstreckerin alles dessen seiest, was die göttliche Vorsehung über mich und alle meine Schicksale beschlossen hat.

Verfüge du nun über meinen Leib und meine Seele, sowie über alle Angelegenheiten meines Lebens, wie es dir wohlgefällig ist — ganz so, wie es dir beliebt. Ich nehme Alles von deiner Hand an; Alles, auch das Schmerzlichste wird mir, wenn nicht süß, doch minder bitter sein, da es durch die Hände einer so liebenswürdigen Mutter und Königin geht.

Möge ich nur nach den Trübsalen dieses elenden Lebens vermittelst deiner Hilfe in das Reich deines Sohnes eingehen, um dich dort zu schauen, dich zu verehren, dich zu lieben und mich zu freuen über die Herrlichkeit, welche der dreieinige Gott dir als Königin für alle Ewigkeiten verliehen hat! Amen.

Dreißigster Tag.

Die Macht der seligsten Gottesmutter.

Siehe die 49. Betrachtung Seite 156.
Bete die lauretanische Litanei Seite 244.

Gebet des heiligen Ildephons.

O milde Jungfrau, heilige Mutter Gottes! wende deine barmherzigen Augen zu mir. Siehe, wie ich blind bin; laß mir leuchten dein Licht; schwach bin ich, stütze mich; krank bin ich, mache mich gesund, ja der Seele nach bin ich todt, belebe du mich. Durch dich und um deiner Verdienste willen wird uns alles Gute von Gott gegeben und jegliche Gnade erhalten wir durch deine Fürbitte. Schon dein lieblichstes Antlitz erfreut die Trauernden; wenn du die Kranken berührst, werden sie geheilt.

Blicke denn doch, o gütigste Mutter, auch auf mich armen Sünder. Durch dich werden die Fesseln der Sünde gebrochen, die Schulden nachgelassen, das Alte erneuert, jeder Schaden gebessert. Durch deine Hilfe wird unser böse Wille gereinigt, der Geist erleuchtet, die Seele zum Guten entflammt. Sei mir also die Leuchte, die mir Licht gewährt: sei mir die Süßigkeit, die mich erquickt; und die Kraft und Macht, die mich stärkt und stützt. Entferne von mir sündhafte Reden, böse Gedanken, gottvergessenes Thun. Deine Gnade regiere mein ganzes Leben, deine Gegenwart erhelle meinen Geist, deine Barmherzigkeit führe mich zum ewigen Leben.

O du Herrin des Himmels und der Erde! du Zierde der Jungfrauschaft, auf den glänzendsten Thron erhoben, der Engel Königin, das Arzneimittel für unser Heil, die Lehrerin aller Tugenden! führe mich mit dir zur Glorie der Heiligen nach dem Ende meiner Verbannung. A.

Einunddreißigster Tag.

Maria, die gütigste Mutter.

Lies die 50. Betrachtung Seite 160.
Bete noch die lauretanische Litanei Seite 244.

Schlußgebet.

Umschreibung des bekannten Memorare.

Gedenke, o mildeste Jungfrau! gedenke, es sei, nachdem der sterbende Erlöser uns deinem Mutterherzen anempfohlen, seither nie erhört worden, daß Jemand verlassen worden sei, der zu dir seine Zuflucht genommen, deine Hilfe angerufen und um deine Fürbitte gefleht hat. Wie wäre dies auch möglich? Dein Herz ist ja so voll Liebe, deine Güte ist so groß, daß du keinen Hilfsbedürftigen umsonst zu dir kannst rufen lassen. So verkünden es die Jahrhunderte, so erzählen es die Völker allüberall, so bezeugen es mit freudigem Danke jene Tausende und Tausende, die in ihren Drangsalen bei dir Hilfe gesucht und durch dich auch wirklich gefunden haben.

Diese deine Milde, diese deine Freigebigkeit, o liebreichste Mutter, beseelt auch mich mit dem lebhaftesten, ja mit einem grenzenlosen Vertrauen. In allen meinen Anliegen, in jeder Versuchung und Prüfung eile ich zu dir und suche bei dir Kraft, Trost und Hilfe. Seufze ich auch als ein sündiger Mensch zu dir, der reinsten Jungfrau und heiligsten Gottesmutter; o das entmuthigt mich nicht, weil ich weiß, daß du auch der Sünder Zuflucht bist und dich ihrer so mitleidig und barmherzig annimmst.

Verschmähe also nicht mein inbrünstiges Gebet, höre und erhöre meine klagenden und seufzenden Worte, o du Mutter des ewigen Wortes! Gedenke doch meiner und komme mir in jeder Noth und Trübsal zu Hilfe. Gedenke auch aller Leidenden und Betrübten, aller Sünder und Gerechten. Gedenke unser in der Zeit dieses gefahrvollen Lebens, gedenke unser in der Stunde unseres Hinscheidens. Amen.

Aufopferung der Maiandacht.

Maria, heiligste Mutter meines göttlichen Erlösers! der dir geweihte Maimonat ist nun verflossen. Wie viele und wie große Gnaden habe ich in diesen vier Wochen aus deinen milden Händen empfangen! Wahrhaft, du bist die Mutter der göttlichen Guade, unsere allvermögende Fürbitterin, unsere beste, liebreichste Mutter! Für alles und jedes Gute, das ich in diesem ganzen Monat von Gott und durch dich erhalten habe, sage ich jetzt den herzlichsten Dank. Gott sei gepriesen! Und auch dir, o Maria, sei Lob und Dank!

Auch bitte ich noch am Ende dieses Gnadenmonats, du wollest huldvoll annehmen, was ich jetzt zu deiner Ehre gethan habe. Siehe nicht darauf, daß ich dir nur so unvollkommen und armselig gedient habe; — siehe nicht auf das unreine Herz, aus welchem meine Gebete und die Lobpreisungen deines süßesten Namens gekommen sind. Nach der Güte deines mildesten Herzens entschuldige du meine Schwachheiten und ertrage es in Nachsicht, daß ich dich noch immer nicht so verehre und liebe, wie du es als die gebenedeite Gottesmutter und als unsere allerbeste Mutter verdienst.

Indeß soll meine Verehrung und Andacht zu dir mit diesem Monat nicht beendigt sein. Ich will eifrig fortfahren, alle Tage meines Lebens dir einige Beweise meiner innigsten Hochschätzung und meiner kindlichen Liebe zu geben. Laß auch du deinen mütterlichen Schutz mir fortan zu Theil werden. Sollte ich etwa nach der menschlichen Schwachheit in Versuchungen fallen, so richte mich wieder auf; in jeder Gefahr schütze mich, in allen Anliegen und Nöthen tröste und stärke mich. Endlich stehe mir bei in meiner letzten Stunde, auf daß ich meine irdische Laufbahn glücklich vollende und eingehen möge zur ewigen Seligkeit. Amen.

O Maria, Quell der Gnaden,
Mutter der Barmherzigkeit!
Hilf, daß mir kein Feind kann schaden;
Steh' mir bei im letzten Streit,
Steh' mir bei in jeder Noth,
Führ' mich zu Jesu nach dem Tod.

X. Verschiedene Gebete zur allerseligsten Jungfrau.

Lobgesang auf Maria.

Nach dem hl. Bonaventura.

Dich, o Mutter Gottes, loben wir! dich, o reinste Jungfrau Maria, preisen wir.

Dich, o Braut des heiligen Geistes, verehrt der ganze Erdkreis.

Dir dienen alle Engel und Erzengel, alle Mächte des Himmels erfüllen freudig deinen Willen.

Vor dir stehen die Schaaren der himmlischen Geister, mit unermüdlicher Stimme zu dir rufend:

Heilig, rein und makellos bist du, o Maria, Gottesgebärerin, Mutter und Jungfrau zugleich!

Himmel und Erde sind voll von der Majestät der glorreichen Frucht deines Leibes.

Dich lobt einhellig der ruhmreiche Chor der Apostel: als ihres Herrn und Lehrers wahrhafte Mutter.

Dich erhebt das erlauchte Heer der Martyrer: als den Tempel der allerheiligsten Dreifaltigkeit.

Dein Lob verkündet der ganze himmlische Hof: als die gebenedeite Himmelskönigin.

Dich und deine erhabene Würde als Gottesmutter bekennet die heilige Kirche auf der ganzen weiten Welt.

Du bist die Mittlerin zwischen Gott und den Menschen: du, die besondere Liebhaberin der Sterblichen.

Du hast, um zur Erlösung der Menschen mitzuwirken, den Sohn Gottes in deinen keuschesten Schooß aufgenommen.

Durch dich ward die alte Schlange überwunden: und den Gläubigen die Pforte des Himmels eröffnet.

Du sitzest mit deinem Sohne: zur Rechten des ewigen Vaters.

Zu dir also flehen wir, komm zu Hilfe deinen Dienern, die wir durch das kostbare Blut deines göttlichen Sohnes erlöset wurden.

Bewirke es, o gütigste Mutter, daß wir und alle deine Verehrer einst den Heiligen im Lande der Glorie beigezählt werden.

zur allerseligsten Jungfrau.

Hilf, o unsere liebe Frau, deinem Volke: und erhalte demselben fortwährend den Segen deines Sohnes.

Und leite sie und erhalte sie ewiglich.

Tag für Tag wollen wir dich preisen: und loben deinen Namen immerdar.

Erhalte uns, o mächtige Jungfrau, heute und alle Tage unseres Lebens von Sünden frei.

Deine Milde und Barmherzigkeit walte über uns, o jungfräuliche Mutter: wie wir auf dich hoffen.

Ja, auf dich, o süßeste Jungfrau, vertraue ich: ich werde ewig nicht zu Schanden werden.

Freudige Begrüßung.

Sei gegrüßt, o Maria, in jener Liebe, in welcher Gott der himmlische Vater von Ewigkeit her dich zu seiner geliebtesten Tochter auserkoren hat!

Sei gegrüßt, o Maria, in jener Liebe, in welcher der Sohn Gottes dich zu seiner Mutter auserwählt und womit Er als dein Sohn dich, seine Mutter, geliebt hat und ewig lieben wird!

Sei gegrüßt, o Maria, in jener Liebe, in welcher der heilige Geist dich zu seinem herrlichsten Tempel und zu seiner allerreinsten Braut bestimmt und mit seinen göttlichen Gnadengaben geschmückt und geheiligt hat!

Sei gegrüßt, o wahre Gottesmutter, Königin des Himmels und der Erde! Sei gegrüßt, o du Freude und Wonne des himmlischen Hofes, du

Die Sternenkrone.

Trost und Hoffnung aller Rechtgläubigen und Frommen auf Erden!

Sei gegrüßt, du höchste Ehre und schönste Zierde des weiblichen Geschlechtes! Du, das herrlichste Geschöpf Gottes, bist ja aus diesem Geschlechte hervorgegangen und zu der allerwunderbarsten Würde einer Gottesmutter erhoben worden; wie sollten wir denn dich nicht preisen? wie sollten wir uns deiner nicht mit allem Rechte rühmen?

Ja, sei mir viel tausendmal gegrüßt, o du neue und bessere Eva, die uns das Leben in der Gnade Gottes und die Seligkeit gebracht hat! O daß doch meine Grüße zu dir in den Himmel emporsteigen möchten! Und als Gegengruß — o ich bitte inbrünstig — wende deine barmherzigen Augen auf mich; dein Blick ist ja immer ein Blick der Gnade. O komm entgegen dem, der dich sucht, und stehe dem bei, der dich kindlich liebt und auf dich so fest vertraut. In dieser Liebe und in diesem Vertrauen rufe ich nochmal aus ganzem Herzen: Ave Maria! Sei gegrüßt, o Maria! Amen.

Weihe und Hingabe.

O unbefleckt empfangene Gottesmutter! siehe, in tiefster Verehrung falle ich dir zu Füßen. Vor Gott dem Allwissenden und in Gegenwart meines heiligen Schutzengels und vor allen lieben Heiligen erwähle ich dich zu meiner besondern Gebieterin, zu meiner Mutter und Herrin. Ich nehme mir fest vor, dich immer kindlich zu lieben, dir eifrig zu dienen und mein Möglichstes zu thun, daß auch Andere dich lieben und dir dienen.

So sei Alles, was ich bin und habe, dir geweiht; mein Leib und meine Seele und all das Meinige sei dir, ganz dir übergeben und aufgeopfert! Verfüge über mich und all mein Eigenthum wie über dein, dir zugehöriges Eigenthum und wie es dir nur immer wohlgefällig ist. Laß dir diese gänzliche Hingabe und Aufopferung meiner selbst angenehm sein!

Ich bitte aber auch recht inständig, du wollest mich in die Zahl derjenigen aufnehmen, die du als deine besonders geliebten Kinder ansiehst. Schließe mich in dein mütterliches Herz ein und lehre, leite und beschütze mich in allen Gefahren und Prüfungen dieses Lebens. Trage allezeit eine wachsame Sorge für mich und entziehe mir niemals deine mächtige Hilfe. Durch deine Fürbitte und deinen Schutz bewirke es, daß alle meine Gedanken, Worte und Werke nur nach dem Wohlgefallen Gottes eingerichtet seien.

Sei also heute und immer meine Retterin in allen schwierigen Umständen, mein Trost in meinen Bedrängnissen, meine Stärke in Noth und Trübsal. Streite und kämpfe für mich in diesem gefahrvollen Leben, und noch besonders im schreckbaren Augenblicke meines Ueberganges in die Ewigkeit. Bitte alsdann deinen göttlichen Sohn, daß Er gegen mich ein barmherziger Richter sein und mir den Eintritt in die himmlische Seligkeit gnädigst gestatten wolle. Amen.

Eine kürzere Aufopferung.
Ablaßgebet.
Nro. 11.

Ich verehre dich von ganzem Herzen, o seligste Jungfrau Maria, über alle Engel und Heiligen des Himmels, als die Tochter des ewigen Vaters, und schenke dir meine Seele mit allen ihren Kräften und Vermögen. Gegrüßt seist 2c.

Ich verehre dich von ganzem Herzen, o seligste Jungfrau Maria, über alle Engel und Heiligen des Himmels, als die Mutter des eingebornen Sohnes Gottes, und schenke dir meinen Leib mit allen seinen Sinnen. Gegrüßt seist 2c.

Ich verehre dich von ganzem Herzen, o seligste Jungfrau Maria, über alle Engel und Heiligen des Himmels, als die geliebteste Braut des heiligen Geistes, und schenke dir mein Herz mit allen seinen Neigungen und Gefühlen, indem ich dich bitte, du wollest mir von der hochheiligen Dreifaltigkeit alle Gnaden erflehen, die zu meinem Heile nothwendig sind. Gegrüßt seist 2c.

Bitte um Annahme an Kindesstatt.
Vom heiligen Alphons Liguori.

Einige Augenblicke vor seinem Tode empfahl der Sohn Gottes den heiligen Johannes seiner Mutter als Sohn, und die Mutter dem heiligen

Johannes als Mutter: „Weib, sieh dein Sohn! Sohn, sieh deine Mutter!"

Siehe also, o heiligste Jungfrau Maria! dein eigener Sohn hat uns Alle dir als deine Kinder, seine Brüder und Schwestern, übergeben und zugleich dich als Mutter über uns bestellt. Das war die testamentliche Verordnung, die Er noch vom Kreuze herab laut und feierlich gemacht hatte.

Mit Freude erkenne und nehme ich dich nun demgemäß als meine Mutter an. Ich danke dem göttlichen Erlöser für die große Ehre und das unschätzbare Glück, daß seine gebenedeite Mutter auch meine Mutter ist. Würdige auch du dich, mich als dein Kind anzuerkennen und anzunehmen. Ich bin dieser Gnade freilich unwürdig, weil ich deinen göttlichen Sohn schon so oft beleidigt habe; doch ich bereue dies von Herzen und bin fest entschlossen, es künftighin nicht mehr zu thun. Ich hoffe auch, Er sei mit mir wieder ausgesöhnt und habe Wohlgefallen daran, wenn ich seiner letzten Anweisung nachkomme und dieselbe zu befolgen trachte.

Nun, o heiligste Mutter, kommt es allein auf dich an; nimm mich an als dein Kind und sei du meine Mutter. Ich verspreche dir, daß ich immer ein kindliches Herz und Betragen gegen dich haben will. Ich will dich stets aufrichtig verehren, hochachten und lieben; ich will deine Verehrung und Liebe zu dir auch Andern beizubringen suchen. Auch will ich die schönen Tugendbeispiele, die du mir in deinem Leben gegeben,

recht oft vor meinen Augen schweben lassen und
selbe nach Möglichkeit nachahmen. Besonders will
ich die Keuschheit des Leibes und der Seele be=
wahren, deine Bescheidenheit und Demuth, deine
Geduld und Gottergebenheit bei allen Vorfallen=
heiten dieses Lebens, deine Sanftmuth und Liebe
gegen alle Menschen an mich nehmen und mir
aneignen, und dir also mehr noch durch ein tu=
gendhaftes, gottgefälliges Leben, als nur durch
bloße Andachtsübungen Freude zu machen suchen.

Auf dieses hin, heilige Jungfrau und Mutter,
schließe ich mit dir den kindlichen Bund. Nimm
mich auf in deine Liebe und in dein Mutterherz;
gedenke immer mütterlich meiner, wie auch ich mit
Gottes Gnade dein gedenken will alle Tage mei=
nes Lebens. Amen.

Bitte um Bewahrung der Keuschheit.

Besonders für Jünglinge und Jungfrauen.

Maria, keuscheste Jungfrau, reinste Mutter!
du hast die Gnade der unbefleckten Em=
pfängniß immer unversehrt erhalten; auch nicht die
kleinste Makel der Sünde hat die Unschuld und
Reinheit deiner Seele jemals verletzt. So bist du
ganz besonders der Jugend das erhabenste und
lieblichste Vorbild geworden.

Möchte doch auch ich, o jungfräuliche Mutter,
nach meinem Stande und Vermögen die Reinig=
keit an Leib und Seele stets bewahren! Ich weiß
gar wohl, wie diese Tugend so kostbar, so wohl=

gefällig in Gottes und in deinen Augen ist. Ich fühle aber auch meine große Schwachheit, meine heftigen bösen Neigungen — und sehe noch dabei so viele Reize und Gefahren von Außen.

Wie könnte ich denn ohne besondern Beistand Gottes in diesem harten, beinahe andauernden Kampfe bestehen? wie ohne höhere Gnade die schönste Tugend der Keuschheit unbefleckt erhalten und standhaft ausüben? Und wenn mich deine mütterliche Hand nicht schützt und aufrecht erhält, ach was wird dann aus mir werden?

O so sei mir denn wie ein fester Thurm und komme mir zu Hilfe in diesen täglichen Versuchungen, in diesen großen Gefahren! Wenn unehrbare Gedanken oder unerlaubte Begierden und Neigungen sich in meinem Herzen regen, o so laß mich sogleich zu dir eilen, zu dir meine Zuflucht nehmen und dich um deinen Schutz anflehen.

Erbitte mir dann die Gnade, daß ich mich lebhaft erinnere, Gott der heilige Geist habe mich in der heiligen Taufe an Leib und Seele geheiligt und ich sei durch das kostbare Blut Jesu Christi erkauft worden. Führe es mir dann tief zu Gemüthe, welch ein Undank, ja welch eine Bosheit es wäre, wenn ich meinen Leib und meine Seele — diesen Tempel des heiligen Geistes — schänden und entheiligen würde.

Damit ein solches Unheil mich niemals treffe, o so erhalte mir, reinste Gottesmutter, einen recht lebhaften Abscheu gegen alles, was unehrbar ist; bitte, daß ich über meine Sinne, vorzüglich über die Augen und Ohren sorgfältig wache, daß ich dieselben bezähme, auch alle gefährlichen Lustbarkeiten und Verbindungen fliehe und jeder Versuchung zur Unkeuschheit mit allem Ernste widerstehe.

O Maria! hilf mir doch diesen kostbarsten Schatz der Unschuld und Herzensreinigkeit, diese herrlichste Zierde und das größte Gut eines christlichen Jünglings (einer christlichen Jungfrau) bis an's Ende meines Lebens unversehrt bewahren, auf daß ich — in heiliger Gottesfurcht wandelnd — einst in das Reich des Himmels gelange, wohin nichts Unreines eingehen kann und wo nur Jene, die eines reinen Herzens sind, der seligen Anschauung Gottes gewürdigt werden. So geschehe es im Namen Jesu und durch deine Fürbitte, o heiligste Gottesmutter Maria! Amen.

Zufluchtsgebet in schweren Anliegen.

Mit Andacht und Ehrfurcht grüße ich dich, o seligste Jungfrau Maria! Ich sollte es wohl nicht wagen, mich dir zu nahen, da ich ein sündiger Mensch bin; doch du bist ja als Mutter meines göttlichen Erlösers auch meine Mutter; wie sollte ich denn in meiner Bedrängniß nicht zu dir meine Zuflucht nehmen und bei dir Hilfe suchen dürfen? Kann ich denken, du, die gütigste, die liebreichste Mutter werdest mich von dir stoßen und gegen mich hart und unbarmherzig sein? O nein, das kannst du ewig nicht.

Voll Vertrauen komme ich also zu dir, o du Zuflucht aller Bedrängten und Trösterin der Betrübten! Du siehst das schwere Anliegen, das mich drückt; du kennst die harte Noth, in welcher ich schmachte.

Meine liebe Mutter! sage doch nicht, es sei dir unmöglich mir zu helfen; ich weiß ja, daß du bei deinem göttlichen Sohne Alles vermagst, Alles erhältst, um was du Ihn bittest. Er hat dich zu seiner Schatzmeisterin gemacht, Er hat dir alle Macht gegeben im Himmel und auf Erden; wie solltest du denn nicht auch mir helfen können?

Sage aber auch nicht, du dürfest mir nicht helfen; denn du bist die Mutter aller Christgläubigen, auch die Mutter aller Elenden, ja du bist noch insbesondere meine Mutter. So sage ich denn mit dem heiligen Franz von Sales in kindlicher Zutraulichkeit zu dir:

"Wenn du mir nicht helfen könntest, würde ich mich beruhigen und denken: Allerdings ist sie meine Mutter und liebt mich wie ihr Kind; doch die gute Mutter ist nicht im Stande mir zu helfen. Wenn du aber nicht meine Mutter wärest, so würde ich's ertragen und müßte denken: Sie ist wohl sehr reich und mächtig, um mir helfen zu können; doch ach, da sie meine Mutter nicht ist, so darf ich auf ihre Liebe nicht so zuversichtlich rechnen. Du bist aber meine Mutter und zugleich so vielvermögend, so überaus mächtig; was müßte ich denn auch von deiner Güte und Macht denken, wenn du mir jetzt keine Erleichterung verschaffen würdest und deine Hilfe mir nicht angedeihen ließest?"

Maria! verzeihe, daß ich so zutraulich zu dir rede; — wie könnte ich aber anders, da ich nicht nur deine Macht und Größe, sondern auch dein liebevolles und gütigstes Herz kenne? O so nimm dich meiner an; — du bist ja gewohnt, mehr zu geben, als man von dir verlangt. Auf so freigebige, so großmüthige Weise handle jetzt auch gegen mich.

O Mutter! ich weiß, du findest deine größte Freude darin, wenn du den Elenden helfen kannst, ja (wie dein großer Verehrer, der heilige Alphons versichert) du liebst noch ganz besonders die Elendesten und Verlassensten, und suchest sie auf, um ihnen beizuspringen, sie zu trösten und zu beglücken. Siehe denn, wie ich so elend bin, und welch eine große Drangsal mir das Leben verbittert! Höre meine Seufzer, erhöre meine Bitten und rette mich aus meiner Noth. Hilf, o Maria! o Maria, hilf!

Solltest du auch mit der erwünschten Hilfe zögern, dennoch, dennoch verliere ich das Vertrauen nicht, ja je länger du zögerst, desto fester wird meine Hoffnung auf dich. Daher lade ich jetzt schon alle Heiligen im Himmel und alle Geschöpfe auf Erden ein, sie wollen dir Dank sagen — für alle Gnaden, die du jemals mir und allen Menschen erhalten hast und noch ferner erhalten wirst. Ich werde niemals aufhören, deine Macht und Güte zu preisen und zu rufen: O zur allerseligsten Jungfrau. 331

erhabene Gottesmutter! o milde, o gütige, o süße Jungfrau! sei gegrüßt und gelobt in Ewigkeit! A.

Gebet um eine glückselige Sterbstunde.

Maria, allerseligste Jungfrau! mit Angst und Bangigkeit denke ich an jene furchtbare Stunde, in welcher ich einst — vielleicht in kurzer Zeit! — diese sichtbare Welt verlassen und die Reise in die Ewigkeit antreten muß. Wer wird mir alsdann beistehen? wer wird mir Trost und Muth einflößen? wer wird sich meiner annehmen vor dem unendlich heiligen und gerechten Richter?

O Maria, Mutter Gottes! von meiner ersten Jugend an flehe ich (du weißt es) täglich also zu dir: „Bitte für uns arme Sünder, jetzt und in der Stunde unseres Absterbens!" Diese Stunde nahet immer mehr; ist sie aber einmal wirklich da, o dann erhöre mein so oft wiederholtes Gebet.

Vor Allem aus erhalte mir die Gnade, daß ich nur nach würdigem Empfang der heiligen Sterbsakramente aus diesem Leben scheiden möge. Nachdem ich durch das heilige Bußsakrament mit Gott werde ausgesöhnt sein, o dann möge mein göttlicher Heiland in mein armes Herz kommen, bei mir bleiben und mich auf meinem Hingange in die andere Welt begleiten! Auch noch das heilige Sakrament der letzten Oelung wünsche ich mit Andacht zu empfangen, damit ich abermalige Nachlassung meiner Sünden und Kraft und Stärke in dem letzten, so höchst gefahrvollen Kampfe erhalte.

Du aber, o Maria! bleibe fort und fort an meinem Sterbebette und stehe mir dann nach deiner mütterlichen Liebe bei. Gedenke, daß du gerade beim Tode Jesu die Mutter der Gläubigen, besonders aber die Mutter der Sterbenden geworden bist. Dein göttlicher Sohn wollte ja in den letzten Stunden seines irdischen Lebens dich in seiner Nähe haben; so möchte auch ich nicht ohne dich sterben. Ich will hierin meinen gekreuzigten Heiland nachahmen; auch ich will, so wie Er, dich im Tode bei mir haben, wenn auch nur auf unsichtbare Weise. Kannst du mir diese Gnade versagen? O nein, dein liebreiches Herz läßt mich da keine Fehlbitte thun.

Wenn dann in jener angstvollen Stunde heftige Schmerzen der Krankheit mich quälen werden, — wenn ich zagend und zitternd dem herannahenden Tode entgegensehen werde: o so erbitte mir die Gnade, daß ich geduldig und standhaft all dieses Peinliche ertrage, so lange es dem Herrn des Lebens und Todes gefällig sein wird. Erhalte mir Kraft und Stärke, daß ich alle Leiden und Schmerzen zur Abbüßung meiner Sünden und zum Zeichen meiner Treue und Liebe gegen Gott willig annehme und den bittern Kelch des Leidens bußfertig und gottergeben trinke.

Wenn endlich der Augenblick meiner Auflösung angekommen ist; — wenn meine Sinne abnehmen und meine betrübte Seele hier nirgends einen Trost finden wird: dann sei du meine Trösterin, meine Helferin und beschütze mich so und hilf mir zur allerseligsten Jungfrau.

Andächtiges Gebet für sich und die Mitmenschen.

Von der frommen Wittwe Anna Maria Taigi, die Anno 1837 im Rufe der Heiligkeit gestorben.

Oerhabene Königin des Himmels! in tiefster Ehrfurcht falle ich dir zu Füßen, um dir meine innigste Verehrung zu bezeigen. Unbezweifelt glaube und bekenne ich, daß du die geliebteste Tochter des himmlischen Vaters bist, ebenso die gebenedeite Mutter des Sohnes Gottes und die reinste Braut des heiligen Geistes. So bist du auch die Schatzmeisterin und Ausspenderin der himmlischen Gnaden. Und weil dein gütigstes Herz gegen alle Menschen, ja selbst gegen die Sünder voll Liebe, voll Milde und Zärtlichkeit ist, deßhalb nennen wir dich die Mutter der Barmherzigkeit.

Maria, meine geliebte Mutter! siehe, auch ich nehme jetzt in harter Bedrängniß meine Zuflucht zu dir. Von festem Vertrauen beseelt, klage ich dir die drückende Noth, welche über mich gekommen ist. Ich bitte dich inbrünstig, du möchtest es doch jetzt zeigen, daß du mich in Wahrheit liebest; ja zeige dies dadurch, daß du mir jene Gnade erwirkest, um welche ich dich anrufe, insofern sie nicht gegen den Willen Gottes ist und zum Heile meiner Seele gereicht.

O wende doch, ich bitte und beschwöre dich, wende deine barmherzigen Augen auf mich; wende sie auch auf alle meine Mitmenschen, insbesondere auf jene, die sich meinem Gebete empfohlen haben, oder für welche ich sonst zu beten verpflichtet bin. Erhalte uns durch deinen mächtigen Schutz in dem gefahrvollen Kriege, welchen der Satan, die Welt und unser eigenes Fleisch immerdar gegen uns führen, und worin leider so viele Seelen zu Grunde gehen.

Gedenke, o liebreichste Mutter, daß wir deine Kinder sind, erkauft um den Preis des kostbaren Blutes, das dein göttlicher Sohn für uns vergossen hat. Flehe inständig zur heiligsten Dreifaltigkeit, auf daß sie mir die Gnade verleihe, den Satan, die Welt und alle meine bösen Neigungen und Leidenschaften zu überwinden. Ja erhalte mir jene göttliche Gnade, durch deren allvermögende Kraft die Gerechten in der Heiligkeit immer mehr zunehmen, die Sünder sich bekehren, die Ketzereien ausgerottet und die Ungläubigen und Juden erleuchtet und zur christlichen Wahrheit hingeführt werden.

Erbitte, o gütigste Mutter! erbitte mir und meinen Mitmenschen diese heilsamste Gnade durch die unendliche Barmherzigkeit Gottes, durch die unermeßlichen Verdienste deines heiligsten Sohnes, durch die Nahrung, die du Ihm in seiner Kindheit dargereicht, durch alle die Sorgfalt, womit du Ihm so viele Jahre gedient, durch die zärtlichste Liebe, wovon dein Mutterherz gegen Ihn erfüllt war, auch durch die Thränen, die du in seinem bittern Leiden vergossen, und durch die Schmerzen, die damals deine eigene Seele durchdrangen.

Bewirke auch durch deine mildeste Fürbitte, daß auf der ganzen weiten Erde nur Ein (im nämlichen Glauben vereintes) Volk und nur Eine heilige Kirche sei, die der heiligsten Dreifaltigkeit allüberall und immerdar Anbetung, Lob und Danksagung darbringe, und die auch dich, unsere Mittlerin und Fürsprecherin, zu preisen nie aufhöre.

So mögen diese so sehr erwünschten Gnaden mir und auch Denen zukommen, die ich jetzt in mein Gebet eingeschlossen habe. Also geschehe es durch die Allmacht des Vaters, durch die Weisheit des Sohnes und durch die Liebe des heiligen Geistes! Amen.

Einige kürzere Gebete.

Das kräftige Memorare des heiligen Bernard.

Gedenke, o mildeste Jungfrau Maria! es sei noch nie erhört worden, daß Jemand verlassen worden sei, der zu dir seine Zuflucht genommen, deine Hilfe angerufen und um deine Fürbitte geflehet hat. Mit solchem Vertrauen beseelt, eile ich zu dir, o Jungfrau der Jungfrauen, o Mutter! zu dir komme ich, vor dir stehe ich als Sünder seufzend. Verschmähe meine Worte nicht, o Mutter des ewigen Wortes! sondern höre und erhöre sie gnädig. Amen. (Ablaß 12.)

In deiner Empfängniß, o Jungfrau Maria! bist du ohne Makel gewesen. Bitte für uns den Vater, dessen Sohn Jesus, vom heiligen Geiste empfangen, du geboren hast. (Ablaß 13.)

Gebenedeit sei die heiligste und unbefleckte Empfängniß der seligsten Jungfrau Maria! (Ablaß 14.)

Gegrüßt seist du, Maria ꝛc. Heilige Maria ꝛc.

Maria, Mutter voll der Schmerzen,
  Ach, theile mit mir deine Pein;
Und drücke auch in meinem Herzen
  Die Wunden deines Sohnes ein.
(Ablaß 15.)

O süßes Herz Mariä, sei meine Rettung. (Ablaß 16.)

Unbeflecktes Herz Mariä! bitt für uns. (Ablaß 17.)

O Maria, ohne Makel der Erbsünde empfangen, bitt für uns, die wir zu dir unsere Zuflucht nehmen. (Ablaß 18.)

XI. Neuntägige Andacht zu Maria in Krankheiten oder andern schweren Anliegen.

Vorbereitungsgebet.

Maria, seligste Jungfrau! heiligste Gottesmutter! in meiner Krankheit (Bedrängniß) nehme ich meine Zuflucht zu dir, um deine mächtige Fürbitte anzurufen und durch dich Hilfe in meiner drückenden Noth zu erhalten.

Gott selbst mahnet mich durch den königlichen Propheten (Ps. 49.), ich solle am Tage der Trübsal Ihn anrufen, und Er verspricht es heilig und theuer, Er wolle mich daraus befreien. Doch um bei Gott Zutritt zu finden, an wen soll ich mich eher wenden, als an dich, du allvermögende Vermittlerin und Fürsprecherin?

In dieser Absicht will ich nun eine neuntägige Andacht verrichten, um durch dein empfehlendes Wort, o Maria, von Gott diese besondere Gnade . . . zu erlangen. Solchem vertrauensvollen und anhaltenden Gebete hast du schon viele und ausgezeichnete Gnaden in den verschiedensten Anliegen verliehen, und deßwegen hoffe ich, du werdest auch mein Gebet erhören und mir die erwünschte Hilfe erbeten. Ich bin zwar meiner Sünden wegen nicht würdig, daß du meine Bitte in Güte aufnehmest; aber du bist doch die Zuflucht aller Nothleidenden, die Mutter aller Gnaden, die Beschützerin aller Elenden.

Mein Gebet soll freilich nicht etwa nur auf leibliche oder irdische Güter gerichtet sein; nein, ich bete vor Allem aus um die Verzeihung meiner Sünden, um eine ernstliche und wahre Besserung des Lebens, um die Beharrlichkeit im Guten, insbesondere auch um die Gnade zur geduldigen Ergebung in Gottes heiligen und anbetungswürdigen Willen.

So möge diese meine Andacht zum Wohlgefallen deines göttlichen Sohnes und zu deiner eigenen Freude gereichen, mir aber bringe sie Trost und Hilfe, Erleichterung in meinen Leiden und, wenn es nicht gegen Gottes Willen ist, gänzliche Befreiung davon!

Gegrüßt seist du 2c.

Gedenke, o mildeste Jungfrau 2c. (wie Seite 335.)

Erster Tag.

Maria, die Mutter Jesu.

Bittend und seufzend komme ich zu dir, o allerseligste Jungfrau Maria! Zu deinen Füßen werfe ich mich im Geiste nieder und rufe zu dir um Hilfe in allen meinen Bedrängnissen und Anliegen, besonders in dieser gegenwärtigen Noth.

Du bist ja die aus Tausenden auserwählte Mutter Jesu, unseres göttlichen Erlösers. Du hast diesen ewigen Sohn des himmlischen Vaters in deinem jungfräulichen Schooße und ebenso in deinen zärtlichen Mutterarmen getragen. Ihm, der mit Gott dem Vater und dem heiligen Geiste Eines Wesens ist — Ihm, dem allmächtigen Schöpfer und Herrn des Himmels und der Erde — Ihm durftest du hienieden Befehle ertheilen und — Er gehorchte dir.

Welch ein Trost ist dies für mich! Mit wie großer Zuversicht darf ich meine Hände zu dir erheben und dich um alle mir nöthigen Gnaden anrufen! Denn dort oben im Himmel — was wird da dein göttlicher Sohn thun, wenn du ein Fürwort für mich einlegst? Der fromme König Salomon sprach zu seiner Mutter: „Bitte nur! Was du begehrst, wird dir gegeben werden;" — sollte denn dein allerbester Sohn, der dich so unaussprechlich liebt — sollte Er deine Bitten unerhört lassen? Und ich sollte nicht alles Gute voll Vertrauen erwarten dürfen, wenn du meiner dich annimmst und Ihm mein Anliegen empfiehlst?!

O so bitte für mich, du jungfräuliche Mutter meines Gottes und Heilandes! Erinnere dich, wie du einst die Noth jener Hochzeitleute zu Kana Ihm mit wenigen Worten nur angedeutet hast. Er las in deinem Herzen, was du wünschtest — und sogleich wirkte Er dir zu Lieb' sein erstes Wunder. Solch eine Macht hattest du über das heiligste Herz Jesu! Verwende nun diese Macht auch zu meinen Gunsten. Klage du deinem Sohne meine Noth und erbitte mir doch diese Gnade…

Ich bin freilich ein sündiger Mensch; doch du bist die liebreiche und mächtige Mittlerin zwischen Jesus und uns Sündern. Versöhne mich doch mit Ihm und stelle Ihm mein Anliegen vor. So laß es mich aus eigener Erfahrung erkennen, daß es ganz wahr ist, was dein großer Verehrer, der heilige Ephrem, versichert, da er sagt: „Zu deiner Fürbitte, o Maria, neigt sich dein Sohn; durch Erhörung deiner Wünsche belohnt Er dich immerdar, die du Ihm in dem großen Geheimnisse der Erlösung so viele Dienste geleistet hast. Deßhalb gewährt es Ihm Freude, deine Bitten zu erhören, und Er hält es sich zu eigener Ehre, all dein Verlangen zu erfüllen."

So möge denn dein göttlicher Sohn auf deine Empfehlung hin auch meine Bitten huldvoll erhören! Lege du Ihm mein Anliegen an's Herz, — sprich du nur ein Wort für mich — und ich bin der Erhörung gewiß.

Lauretanische Litanei Seite 244.

Neuntägige Andacht zu Maria. 341

Denkspruch.

Du fürchtest in Jesu die göttliche Majestät, und möchtest doch gern bei Ihm einen Fürsprecher haben. Wende dich an Maria, seine gebenedeite Mutter. Ihrer Würde gemäß wird der Sohn die Mutter erhören. (Hl. Bernard.)

Zweiter Tag.

Maria, unsere liebe Frau vom heiligsten Herzen Jesu.

Zu dir, o Maria, rufe ich abermals und begrüße dich heute mit dem so höchst ruhmvollen Titel: „Unsere liebe Frau vom heiligsten Herzen Jesu." Gewiß, ganz billig verdienst du diesen schönen Ehrentitel. Aus deinem Fleisch und Blute hat ja der ewige Sohn Gottes, unser anbetungswürdige Herr und Heiland, die menschliche Natur angenommen; in deinem jungfräulichen Schooße ist also auch sein heiligstes Herz gestaltet worden. Als Mutter Jesu bist du somit auch die Mutter seines heiligsten Herzens und du heißest deßhalb mit vollem Rechte: Unsere liebe Frau vom heiligsten Herzen Jesu.

Soll aber nicht dieser dein Ehrentitel mein Vertrauen auf deine Fürbitte erhöhen und vermehren? O ja, du die Mutter und liebe Frau vom heiligsten Herzen meines Erlösers — du hast sicher auch gewisse Mutter-Rechte über dieses göttliche Herz. O so gebrauche doch dieselben dazu, um auch mir einige Tropfen aus dieser uner=

schöpflichen Quelle der himmlischen Gnaden zufließen zu lassen.

Die besondere Gnade, um welche ich in diesen Tagen dich inbrünstig bitte, ist diese .... Darf ich diese Gnade nicht erwarten? Tausend und tausend Gebetserhörungen bezeugen es, daß du Niemanden ohne Trost und Hilfe entlassen kannst, und ich sollte keine Erhörung, keine Gnade finden?!

O nein! durch dich hoffe ich die nöthige Hilfe und Rettung — und die Hoffnung, die ich auf dich setze, wird sicher nicht zu Schanden werden. Sollte ich auch nicht so erhört werden, wie ich's wünsche, dennoch bete ich nicht umsonst; du gibst mir, was mir viel heilsamer, ja was für mich das Beste ist.

So werde ich fortfahren, bei dir anzuklopfen, zu bitten und zu suchen; ich rufe fort und fort: Unsere liebe Frau vom heiligsten Herzen Jesu! bitte für mich.

Litanei vom heiligen Herzen Mariä Seite 248.

Denkspruch.

Wer irgend eine Gnade wünscht, wende sich an die seligste Jungfrau. (Hl. Philipp Neri.)

Dritter Tag.

Maria, unsere Mutter.

Allerseligste Jungfrau! ich erscheine wieder vor dir und kniee in Andacht vor deinem heiligen Bilde. Und welch eine tröstliche Wahrheit

Neuntägige Andacht zu Maria.

verkündet mir der bloße Hinblick auf dich! Du bist freilich die hochgebenedeite Mutter des Sohnes Gottes; aber gerade deßhalb bist du auch meine Mutter. Auch zu mir nämlich sprach der sterbende Erlöser jene zärtlichen Worte: "**Siehe, deine Mutter!**"

Ja, das glaube ich fest: Du, o Maria, du bist die Mutter der Gläubigen, du bist wahrhaft auch meine Mutter, wenn nicht leiblicher, doch geistiger Weise. Und welch eine Gnade, welch eine Ehre, ja welch ein Glück ist das für mich, daß du, die Mutter meines göttlichen Heilandes, die Königin des Himmels und der Erde — daß du auch meine Mutter bist!

Und welch eine Mutter bist du, o Maria! Nein, eine gütigere, eine liebevollere Mutter als du bist, gibt es nicht. Du bist in Wahrheit **die Mutter der schönen Liebe** — voll Milde, voll Barmherzigkeit. Mehr als die allerbeste Mutter denkest du an mich und bist für mein Heil so sehr besorgt. Nach Gott liebt mich Niemand mehr, Niemand inniger als du, o Maria!

Diese deine unaussprechlich große Mutterliebe flößt mir ein unbegrenztes Vertrauen ein. Wie ein Kind bei der geliebten Mutter, so suche ich jetzt bei dir Hilfe in meinem schweren Anliegen. O theuerste Mutter! kannst du mein Rufen unerhört lassen? Nein, dein Mutterherz ist ja so gut; du kannst nicht anders, du wirst mir in meiner Bedrängniß beispringen und selbe wenigstens erleichtern.

In dieses liebreichste Mutterherz lege ich daher ganz getrost mein Anliegen. Sprich du nur ein Wort zu meinem betrübten Herzen — jenes süße, liebliche Wort, das der Liebesjünger Johannes von seinem göttlichen Meister vernommen, als Er sagte: „Siehe, deine Mutter!"

O dieses liebliche Wort sprich jetzt auch du, o Maria; sage es mir in's Herz hinein: „Siehe, deine Mutter!" — und mein Leid ist in Freude, meine Trauer in Frohlocken verwandelt. Wenn ich nur weiß, daß du als Mutter dich meiner annimmst, dann bin ich schon versichert, daß mir wird geholfen werden; die Art und Weise mir zu helfen, überlasse ich wohlgetrost deiner Weisheit und Liebe.

Lauretanische Litanei Seite 244.

Denkspruch.

O welch eine gute Mutter haben wir an Maria! (Der sel. Peter Forrerius.)

Vierter Tag.

Die Mutter der göttlichen Gnade.

Mit den Worten der heiligen Kirche begrüße ich dich heute, o Maria, und rufe zu dir: Mutter der göttlichen Gnade! bitte für mich.

Fürwahr, du trägst diesen Ehrennamen nicht ohne guten Grund. Du bist ja die vielgeliebte Tochter des himmlischen Vaters, du die gebenedeite Mutter des Sohnes Gottes, du die reinste

Braut des heiligen Geistes; wie sollten denn die Gnadenschätze des dreieinigen Gottes nicht gleichsam in deine Hände gelegt sein? wie solltest du über dieselben nicht verfügen können? solltest du nicht Allen ausspenden können, was Jeder bedarf?

O ja, wenn wir irgend etwas Gutes haben, wenn irgend eine Gnade uns zu Theil geworden; — jede gute Gabe des Himmels ist uns, wie die heiligen Lehrer versichern, durch deine Hände, o Mutter der göttlichen Gnade, zugekommen.

Und wie viele Tausende haben es wirklich erfahren, daß du wahrhaft die himmlische Schatzmeisterin, die Mutter der göttlichen Gnaden bist! Auch hast du dich zu allen Zeiten und gegen so viele Hilfsbedürftige nicht als eine karge, vielmehr als eine gütige und freigebige Ausspenderin dieser göttlichen Schätze erwiesen.

So komme denn auch ich wie ein armer Bettler zu dir, o reichste Herrin und Frau! Kniefällig rufe ich dich um ein Almosen an, was und wie's dein guter Wille ist; ganz besonders bitte ich um die Gnade ..., die ich zuversichtlich durch deine mächtige Fürbitte erwarte.

Sollte denn das Vertrauen, welches ich auf dich setze, unbelohnt bleiben? Nein, du kannst mich nicht vergebens zu dir flehen lassen; noch Keiner (ich wiederhole das so gern!) — noch Keiner ging ganz leer aus, wenn er dich um Hilfe anrief. So hilf mir, Maria, hilf mir! Befreiest du mich nicht von meiner Krankheit (Bedrängniß, Noth, Versuchung), so erbitte mir doch ein recht lebendiges Gottvertrauen und eine innige, thatkräftige Liebe zu Gott.

Litanei zum heiligen Herzen Mariä Seite 248.

Denkspruch.

Maria ist die Ausspenderin aller Gnaden; unser Heil liegt ganz in ihren Händen. (Hl. Bernardin von Siena.)

Fünfter Tag.

Maria, die Trösterin der Betrübten.

O Maria! schon dein Name ist süß für das mit Bitterkeit erfüllte Herz; er ist (wie heilige Lehrer versichern) wie ein wohlriechendes Oel, das den Wohlgeruch der göttlichen Gnade weit umher verbreitet und die trostlose Seele erquickt. Eben deßhalb nennt dich die ganze Welt: „Die Trösterin der Betrübten;" — du erzeigst nämlich allen Trostbedürftigen, allen Armseligen Trost und Hilfe, wenn sie nur zu dir ihre Zuflucht nehmen.

Auch ich komme nun abermals zu dir und klage dir meine Noth und Bedrängniß. Ich bitte und beschwöre dich im Namen Jesu, deines göttlichen Sohnes, du wollest meiner zagenden Seele Muth und Vertrauen einflößen. Sodann aber flehe ich auch, du wollest mich von diesem Uebel .. befreien. O laß mich doch die tröstliche Hoffnung haben, ich werde auf diese meine neuntägige Andacht hin aus meiner Noth errettet werden! Bin ich auch nicht würdig, auf so gnädige Weise von dir erhört zu werden, o so schaue nicht auf meine Unwürdigkeit, schaue auf deine unermeßlichen Verdienste, durch welche du bei Gott Alles vermagst.

Verzeihe, o mildreichste Mutter! verzeihe, daß ich so zudringlich, so ungestüm zu dir flehe; nein, es ist nicht Kühnheit oder Unbescheidenheit, es ist kindliche Zutraulichkeit, die mich so zu beten ermuntert. Sei denn — ich bitte nochmal — sei denn, o Maria, meine gute, meine beste Trösterin! Mit dem heiligen Alphons rufe ich:

„O Trösterin der Betrübten, die du die Stürme der Versuchungen vertreibst, — die du mit deinen Wohlthaten uns zuvorkommst, ehe wir darum bitten: tröste auch mich, der ich mich dir anempfehle. Wenn du mir nicht hilfst was wird aus mir werden? Doch nein, du bist nicht unerbittlich — und ich bitte ja nur um das Eine: Blicke vom hohen Himmelsthrone auf mich herab — nur Einmal, nur ein einzig Mal! Ich bin versichert, der Anblick meiner Noth erregt dein Mitleid und dann wirst du nach deiner Güte den Balsam deines Trostes und einen süßen Frieden in mein trauerndes Gemüth bringen."

Lauretanische Litanei Seite 244.

Denkspruch.

Maria läßt Niemanden ohne Trost von sich weggehen. (Der fromme Abt Lud. Blosius.)

a. Sechster Tag.

Maria, das Heil der Kranken.

Gebet, insbesondere für einen Kranken.

Maria! dein zärtlichster Verehrer, der heilige Bernard, sagt von dir, du seiest Allen Alles geworden und dein liebreiches Herz stehe Jedermann als eine Zufluchtsstätte offen, damit Alle bei dir und durch dich finden, was ihnen gut und heilsam ist — der Betrübte Trost, der Sünder Verzeihung, der Kranke Gesundheit. Wie sollte ich denn in meiner Krankheit nicht mit Vertrauen zu dir rufen? Darf ich nicht hoffen, du werdest mir die so köstliche Gabe der Gesundheit von Gott erhalten?

O Maria, du Heil der Kranken, die du schon so vielen Tausenden die Genesung von schweren Krankheiten erfleht hast: auch ich bitte jetzt inbrünstig um die gleiche Gnade. Du siehst ja, wie ich schon lange leidend bin und große Schmerzen empfinde. Kannst du diese meine Noth ansehen, ohne von Mitleid gerührt zu werden? O eine Mutter unter uns Menschen steht mit zärtlichster Theilnahme an dem Krankenbette ihres geliebten Kindes; sie bietet Allem auf, um seine Schmerzen zu lindern oder wo möglich ganz zu heben: — was darf ich denn nicht von dir erwarten — von dir, die du die allerzärtlichste und beste Mutter bist?

Oder kannst du mir etwa nicht helfen? Wenn Gott dem Erzengel Raphael und vielen Heiligen

Neuntägige Andacht zu Maria.

die Gabe der Krankenheilung verliehen hat: wie solltest du nicht auch dieselbe Macht besitzen? Sogar der Schatten des heiligen Petrus reichte hin, um die von verschiedenen Krankheiten Behafteten augenblicklich zu heilen: solltest denn du — du die Gnadenvolle — den an Leib oder Seele Kranken nicht zur vorigen Gesundheit verhelfen können?

Ja, du kannst es ganz sicher; deßhalb rufe ich voll Vertrauen: Heil der Kranken! bitte für mich und mache mich gesund. Freilich weiß ich nicht, was für mein ewiges Seelenheil besser ist, ob die Krankheit oder die Gesundheit; ich will daher nicht so eigensinnig auf meiner Bitte beharren, vielmehr überlasse ich's dir, daß du nach dem Willen deines göttlichen Sohnes über mich verfügest. Möchte ich nur immer in ganz kindlicher Ergebenheit alles Beschwerliche meiner Krankheit ertragen! Dann werden mir diese Mühsale eine Quelle geistigen Segens und himmlischer Gnaden, so daß ich einmal mit dankbarem Herzen Gottes weiseste Vorsehung loben und preisen werde. Amen.

Lauretanische Litanei Seite 244.

Denkspruch.

Maria wird sich erinnern; Maria wird helfen. Habet nur Vertrauen! (Der gottsel. Bischof Vinz. Strambi. † 1824.)

b. Sechster Tag.

Maria, die Helferin der Christen.

Für solche, die zwar nicht krank sind, aber ein anderes schweres Anliegen haben.

Erlaube, o glorreiche Himmelskönigin! daß ich heute wieder meine Hände und mein Herz zu dir erhebe, dir abermals meine Leiden klage und dich um jene Gnade anflehe, die ich jetzt so innig wünsche. Du bist ja die Helferin der Christen; solltest du denn nicht auch mir die Noth= helferin in meiner Bedrängniß sein?

Nicht nur einzelne Menschen bezeugen es mit innigstem Danke, daß du ihnen in allerlei An= liegen, in leiblichen und geistigen Nöthen Hilfe erwiesen hast; auch ganze Völkerschaften haben schon vielmal deinen mächtigen Schutz erfahren, sobald sie in ihren Drangsalen Zuflucht zu dir genommen haben. Daher entstanden die vielen Wallfahrten nach deinen unzähligen Gnadenorten, daher auch die immer sich mehrende Hoffnung der frommen Gläubigen, daß sie durch dich, o Ma= ria, alles Gute erhalten können und erhalten werden.

Dies ermuntert auch mich, o gütigste Mutter! deine Fürbitte vertrauensvoll anzurufen. O wür= dige dich, mir zu helfen, mich (wenn es nicht gegen Gottes Willen ist) von meinem drückenden Kreuze zu befreien und mir die nothwendige Gnade . . . zu erbeten. Gedenke, daß ich dich als meine besondere Helferin in jeder Noth verehre und daß ich alle Gnaden von deiner allvermögenden Fürbitte erwarte.

O laß doch dieses Vertrauen, das ich auf dich setze, nicht zu Schanden werden! Kann ich auch — nach Gottes Rathschlüssen — nicht erlangen, was ich wünsche, o so erbitte du mir dafür eine andere Gnade — besonders eine feste Geduld und ein unerschütterliches Gottvertrauen.

Für mich und meine Mitmenschen, besonders für jene, die auch wie ich von schwerem Kreuze gedrückt werden, bete ich mit den Worten des heiligen Bernard: „Durch dich, o Mutter der Gnaden, laß uns Zutritt finden bei deinem göttlichen Sohne! Durch dich ist Er uns gegeben worden; durch dich nehme Er uns in Gnaden auf! Deine unbefleckte Reinigkeit entschuldige unser verdorbenes, zum Bösen so sehr geneigtes Wesen. Deine Demuth erhalte Verzeihung für unsere angeborne Eitelkeit und Hoffart. Deine glühende Liebe zu Gott bedecke die Menge unserer Sünden. Deine glorreiche Fruchtbarkeit bewirke, daß wir fruchtbar werden an guten Werken und Verdiensten. Mildeste Jungfrau! durch die Gnade, die du gefunden, durch die Vorzüge, die dir verliehen wurden, durch den Urheber der Barmherzigkeit selbst, den du uns geboren — durch Jesum Christum, der durch dich unserer menschlichen Schwachheit und all des Elendes dieses Lebens theilhaftig werden wollte, erlange uns Verzeihung und mache, daß wir auch einmal Theil haben an seiner Herrlichkeit im Himmel." Amen.

Lauretanische Litanei Seite 244.

Denkspruch.

Deine Milde, o Maria, richtet den Elenden auf in der Trübsal, und die Anrufung deines süßesten Namens verleiht großes Vertrauen. (Hl. Bonaventura.)

Siebenter Tag.
Maria, die schmerzhafte Mutter.

O höchst betrübte Jungfrau und Mutter! ich erinnere mich heute an das siebenfache Schwert der Schmerzen, welches deine heiligste Seele durchbohrt hat. Wahrhaft, du bist, gleichwie dein göttlicher Sohn, in ein unergründliches Meer der Schmerzen gekommen! Ganz besonders dann war dein zärtlichstes Mutterherz mit tiefster Trauer erfüllt, als du den geliebtesten Sohn am schmählichen Kreuze hangen und des bittersten Todes sterben sahst.

So bist du wahrhaft die Mutter der Schmerzen gewesen! So mußtest auch du, wie Jesus, den Weg des Kreuzes wandeln — und welch ein hartes, welch ein schweres Kreuz drückte dich! Doch ich weiß auch, daß du dieses Kreuz mit unerschütterlicher Geduld und mit felsenfestem Gottvertrauen ertragen hast.

Wenn ich nun, o schmerzhafte Mutter, zu dir komme und dir mein Anliegen klage: darf ich denn darum bitten, daß du mich vom Kreuze gänzlich befreien möchtest? Kann ich's je erwarten, daß ich in diesem Thränenthale ohne alle Trübsal jemals leben werde? O nein, nein! ich weiß ja wohl, daß auch ich an dem Leidenskelche des gekreuzigten Erlösers theilnehmen muß, wenn ich anders an dessen Herrlichkeit Antheil haben will. Und sollte ich mich weigern wollen, in deiner Gesellschaft, gleichsam mit dir neben dem Kreuze Jesu stehend, Hartes und Beschwerliches zu leiden?

O Königin der Martyrer! habe Mitleid mit mir und verzeihe, daß ich in Kreuz und Leiden noch so ungeduldig und so wenig gottergeben bin. Von dir laß mich doch lernen, alle Widerwärtigkeiten mit ruhiger Unterwerfung unter Gottes Willen ertragen, an Gottes liebevolle Fügung glauben und den reichlichsten Lohn für jede Trübsal dieser Zeit erwarten.

Wenn ich also in meiner Bedrängniß zu dir rufe, — wenn ich inbrünstig bitte, du möchtest meiner Schwachheit zu Hilfe kommen und mir mein Kreuz erleichtern: o so bitte ich noch weit inniger um die Gnade stiller Geduld und des festen Gottvertrauens. Ist es so der Wille Gottes, daß ich noch länger und noch mehr leide, o so vereinige ich mich mit deinem göttlichen Sohne und mit deinen eigenen Leiden und Schmerzen, um so verdienstlich für den Himmel zu dulden bis an's Ende.

Litanei von der schmerzhaften Mutter Gottes Seite 251.

Die Sternenkrone.

Denkspruch.

O es war gut für uns, daß Gott die Schmerzen seiner heiligsten Mutter zuließ, damit sie um so wahrer und wirksamer die Mutter der Betrübten sein könnte. (W. J. Faber.)

Achter Tag.

Maria, unsere Hoffnung.

Gebenedeite Mutter unseres Gottes und Erlösers! ich erscheine auch heute wieder vor deinem Bildnisse; wie wenn ich vor dir selbst knieen würde, so lege ich abermals meine Anliegen und meine Wünsche dir zu Füßen, ja dir gleichsam in's liebende Mutterherz. Oder warum etwa nicht? Darf ich nicht mit vollem Vertrauen dir alles anempfehlen und bei dir Hilfe suchen? Die ganze Welt ruft ja zu dir und nennt dich mit Freude: „Unsere Hoffnung;" — und ich sollte noch fürchten?! ich sollte meine Hoffnung nicht auch auf dich setzen?

O ja, auch ich sage zu dir mit dem heiligen Bernard: „Du bist mein größtes Vertrauen, du bist der ganze Grund meiner Hoffnung;" — du also auch meine Zuflucht in all meinen Nöthen und Leiden. Und sollten meiner Armseligkeiten und Bedürfnisse noch so viele sein, — sollten selbe auch noch so groß sein: — o deine Macht ist weit erhabener, deine Güte ist viel größer. Es ist dir unmöglich, einen armen Verlassenen von dir zu stoßen. Du hast keinen innigern Herzenswunsch,

Neuntägige Andacht zu Maria.

als der Bedrängten dich zu erbarmen und ihnen zu helfen.

Sei denn auch mir gegrüßt, du unsere Hoffnung! Bist du die Hoffnung Aller, so sei auch meine Hoffnung — meine Hoffnung in jeder Angst und Trübsal, meine Hoffnung in den Stürmen dieses gefahrvollen und mühseligen Lebens, meine Hoffnung noch im letzten Kampfe!

Ja, ich will immerfort die Ermahnung des heiligen Bernard, deines zärtlichsten Verehrers, befolgen; in allen Gefahren nämlich, in allen Versuchungen, in allen Bedrängnissen, selbst wenn ich mich wie in einem Abgrunde der Traurigkeit und der Verzweiflung verschlungen sehen sollte: — immer, immer will ich aufblicken zu dir, dem so milde und hell glänzenden Sterne; an dich, o Maria, will ich denken, zu dir rufen und gegen alle Hoffnung fortan auf dich hoffen.

Mit solchem Vertrauen flehe ich jetzt zu dir um die mir so nöthige Hilfe, um die Gnade .. O wenn du mein Anliegen deinem göttlichen Sohne vorträgst und anempfiehlst: dann darf ich getrost sein, weil deine Bitten stets die gnädigste Erhörung finden. Nun denn, o Maria, meine Hoffnung! bitte für mich.

Lauretanische Litanei Seite 244.

Denkspruch.

Wenn Maria mich auch tödten sollte, werde ich dennoch auf sie hoffen. (Hl. Bonaventura.)

Neunter Tag.

Maria auf dem Himmelsthrone.

Im Geiste erhebe ich mich wieder zu dir, o Maria, und sehe dich heute auf dem Himmelsthrone — in Herrlichkeit glänzend dort in dem Reiche deines göttlichen Sohnes — mit Ihm herrschend als mächtige Königin des Himmels und der Erde — erhöhet über alle Engel und Heiligen.

Muß ich aber nicht erschrecken, muß ich nicht zurücktreten, wenn ich diese deine Größe, diese deine unerfaßbare himmlische Glorie betrachte? O nein! du bist und bleibst auch in deiner Herrlichkeit unsere zärtlichste, liebreichste und beste Mutter.

Wie tröstlich ist mir demnach, was der heilige Alphons lehrt, da er versichert, daß du, o Maria, ungeachtet deiner Erhabenheit, uns Elende nicht vergessen könnest, ja daß du das Mitleid mit uns armen Adamskindern nicht verloren habest, sondern daß dasselbe bei dir jetzt im Himmel noch viel größer geworden sei, ja daß du auch uns viel besser und mächtiger helfen könnest, je näher du jetzt bei der Quelle aller Gnaden bist.

O wie sehr belebt dieser schöne Ausspruch mein Vertrauen! Wie freudig und mit welch großer Zuversicht schaue ich empor zum Himmel — hin zu dir, o Maria auf dem Himmelsthrone — dorthin, wo du meiner gedenkest — dorthin, wo dein liebendes Mutterherz auch für mich schlägt!

Neuntägige Andacht zu Maria.

Auch ich werfe mich jetzt vor deinem Throne nieder. In Demuth und mit kindlichem Vertrauen lege ich meine Wünsche, meine Bitten, all mein Anliegen in deinen Mutterschooß. Ich bitte zwar um Befreiung von meiner Bedrängniß, um die Gnade . . ., vor allem aber erlange mir diese Gnade, daß ich recht demüthig sei, kindlich Gott fürchte und in der Liebe Gottes immer eifriger werde.

So laß nicht ab, o erhabene und mildeste Himmelskönigin! laß nicht ab, für mich zu sorgen und für mich zu bitten, bis ich einmal das Glück habe, dich in deiner Herrlichkeit zu sehen. Es geschehe im Namen Jesu und durch deine Fürsprache, o Maria! Amen.

Litanei vom heiligen Herzen Mariä Seite 248.

Denkspruch.

Maria hat gegen uns ein wahrhaft mütterliches Herz; sie ist bemüht, unser Seelenheil sicher zu stellen, ja sie ist gar sehr besorgt für das ganze Menschengeschlecht. (Papst Pius IX. in der Bulle vom 8. Dez. 1854.)

Aufopferungsgebet.

Maria, Mutter Jesu, unbefleckte, glorreiche Jungfrau! die neun Tage, an welchen ich dich um eine besondere Gnade gebeten habe, sind nun zu Ende gegangen. Deinem göttlichen Sohne und dir sage ich herzlichen Dank, daß ich diese

Andacht verrichten konnte. O es ist ja schon eine große Gnade, es gewährt schon süßen Trost, wenn man in Leidensstunden nur sein Herz zum Himmel erheben, wenn man beten kann — beten zu Gott dem Allmächtigen — beten zu dir, o liebreiche Mutter der Barmherzigkeit!

Laß dir nun meine zwar geringe und unvollkommene Andacht wohlgefällig sein und nimm dieselbe an — als ein Zeichen der kindlichen Liebe, die ich zu dir trage, und ebenso als einen Beweis des festen Vertrauens, das ich auf dich setze.

O ja, ich glaube unbezweifelt, daß ich jetzt nicht umsonst zu dir gebetet habe und daß du, o mächtige Jungfrau, mich nicht ohne Hilfe lassen kannst. Wenn auch mein Gebet — vielleicht meines schwachen Glaubens wegen — nicht erhört wird, und wenn du meine Leiden nicht von mir nimmst, so verlasse ich mich dennoch auf deine Güte und Macht, — und immerhin werde ich fortfahren, nach Gott dich am meisten zu ehren, dich als meine beste Mutter kindlich zu lieben und zu dir eine besonders große Andacht zu tragen.

Nein, nein, o gebenedeite Mutter Jesu und meine Mutter! nichts soll mich von der Liebe zu dir trennen. Du selbst, die du durch die himmlische Schönheit deiner Seele unsere Herzen an dich fesselst, — vereinige mich mit den Banden der Liebe so innig mit dir, daß jede Trennung von dir unmöglich werde. Nimm mich immerdar in deinen mütterlichen Schutz. Bewahre mich vor allen schweren Versuchungen und vor jeder Sünde.

Erhalte mir fort und fort die Gnade, daß ich deinen erhabenen Tugendbeispielen nachfolge, um auch einst im Himmel mit dir auf ewig vereinigt zu werden. Amen.

Liebesseufzer.

Dein Herz, o Maria, öffne sich!
Deine Macht beschütze mich!
Deine Barmherzigkeit umgebe mich!
Deine Leiden verwunden mich!
Deine Freuden beseligen mich!
O Jungfrau Maria, erhöre mich!
In dein süßes Herz verschließe mich!
Im Leben und im Tod beschütze mich,
Auf daß ich stets mehr liebe dich —
Hier zeitlich und dort ewiglich!

XII. Gebete zu einigen Heiligen, den vorzüglichsten Verehrern der allerfel. Jungfrau.

Gebete zum heiligen Nährvater Joseph.

(Das Fest den 19. März.)

Grüße an den heiligen Joseph.

Vom ehrwürd. Olier. † 1657.

Sei gegrüßt, du Bild Gottes, des himm=
lischen Vaters!

Sei gegrüßt, du, der Vater Jesu,
des Sohnes Gottes, genannt!

Sei gegrüßt, du Heiligthum des hei=
ligen Geistes!

Sei gegrüßt, du Geliebter der allerheiligsten
Dreifaltigkeit!

Sei gegrüßt, du getreuester Mithelfer Gottes bei Ausführung seiner heiligsten Rathschlüsse!

Sei gegrüßt, du würdigster Bräutigam der jungfräulichen Mutter!

Sei gegrüßt, du geistlicher Vater der Gläubigen!

Sei gegrüßt, du besonderer Beschützer jungfräulicher Seelen!

Sei gegrüßt, du innigster Liebhaber der Armuth!

Sei gegrüßt, du schönes Vorbild der Sanftmuth und Geduld!

Sei gegrüßt, du glänzendes Beispiel des demüthigen Gehorsams!

Glückselig sind die Augen, die gesehen, was du gesehen!

Glückselig sind die Ohren, die gehört, was du gehört!

Glückselig die Hände, die das eingefleischte ewige Wort berührt haben!

Glückselig die Arme, die Denjenigen getragen, der Alles trägt!

Glückselig die Brust, an welcher der Sohn Gottes als Gottmensch so oft ruhte!

Glückselig das Herz, das an dem süßesten Herzen Jesu zur innigsten Liebe entzündet wurde!

Gepriesen sei der himmlische Vater, der dich zu so hoher Würde auserwählt hat!

Gepriesen sei der Sohn Gottes, der dich wie seinen Vater geliebt hat!

Gepriesen sei der heilige Geist, der dich auf so ausgezeichnete Weise geheiligt hat!

Gepriesen sei auch Maria, deine keuscheste Braut, die dich wie ihren Bräutigam, Gemahl und Bruder geliebt hat!

Gepriesen sei jener heilige Engel, der dich auf Erden beschützt hat!

Ruhm und Gnade sei auch allen Denen, die dich, o heiliger Joseph, verehren und lieben. A.

Zufluchtsgebet.

Unter deinen Schutz und Schirm fliehe ich, o heiliger Joseph! Verschmähe nicht mein Gebet in all meinen Nöthen, sondern erlöse mich allezeit von allen Gefahren und schweren Versuchungen, o du glorwürdiger und gebenedeiter Nährvater Jesu und Bräutigam Mariä, du unser Mittler und Fürbitter! Versöhne mich mit deinem göttlichen Pflegsohne, unserem geliebtesten Erlöser; empfehle mich der Mutter Gottes Maria, deiner heiligsten Braut; stelle mich Beiden vor, jetzt und in meiner Todesstunde.

V. In all unserer Trübsal, Angst und Noth:

R. Komm uns zu Hilf', o allerseligster Joseph!

Kirchengebet.

Wir bitten Dich, o Herr, daß uns durch die Verdienste des Bräutigams deiner heiligsten Mutter stets geholfen werde, damit, was wir unserer Unwürdigkeit wegen nicht erhalten können, uns

Gebete zu den lieben Heiligen.

durch seine Fürbitte verliehen werde: der Du lebst und regierst als Gott von Ewigkeit zu Ewigkeit. Amen.

Lob- und Bittgesang auf den heiligen Nährvater.

Wer gern gesund hienieden lebt,
Und selig einst zu schließen strebt
Des Lebens rauhe Pilgerbahn:
Der rufe Josephs Beistand an.

Der keuschen Jungfrau keusch vermählt,
Zum Vater Jesu auserwählt;
Gerecht, getreu und unversehrt,
Gewährt ihm Gott, was er begehrt.
Wer gern gesund 2c. (wie oben.)

Das Kind auf Stroh in kahler Schlucht,
Er betet's an und auf der Flucht
Ist er sein Trost; verloren dann
Sucht er's mit Schmerz und trifft Es an.
Wer gern gesund 2c. (wie oben.)

Den höchsten Schöpfer dieser Welt
Mit seiner Arbeit er erhält;
Ihm ist zur Unterthänigkeit
Des höchsten Vaters Sohn bereit.
Wer gern gesund 2c. (wie oben.)

Und Jesus und Maria nah'n,
Im Todeskampf ihn zu umfah'n;
Ihm löset sich der Lebenslauf
Gar sanft in süßen Schlummer auf.
Wer gern gesund 2c. (wie oben.)

Lob sei dem Vater auf dem Thron,
Und Lob dem eingebornen Sohn,
Und Lob sei auch in Ewigkeit
Dem heil'gen Tröster-Geist geweiht!
Wer gern gesund 2c. (wie oben.)

Antiphon. Siehe, dieser ist der treue und kluge Diener, welchen der Herr über sein Haus gesetzt hat.

V. Bitt für uns, o heiligster Joseph:

R. Auf daß wir würdig werden der Verheißungen Christi.

Gebet.

O Gott, der Du nach deiner wunderbaren Vorsehung den heiligen Joseph zum Bräutigam deiner heiligsten Mutter zu erwählen Dich gewürdigt hast: verleihe uns, wir bitten Dich, daß wir Denjenigen, den wir auf Erden als unsern Beschützer verehren, im Himmel auch zum Fürbitter haben mögen: der Du lebst und regierst als Gott von Ewigkeit zu Ewigkeit. A. (Ablaß 19.)

Das kräftige Gebet.

Glorreicher heiliger Joseph, Vater und Beschützer jungfräulicher Seelen! deiner treuen Obhut ist die allerhöchste Unschuld, Jesus Christus nämlich, und ebenso Maria, die Jungfrau der Jungfrauen, anvertraut worden. Durch diese beiden, dir so überaus theuren Unterpfänder bitte und beschwöre ich dich, du wollest mir die Gnade erlangen, daß ich von aller Unlauterkeit bewahrt bleibe und mit unbeflecktem, reinen Herzen und keuschen Leibe Jesu und Maria immerdar eifrig und treu dienen könne. Amen. (Ablaß 20.)

Gebete zu den lieben Heiligen. 365

Die sieben Schmerzen und sieben Freuden des heiligen Joseph.

(Ablaß 21.)

1. O reinster Bräutigam Mariä, glorwürdiger heiliger Joseph! groß war dein Kummer und deine Herzensangst, als du glaubtest, du müßest deine unbefleckte Braut verlassen; aber eben so groß war deine Freude, als ein Engel dir das erhabene Geheimniß der Menschwerdung des Sohnes Gottes offenbarte.

Durch diesen deinen Schmerz und durch diese deine Freude bitten wir dich, du wollest unsere Seelen jetzt in dem letzten Kampfe mit dem beruhigenden Troste eines frommen Lebenswandels und eines seligen Todes, so wie des deinigen, unter dem Beistande Jesu und Mariä, erfreuen.

Vater unser 2c. Gegrüßt seist 2c. Ehre sei 2c.

2. O glückseligster Patriarch, glorwürdiger heiliger Joseph, auserwählt zur Würde des Nährvaters des menschgewordenen göttlichen Wortes! groß war dein Schmerz, als du sehen mußtest, in welch großer Armuth das göttliche Kind Jesus geboren wurde; aber dieser Schmerz verwandelte sich schnell in himmlische Freude, als du den Lobgesang der Engel hörtest und die Herrlichkeit jener glanzvollen Nacht zu schauen gewürdigt warst.

Durch diesen deinen Schmerz und durch diese deine Freude bitten wir dich, du wollest uns von Gott die Gnade erlangen, daß wir, nach vollendeter Pilgerfahrt dieses Lebens, die Lobgesänge der Engel hören und ewig den Glanz der himmlischen Herrlichkeit genießen können.

Vater unser ꝛc. Gegrüßt seist ꝛc. Ehre sei ꝛc.

3. O gehorsamster Vollzieher der göttlichen Vorschriften, glorreicher heiliger Joseph! das kostbarste Blut, welches das göttliche Kind Jesus, unser heiligste Erlöser, bei der Beschneidung vergoß, erfüllte dein Herz mit Schmerzen; aber der süßeste Name Jesus, der Ihm damals gegeben wurde, belebte es wieder und erfüllte es mit großer Freude.

Durch diesen deinen Schmerz und durch diese deine Freude erflehe uns von Gott die Gnade, daß wir noch im Leben von allen Sünden erlediget werden, auf dem Todbette aber mit dem heiligsten Namen Jesu im Herzen und im Munde fröhlich sterben können.

Vater unser ꝛc. Gegrüßt seist ꝛc. Ehre sei ꝛc.

4. O getreuester Heiliger, glorwürdiger heiliger Joseph, der du an den Geheimnissen unserer Erlösung einen so großen Antheil nahmest! wenn die Weissagung Simeons von dem, was Jesus und Maria zu leiden haben würden, dich in tödtliche Bangigkeit versetzte, so erfüllte sie dich hinwieder mit seliger Wonne, indem sie dir zu gleicher Zeit das Heil und die Auferstehung unzähliger Menschen als Frucht dieser Leiden ankündigte.

Durch diesen deinen Schmerz und diese deine Freude erbitte uns von Gott die Gnade, daß wir unter die Zahl derjenigen gehören mögen,

Gebete zu den lieben Heiligen.

welche durch die Verdienste Jesu und auf die Fürbitte der jungfräulichen Mutter Maria zur herrlichen Auferstehung einst gelangen werden.

Vater unser ꝛc. Gegrüßt seist ꝛc. Ehre sei ꝛc.

5. O wachsamster Hüter, innigster Vertrauter des menschgewordenen Sohnes Gottes, glorwürdiger heiliger Joseph! du hattest zwar viele Sorgen, um den Sohn des Allerhöchsten zu nähren und zu pflegen, besonders als du mit Ihm nach Aegypten fliehen mußtest; aber welch große Freude ward dir zu Theil, da du deinen Gott stets bei dir hattest und die Götzenbilder Aegyptens vor Ihm niederstürzen sahest!

Durch diesen deinen Schmerz und diese deine Freude erhalte uns die Gnade, daß wir den höllischen Feind immer von uns ferne halten, besonders durch Vermeidung aller gefährlichen Gelegenheiten, damit in unseren Herzen jeder Götze irdischer Liebe zertrümmert werde und damit wir, dem Dienste Jesu und Mariä ganz ergeben, für sie allein leben und einst selig sterben.

Vater unser ꝛc. Gegrüßt seist ꝛc. Ehre sei ꝛc.

6. O Engel der Erde, glorreicher heiliger Joseph, der du hoch erfreut warst, weil du den König des Himmels dir unterthan und deinem Winke folgsam sahest! deine Freude über die Rückkehr aus Aegypten wurde sehr getrübt, als du vernahmest, der grausame König Archelaus regiere im jüdischen Lande; aber es beruhigte dich hierauf ein Engel und du wohntest dann mit Freude zu Nazareth in der Gesellschaft Jesu und Mariä.

Durch diesen deinen Schmerz und diese deine Freude erlange uns von Gott die Gnade, daß, wenn unsere Herzen durch schädliche Furcht sollten beängstigt werden, wir uns des Friedens eines guten Gewissens erfreuen, mit Jesus und Maria in heiliger Sicherheit leben und auch in ihrer Mitte einst sterben möchten.

Vater unser ꝛc. Gegrüßt seist ꝛc. Ehre sei ꝛc.

7. O schönstes Vorbild der Heiligkeit, glorreicher heiliger Joseph! als du den Knaben Jesus ohne deine Schuld verloren hattest, suchtest du Ihn drei Tage lang mit großen Schmerzen; doch wie überaus groß war der Jubel deines Herzens, als du Ihn, dein wahres Leben, in dem Tempel unter den Schriftgelehrten wieder fandest!

Durch diesen deinen Schmerz und diese deine Freude bitten wir dich mit Herz und Mund, du wollest uns von Gott die Gnade erlangen, daß wir niemals durch eine schwere Sünde Jesum verlieren, und sollten wir Ihn dennoch unglücklicher Weise verlieren, so bitte, daß wir Ihn mit aufrichtigem Reueschmerz so lange suchen, bis wir Ihn uns wieder gewogen finden, besonders in der Todesstunde, damit wir dann von hinnen scheiden, um Ihn im Himmel zu besitzen und alldort mit dir seine göttlichen Erbarmungen ewig zu preisen.

Vater unser ꝛc. Gegrüßt seist ꝛc. Ehre sei ꝛc.

Antiphon. Jesus war, als Er zu lehren begann, etwa dreißig Jahre alt und wurde für ein Sohn Josephs gehalten.

Gebete zu den lieben Heiligen.

V. Bitt für uns, o heiliger Joseph:

R. Auf daß wir würdig werden der Verheißungen Christi.

Gebet.

O Gott, der Du nach deiner wunderbaren Vorsehung den heiligen Joseph zum Bräutigam deiner heiligsten Mutter zu erwählen Dich gewürdigt hast; verleihe uns, wir bitten Dich, daß wir Denjenigen, welchen wir auf Erden als unsern Beschützer verehren, auch im Himmel zum Fürbitter haben mögen: der Du lebst und regierst als Gott von Ewigkeit zu Ewigkeit. Amen.

Bitte um die Liebe zu Jesus und Maria.

Heiliger Joseph! mit welch väterlicher Liebe bist du gegen deinen göttlichen Pflegesohn erfüllt gewesen! Von ganzer Seele liebtest du Ihn als deinen Herrn und Gott; du liebtest Ihn auch auf's Innigste, weil Er sich würdigte, dein Sohn genannt zu werden. So liebtest du Ihn auf eine lebendigere und edlere Weise, als je ein Vater seine Kinder lieben kann, ja die Liebe selbst des zärtlichsten Vaters dieser Erde ist nur ein schwacher Funke im Vergleiche mit der deinigen.

Ebenso liebtest du auch Maria in keuschester, reinster und heiliger Liebe. Du verehrtest sie als die hochbegnadigte Gottesmutter, als die unbefleckte, heiligste Jungfrau; zugleich aber warst du ihr von Herzen ergeben als der von Gott dir gegebenen Braut und Gemahlin.

O erbitte mir doch diese doppelte Liebe — die Liebe zu Jesus und Maria! An jener Gluth der Liebe, die dich für Jesus und Maria so mächtig beseelte, laß auch mich theilnehmen. Wie glücklich, wie reich und selig wäre ich schon hienieden, wenn diese Liebe in meinem Herzen recht brennend wäre! Dann wäre mir die Ausübung jeder Tugend ein leichtes Opfer, selbst die größten Widerwärtigkeiten würde ich alsdann mit freudiger Geduld ertragen.

Tritt denn hin, o heiliger Joseph! tritt hin zu Jesus und Maria. Du kannst Alles von ihnen erhalten — auch diese Gnade, um die ich jetzt so inbrünstig dich anflehe. Mache, daß Jesus und Maria mich lieben; mache aber auch, daß ich sie recht innig und werkthätig liebe. Empfehle mich ihrem Schutze, aber gestatte nicht, daß ich mich dieses Schutzes durch irgend eine schwere Sünde unwürdig mache. Amen.

Bitte um Bewahrung der Keuschheit.

(Besonders für Jünglinge und Jungfrauen.)

Hl. Joseph! ganz besonders deiner jungfräulichen Keuschheit wegen hast du bir das Wohlgefallen Gottes in so hohem Grade erworben. Deßhalb hat der himmlische Vater dich zum Nährvater seines ewigen Sohnes, des Gottmenschen, und zum Bräutigam der allerreinsten Jungfrau und Gottesmutter auserwählt.

O schönste Lilie der Reinigkeit! o glänzendes Vorbild dieser englischen Tugend! wie könnte ich

Gebete zu den lieben Heiligen. 371

wohl deiner mächtigen Fürbitte und deiner väterlichen Liebe würdig sein, wenn ich mich nicht auch bemühen würde, deine Keuschheit, diese deine Lieblingstugend, nachzuahmen.

Ja, durch dein herrliches Beispiel will ich mich zu einem keuschen und ehrbaren Wandel ermuntern lassen. So oft ich dein liebliches Bild mit der Lilie anblicken werde, o dann möge doch jedesmal größere Liebe und Hochschätzung der engelreinen Unschuld in mir entstehen.

Du aber, heiliger Joseph, erflehe mir einen aufrichtigen und recht großen Abscheu vor dem schändlichen Laster der Unkeuschheit, das ja Leib und Seele entheiliget und zu Grunde richtet. Nein, laß es niemals geschehen, daß ich die Keuschheit, diese schönste Zierde und das kostbarste Gut eines christlichen Jünglings (einer christlichen Jungfrau) verliere oder auch nur im mindesten verletze. Erhalte mir die nöthige Kraft und Stärke, daß ich alle Versuchungen gegen diese Tugend überwinde, jede sündhafte Gelegenheit sorgfältig vermeide und so an Leib und Seele in Keuschheit verharre.

So geschehe es durch deine Fürbitte und unter deinem Schutze, o du besonderer Schutzpatron keuscher Seelen! Bitte du fort und fort für mich, daß ich mit unbeflecktem Herzen und keuschem Leibe, so wie du, Gott eifrig diene und dadurch würdig werde, einst mit den reinen Seelen Ihn zu schauen und bei Ihm ewig glückselig zu sein. Amen.

Gebet um eine glückselige Sterbstunde.

Heiliger Joseph! du hast die große Gnade gehabt, in den Armen deines göttlichen Pfleg=sohnes und unter dem Beistande deiner jungfräu=lichen Braut aus dieser Welt zu scheiden; komme du auch mit Jesus und Maria zu meinem Sterbe=lager, um mich zu trösten und zu beschützen. O wenn diese allerwichtigste Stunde für mich heran=nahet, erbitte mir dann die Gnade, daß ich die heiligen Sterbsakramente recht würdig empfangen kann, um so, mit Gott ganz ausgesöhnt und auf die Reise in die Ewigkeit durch die heilige Com=munion gestärkt, im wahren Glauben, in inbrün=stiger Liebe und voll Vertrauen auf Gottes Barm=herzigkeit meine Pilgerfahrt zu beschließen.

Verlaß mich aber auch nicht bis zum letzten Augenblicke meines Lebens. O ich fürchte sehr, der böse Feind möchte mich alsdann mit heftigen Ver=suchungen belästigen; auch meiner eigenen Schwach=heit wegen muß mir bange werden. Da in dieser größten Gefahr, da in meiner härtesten Bedräng=niß — o bleibe dann bei mir mit deiner mäch=tigen Hilfe! Bewahre mich besonders vor Klein=müthigkeit, vor Verzagtheit und Ungeduld.

Wenn dann mein Auge bricht, wenn mein Herz zu schlagen aufhört, wenn meine arme Seele diesen hinfälligen Leib verläßt: auch dann noch sei mein Begleiter bis zu dem Richterstuhl Jesu, des göttlichen Erlösers, und erbitte mir von Ihm ein gnädiges Urtheil, auf daß ich Barmherzigkeit

Gebete zu den lieben Heiligen. 373

erlange und der ewigen Seligkeit theilhaftig werde. Amen.

Vertrauensvolle Bitte.

Erinnere dich, o reinster Bräutigam der seligsten Jungfrau Maria und mein liebreichster Beschützer, heiliger Joseph, es sei noch nie erhört worden, daß Jemand deinen Schutz angerufen und Hilfe von dir verlangt hätte, ohne getröstet worden zu sein. Das flößt auch mir großes Verlangen ein und so erscheine ich denn mit bester Hoffnung vor dir und empfehle mich dir inständig. Ach verschmähe meine Bitte nicht, Nährvater des Erlösers, sondern höre sie gütigst und erhöre sie. Amen. (Ablaß 22.)

Bittseufzer.

Heiliger Joseph, unser Führer! beschütze uns und die heilige Kirche. (Ablaß 23.)

Zum heiligen Erzengel Gabriel.
(Den 18. März.)

In Ehrerbietigkeit bete ich zu dir, o heiliger Erzengel Gabriel! Du hast die unschätzbare Ehre gehabt, die allerseligste Jungfrau Maria im Namen Gottes zu begrüßen und ihr das erhabenste Geheimniß von der Menschwerdung des Sohnes Gottes anzukündigen, und der Erste den hochheiligen Namen Jesus auszusprechen.

O du lobwürdigster Bote des Heiles und der Freude! ich verehre dich als jenen göttlichen Ab=

gesandten, welcher der gebenedeiten Gottesmutter, der glorreichen Königin des Himmels und der Erde zuerst seine Verehrung und Huldigung barbrachte. Fahre doch fort, dieses auch an meiner Statt und in meinem Namen immer und immer zu thun.

Ach, mein Herz ist leider durch viele und große Sünden verunreinigt! Und dennoch möchte ich so gerne unter die Zahl der eifrigsten Verehrer Mariä gehören; täglich möchte ich so gerne diese gnadenvolle Mutter Jesu mit deinen eigenen Worten, o heiliger Erzengel, begrüßen und anrufen.

Erbitte du mir die Gnade, daß ich diesen so lieblichen Gruß an Maria jedesmal nur in Andacht, in Ehrfurcht und mit reinem Herzen ausspreche. Bitte, daß ich bei diesem süßesten Ave auch jedesmal mit neuem Danke gegen die Erbarmungen Gottes, aber zugleich mit tiefster Verehrung und innigster Liebe zu Maria möchte erfüllt werden. Amen.

Zum heiligen Aloysius.
(21. Brachmonat.)

Besonders für Jünglinge und Jungfrauen.

Heiliger Aloysius! ich bewundere deine unbefleckte Unschuld und die englische Reinigkeit deiner Seele. Wie bist du aber dazu gekommen, so wie ein Engel im Fleische zu leben? was hat es bewirkt, daß du schon im zartesten Alter einen so hohen Grad der Heiligkeit erreichen konntest?

Gewiß, einzig in der Schule Jesu und Mariä hast du solch eine Vollkommenheit erlernt, nur in dieser Schule bist du ein so herrliches Vorbild für alle Christen, ganz besonders aber für die Jugend geworden.

Die Liebe zu Jesus flößte dir die Verachtung aller irdischen Freuden und Güter ein, — und bei Maria, in ihrer kindlichen Verehrung und unter ihrem mütterlichen Schutze, welchem du dich jeden Tag inbrünstig empfohlen — da ward dir die Gnade zu Theil, die Unschuld über Alles hochzuschätzen, und so hast du immer mehr Kraft und Stärke zu jeder schönen Tugend empfangen.

O keuschester Jüngling! siehe doch vom hohen Himmel herab auf mich, der (die) ich zu dir eine so besondere Verehrung trage. Ja siehe, wie ich in der Tugend so schwach bin! wie in meinem Herzen so viele böse Neigungen und Begierden sich regen! Auch von Außen gibt es gar Vieles, was mich zur Sünde reizt. O ich fürchte, ich möchte in diesen allseitigen und großen Gefahren unterliegen!

Voll Vertrauen auf deine mächtige Fürbitte rufe ich daher zu dir, o heiliger Aloysius! Komme mir zu Hilfe, auf daß mein Herz für jede Sünde, vorzüglich für die Unkeuschheit, stets verschlossen bleibe. Bei deiner engelgleichen Unschuld beschwöre ich dich, du wollest mir eine inbrünstige Andacht zu Jesus im heiligsten Altarssakramente und eine kindliche Liebe zu Maria, der seligsten Jungfrau, erhalten.

O daß ich doch diese zwei Tugenden von dir erlernen und durch deine Fürsprache mir aneignen könnte! Mit der Liebe zu Jesus und Maria käme mir alles Gute zu, ich wäre reich für Zeit und Ewigkeit, ja ich dürfte dann zuversichtlich hoffen, einst in den Himmel in deine Gesellschaft zu kommen und mit dir Gott und Maria ewig zu loben. Amen.

Zur heiligen Mutter Anna.

(26. Heumonat.)

Heilige Anna, du begnadigte Mutter der allerseligsten Jungfrau und würdigste Großmutter unseres Herrn und Heilandes Jesu Christi! ich grüße, ehre und preise dich von Herzen und rufe dich heute recht angelegentlich um deine Fürbitte an. Wie sollte ich denn durch dich nicht alle nöthigen Gnaden erlangen können? Wenn du dich ja an Maria, deine geliebteste Tochter, wendest: könnte sie dir, ihrer so guten Mutter, irgend eine Bitte abschlagen? Oder wenn du Jesus, den göttlichen Sohn Mariä, welchen du deinen Enkel nennen darfst — wenn du Ihn anrufest: wirst du von Ihm nicht Alles erhalten, um was du Ihn bittest?

Mit zuversichtlicher Hoffnung nehme ich also meine Zuflucht zu dir, o heilige Anna, und empfehle deinem liebevollen Mutterherzen alle meine leiblichen und geistigen Anliegen, alle meine Wünsche und Nöthen für jetzt und die ganze Zeit meines noch übrigen Lebens. Erflehe mir ganz besonders eine kindliche Gottesfurcht, daß ich, so wie du, im Gebete und in getreuer Erfüllung meiner Standes- und Berufspflichten meine Freude finde. Auch erhalte mir die Gnade, daß ich in der Liebe zu Jesus und Maria immer mehr zunehme, all mein Thun und Lassen nur auf die größere Ehre Gottes hinrichte und alle Kreuze und Widerwärtigkeiten Gott zu Lieb' geduldig ertrage.

Antiphon. O glückselige Mutter Anna, die du jene Tochter geboren, welche die Mutter des Weltheilandes war! erfreue dich deßhalb ohne Ende und sei immerdar unsere Fürbitterin bei der glorreichen Königin des Himmels.

V. Die heilige Anna ist unserer Verehrung ganz besonders würdig:

R. Denn sie hat die Königin des Himmels geboren.

Kirchengebet.

O Gott, der Du Dich gegen die heilige Anna so huldvoll erzeigtest, daß Du sie gewürdigt hast, die Mutter derjenigen zu sein, die deinen eingebornen Sohn geboren hat: verleihe gnädigst, daß wir, die wir ihren hohen Festtag (ihr Gedächtniß) begehen, durch ihre Fürbitte von Dir stets Hilfe und Beistand erlangen. Durch denselben Christum unsern Herrn. Amen.

Zum heiligen Joachim.

(Sonntag nach Maria Himmelfahrt.)

Sei gegrüßt, heiliger Joachim! Du hast mit der heiligen Anna ein so gottseliges Leben geführt, daß ihr würdig seid erachtet worden, die Eltern der allerseligsten Gottesmutter Maria zu sein. So hattest du also das große Glück, diejenige deine Tochter zu nennen, welche an Heiligkeit alle Engel und Menschen übertroffen und die, als die Mutter unseres göttlichen Erlösers, die Ursache unseres Heils geworden ist.

Durch die unschätzbare Gnade, die der Allmächtige bei all' dem dir erwiesen, — durch die kindliche Liebe, welche Maria zu dir stets getragen hat, bitte ich dich, o heiliger Joachim, du wollest bei deiner heiligsten Tochter mein Fürbitter sein und ihr alle meine Anliegen in väterlicher Sorgfalt anempfehlen.

V. Mächtig auf Erden wird seine Nachkommenschaft sein:

R. Das Geschlecht der Rechtschaffenen wird gesegnet werden.

Kirchengebet.

O Gott, der Du vor allen deinen Heiligen den seligen Joachim zum Vater der Mutter deines ewigen Sohnes auserwählt hast: verleihe gnädigst, daß wir, die wir sein Andenken feiern, auch seinen Schutz fortwährend erfahren: durch denselben Christum unsern Herrn. Amen.

Zum heiligen Bernard.
(20. August.)

Heiliger Bernard! du bist das hellglänzende Licht des Zisterzienser- oder Bernardiner-Ordens; du bist der hochgefeierte Abt und honigfließende Lehrer, dessen Verdienste um die heilige Kirche so überaus groß sind. Doch ich sehe von allem diesem weg, ich begrüße dich jetzt nur als den zärtlichsten und innigsten Verehrer der jungfräulichen Gottesmutter Maria.

Wer hat, wie du, in so erhabener Rede die unvergleichliche Würde und die unübertreffliche Heiligkeit dieser gebenedeiten Mutter Jesu dargestellt? Wer hat so herrlich den mächtigen Schutz und die allvermögende Fürbitte Mariä beschrieben? Wer hat die Milde und Güte ihres mütterlichen Herzens und ihre so große Liebe zu uns so reizend angerühmt? Wer hat, wie du, die Menschen mit so unwiderstehlicher Gewalt ermahnt und ermuntert, diese Mutter der Barmherzigkeit in jeder Noth und Gefahr mit kindlichem, ja mit unbegrenztem Vertrauen anzurufen?

Glorreichster Lobredner Mariä, der du selbst ihr bester Sohn gewesen und von ihr mit so unzähligen Gnaden bist überhäuft worden: ziehe doch auch mein Herz zur innigsten Liebe dieser gütigsten Königin und Mutter hin! Erbitte mir die Gnade, daß ich in der Verehrung Mariä recht eifrig sei und in ihrem Dienste meine Ehre und Freude finde. Durch deine Fürsprache geschehe es aber auch, daß sie sich gegen mich gütig erzeige, so oft ich in Bedrängnissen zu ihr rufe. So möge auch ich zu denen gehören, die aus eigener Erfahrung wissen, Maria könne (wie du versicherst) keine Bitte unerhört lassen und ihre Mutterliebe verschaffe ihren Kindern immer die nöthige Hilfe.

Doch noch eine Bitte, o heiliger Bernard! Du lehrest ganz deutlich, es sei, um der Fürbitte Mariä würdig zu werden, nebst dem Gebete auch nothwendig, ihre herrlichen Tugendbeispiele nachzuahmen. O so bitte doch, daß ich, so wie du, auch ein eifriger Nachfolger dieser heiligsten Gottesmutter werde und besonders ihre Demuth, Keuschheit und Geduld nachahme.

So sei mir also behilflich zu einem solchen Leben, wie es sich für einen Diener (eine Dienerin) und für ein Pflegkind Mariä geziemt. Es geschehe im hochheiligen Namen Jesu und um der Liebe Mariä willen! Amen.

Zum heiligen Franziskus Xaverius.
(3. Dezember.)

Großer heiliger Franz Xaver! ich verehre dich als einen gewaltigen Zerstörer der Abgötterei, als einen kräftigen Vertheidiger und Verbreiter des heiligen katholischen Glaubens, als einen glühenden Eiferer für die Ehre Gottes und das Heil der Seelen, zugleich auch als einen mächtigen Fürbitter bei Gott.

Sei auch mein Schutzpatron und reiche mir deine rettende Hand in allen Gefahren und Be=

drängnissen meiner Seele. Der du viele Tausende dem Unglauben entrissen und zum wahren Glauben bekehrt hast: entreiße auch mich aus jeder schweren Versuchung und Blindheit des Geistes, und erflehe mir einen lebendigen, festen, in der Liebe thätigen Glauben.

Auch sehe und bewundere ich an dir eine große Verehrung der göttlichen Mutter, eine kindliche Liebe zu ihr und ein unerschütterliches Vertrauen auf ihre Fürbitte. „Mutter Gottes, denk' an mich! Maria, hilf! Ach, Maria, wirst du nicht helfen?!" — das war dein tägliches Rufen, das dein Nothschrei in den harten Bedrängnissen, die so häufig über dich kamen.

So will ich denn nach deinem schönen Vorbild in der Verehrung der allerseligsten Gottesmutter wieder recht eifrig sein; ich will sie als meine gütigste Mutter kindlich lieben und in allen Anliegen meine Zuflucht zu ihr nehmen. Du aber, o heiliger Franz Xaverius, unterstütze meine Bitten, auf daß sie durch deine Vermittelung bei Gott und Maria gnädige Erhörung finden. Amen.

Fromme Grüße eines Dieners Mariä an alle lieben Heiligen.

Ich begrüße euch, ihr heiligen Patriarchen und Propheten, durch das unbefleckte Herz der seligsten Jungfrau und bitte euch: opfert dieser gebenedeiten Gottesmutter für mich auf — die glühende Sehnsucht, womit ihr der Geburt Jesu

entgegenharrtet, und seid bei Maria meine Für=
bitter.

Ich begrüße euch, ihr heiligen Apostel und
Jünger des Herrn, durch das liebevollste Herz
Mariä, und bitte euch: opfert dieser euerer Mutter
und Lehrerin für mich auf — jene innige Liebe,
in welcher ihr ihren göttlichen Sohn und sie selbst,
seine heiligste Mutter, geliebt habet, und seid bei
ihr meine Fürbitter.

Ich begrüße euch, ihr heiligen Martyrer,
durch das liebenswürdigste Herz Mariä, und bitte
euch: opfert dieser schmerzhaftesten Mutter für mich
auf — die heldenmüthige Geduld, womit ihr aus
Liebe zu Jesus euer Blut vergossen und euer Le=
ben hingegeben habet — und seid bei Maria,
euerer Königin, meine Fürbitter.

Ich begrüße euch, ihr heiligen Bischöfe, Prie=
ster und Bekenner, durch das süßeste Herz Mariä,
und bitte euch: opfert dieser euerer liebsten Mutter
für mich auf — jene große und zärtliche Ver=
ehrung, mit welcher ihr selbst gegen sie erfüllt
waret und wozu ihr so viele Andere durch euere
Lehren und Beispiele ermuntert habet, und seid
bei ihr meine Fürbitter.

Ich begrüße euch, ihr heiligen Jungfrauen,
Frauen und Wittwen, durch das heiligste Herz
Mariä, und bitte euch: opfert dieser lobwürdig=
sten Jungfrau aller Jungfrauen für mich auf —
jene bewunderungswürdige Keuschheit, durch welche
ihr das Wohlgefallen Jesu, eueres himmlischen
Bräutigams, und ebenso das seiner reinsten Mutter

Gebete zu den lieben Heiligen.

euch erworben habet — und seid bei ihr meine Fürbitterinnen.

Ich begrüße euch, ihr Seligen und Heiligen alle, durch das verehrungswürdige Herz Mariä, und bitte euch alle insgesammt und Jeden insbesondere: opfert euerer mächtigen und mildesten Königin für mich auf — alle jene guten Werke und Tugenden, womit ihr's mit Gottes Gnade verdient habet, an der Herrlichkeit Mariä im Himmel Theil zu haben — und seid bei ihr meine Fürbitter.

Durch euere Fürbitten und Verdienste wolle die heiligste Gottesmutter mich immerdar in ihren mütterlichen Schutz nehmen — jetzt und in der Stunde meines Absterbens! O in dieser Stunde, von welcher meine ganze Ewigkeit abhängt — da kommet auch ihr, ihr alle Heiligen Gottes, mir zu Hilfe! Erbittet mir alsdann die Gnade, daß ich bis an's Ende meines Lebens im heiligen katholischen Glauben standhaft verharre und daß mein letzter Athemzug ein inbrünstiger Akt der göttlichen Liebe sei. Amen.

XIII. Gebete für die Verstorbenen.

Ehre sei dem Vater etc.

Ehre sei dem Vater! Barmherziger Vater! nach der Menge deiner Erbarmungen erhöre das inbrünstige Flehen der armen Seelen im Fegfeuer und lindere ihre Leiden und führe sie bald zu deiner seligen Anschauung.

Ehre sei dem Sohne! Ewiger Sohn Gottes des Vaters, Du menschgewordener Heiland der Welt! laß diesen leidenden Seelen die unendlichen Verdienste deines bittern Leidens und Todes zukommen und errette sie gnädigst aus ihren Peinen.

Ehre sei dem heiligen Geiste! Göttlicher Geist, Du allerbester Tröster der Seelen! erquicke mit deinem süßen Troste die armen Seelen im

Fegfeuer und führe sie bald in die ewigen Freuden. · Amen.

Vater unser.

Gott der Liebe und der Erbarmungen, der Du es gerne siehst, wenn wir für die armen Seelen im Fegfeuer beten! siehe huldvoll auf das Gebet, das ich jetzt deßhalb verrichten will, um diesen leidenden Seelen nach Kräften beizuspringen. Erhöre mein Gebet um so eher, weil ich dabei jene hochheiligen Worte ausspreche, welche dein vielgeliebter Sohn, unser göttliche Heiland, uns gelehrt hat. Durch Ihn unterrichtet, ja durch Ihn ermuntert — so wage ich es, besonders zum Heile der armen Seelen, zu Dir also zu beten:

Vater unser, der Du bist in dem Himmel! ich bitte demüthigst, Du wollest doch diesen leidenden Seelen alle ihre Fehler und Versäumnisse verzeihen. Obgleich sie Dich nicht immer so geliebt haben, wie Du, o liebenswürdigster Vater, es verdienst: o so gedenke dennoch, daß Du sie zu deinen Kindern angenommen, und aus Liebe zu deinem ewigen Sohne erzeige Dich gegen sie als Vater von unendlicher Güte.

Geheiliget werde dein Name. Gedenke, wie eben dieser dein gehorsamster Sohn hier auf Erden durch seine Lehren und Beispiele Dich verherrlicht hat, so daß dein heiliger Name jetzt in allen Welttheilen erkannt und gepriesen wird. Alles was Er zu deiner Ehre je gethan, opfere ich Dir jetzt (bei dieser heiligen Messe) auf und bitte Dich, Du wollest jenen noch nicht ganz gereinigten Seelen ihre Unvollkommenheiten nachlassen, auf daß sie mit deinen Heiligen ewig deinen Namen preisen.

Zukomme uns dein Reich. Ja in dein herrliches Reich dort oben, in jene seligen Wohnungen nimm alle jene auf, für welche ich jetzt deine Barmherzigkeit anflehe. So möge durch sie die Anzahl der Himmelsbewohner vermehrt werden, auf daß auch sie bei deinem Throne für uns bitten!

Dein Wille geschehe, wie im Himmel, also auch auf Erden. Ach, wenn jene armen Seelen deinen heiligsten Willen nicht immer auf's Vollkommenste erfüllt haben: o so siehe, wie sie jetzt von Herzen bereit sind, mit den Engeln des Himmels nur das zu thun, was Dir wohlgefällig ist; ja sie wollen sogar nicht eher von ihren Peinen befreit werden, als bis Du es für gut findest. Diese ihre vollständige Vereinigung mit deinem Willen bewege Dich, daß Du Dich nachsichtig und milde gegen sie erzeigest!

Gib ihnen heute noch das überirdische Brod, nach welchem sie so innigst sich sehnen — nämlich die Anschauung deines heiligsten Angesichtes. Zu ihrer vollendeten Reinigung müssen sie dort im Fegfeuer noch immer das Brod der Schmerzen essen; o sättige sie doch bald mit dem lebendigen Brode, nach welchem sie hungern, mit der Seligkeit Dich zu sehen und zu besitzen.

Vergib ihnen ihre Schulden, wie auch sie vergeben ihren Schuldigern. Gewiß, dort wo die lieben Abgestorbenen nur geringere Sünden abzubüßen haben — dort ist kein Haß, keine Unversöhnlichkeit oder feindselige Gesinnung; nach dem Beispiele des göttlichen Lehrers haben sie längst schon all das Böse verziehen, das ihnen etwa von ihren Mitmenschen zugefügt wurde. Um so zuversichtlicher darf ich daher bitten: Vater, verzeihe auch Du und erlaß diesen treuen Nachfolgern Jesu alle ihre rückständigen Schulden.

Und wenn sie jetzt nach vollendetem Lebenskampfe — ihres Heiles sicher — nicht mehr in irgend eine Versuchung geführt werden: o so vergib es ihnen um der Liebe Jesu willen, daß sie früher den Versuchungen und Reizen zur Sünde nicht kräftig genug widerstanden haben. Lasse sie der himmlischen Freuden nicht mehr länger beraubt sein, **sondern erlöse sie von dem Uebel** — von jenen Strafen, die sie deiner unendlichen Gerechtigkeit noch schuldig sind. Durch die Verdienste deines Eingebornen und durch die Fürbitte der allerseligsten Jungfrau und aller lieben Heiligen befreie diese leidenden Seelen aus ihrer peinlichen Gefangenschaft und ertheile ihnen jene Krone der Herrlichkeit, die Du ihnen im Himmel zur Belohnung aufbewahrt hast. Amen.

Zum göttlichen Erlöser.

Jesus! ich glaube, daß Du Christus bist, der Sohn des lebendigen Gottes, der Du in diese Welt gekommen bist. Du bist — nach deiner eigenen Versicherung — die Wahrheit, die Auferstehung und das Leben; wer an Dich glaubt, wird leben, wenn er auch stirbt. Du hast nach deiner liebreichen Güte Dich erbarmt über den armen Lazarus und dessen betrübte Schwestern Martha und Maria. Du hast ihr vertrauensvolles Gebet erhört, den Lazarus — vier Tage nach seinem Tode — aus dem Grabe hervorgerufen und wieder zum Leben erweckt.

Liebevoller Heiland! laß nun auch mein Flehen in gegenwärtiger Stunde bei Dir Gnade finden und erbarme Dich der Verstorbenen, die ihrer Fehler und Nachlässigkeiten wegen in dem Schatten des Todes sitzen und dein göttliches Angesicht noch nicht zu sehen gewürdigt sind. Höre meine Seufzer und löse die Bande dieser armen Seelen, damit sie in die Freiheit deiner Kinder aufgenommen werden.

Jesus Christus! Du hast Dich als den Bürgen für die Sündenschuld der ganzen Welt dem himmlischen Vater dargestellt. Du hast den Schuldbrief, der wider uns zeugte, an's Kreuz geheftet und mit deinem heiligsten Blute getilgt.

Laß durch deine Barmherzigkeit den unendlichen Werth deiner Genugthuung den leidenden Seelen im Fegfeuer zu Theil werden, damit was

Gebete für die Verstorbenen.

sie nicht vermögen, ihnen durch dein heiliges Leiden und deinen verdienstlichen Tod geschenkt werde. Bezahle du für sie ihre Schulden bis auf den letzten Heller, damit sie, aus den schmerzlichen Peinen erlöst, deiner unendlichen Güte ewiges Lob darbringen.

O Jesus, dessen heiligste Seele — nach ihrem Hinscheiden am Kreuze — in die Vorhölle hinabgestiegen ist, um die Seelen der frommen Altväter und Propheten, die auf deine Ankunft harrten, daraus zu befreien: besuche jetzt auch die Seelen deiner Gläubigen, die in deiner Liebe dahingeschieden, aber ihrer Unvollkommenheiten wegen noch im Fegfeuer zurückgehalten werden.

Süßester Heiland, der Du gesagt hast, daß Du Alles, was wir auch für den Geringsten unserer Brüder thun, annehmest, als ob es für Dich selbst geschehe: nimm die Gebete, die ich jetzt für die lieben Abgestorbenen verrichte, wohlgefällig an; auch Alles das, was ich etwa Gutes gethan oder Widriges geduldig ertragen habe — nimm es an zum Troste dieser armen Seelen. Erlöse sie von ihren Strafen und vergib ihnen alle Sünden, welche sie von dem Eintritte in den Himmel noch abhalten.

Herr, gib ihnen die ewige Ruhe, und das ewige Licht leuchte ihnen! Durch deine Barmherzigkeit lasse sie im Frieden ruhen! Amen.

Das Ave Maria.

Gegrüßt seist du, Maria! Wenn ich dich jetzt mit dem heiligen Erzengel Gabriel begrüße, so will ich insbesondere für jene Abgestorbenen beten, die noch in dem Fegfeuer zu ihrer Reinigung aufgehalten werden. O siehe doch in deiner mütterlichen Milde auf diese armen Seelen! Um der großen Freude willen, welche du bei dem Gruße des heiligen Erzengels empfunden hast, lindere die Schmerzen dieser deiner geliebten Kinder, die ja auch gegen dich mit kindlicher Liebe und Verehrung erfüllt sind. Sende ihnen einen guten Engel, der ihnen ebenfalls einen freudenreichen Gruß bringe und ihnen die baldige Erlösung von ihren Leiden ankünde.

Du bist voll der Gnade. Gedenke, o gütigste Mutter, wie die drei göttlichen Personen so Großes an dir gethan und dich mehr als alle Engel und Menschen mit so ausgezeichneten Gnaden bereichert haben. Erzeige dich denn auch gegen jene leidenden Seelen als die gnadenvolle Mutter und versage ihnen deine Fürbitte und Hilfe nicht, nach welcher sie ein so sehnsüchtiges Verlangen haben.

Der Herr ist mit dir. Ich weiß wohl, daß Gott unendlich gerecht ist und daß nichts Unreines vor seinem heiligsten Angesichte erscheinen darf; ich weiß aber auch, daß Gott dir, o Maria, nichts versagen kann und auf deine Fürbitte hin zur Barmherzigkeit sich bewegen läßt. Sei

Gebete für die Verstorbenen.

also auch jenen bedrängten Seelen, für die ich jetzt bete, eine mächtige Vermittlerin! Deine makellose Reinigkeit gereiche ihnen zur Sühnung ihrer Fehltritte, und deine tiefe Demuth erlange ihnen Verzeihung aller Sünden jeglicher Eitelkeit und Hoffart.

Du bist gebenedeit unter den Weibern. Ja, Keine aus deinem Geschlechte ist zu solch hoher Würde gekommen, wie du; du allein bist die gebenedeite jungfräuliche Gottesmutter. Benedeie denn doch, segne und erfreue durch deine Trostworte jene, die schon von dieser Welt abgeschieden sind, aber noch in dem Zustande der Läuterung sich befinden. Deine inbrünstige Liebe zu Gott bedecke alle ihre Unvollkommenheiten, und der Ueberfluß deiner zahllosen Verdienste ersetze den etwaigen Mangel ihrer guten Werke.

Und gebenedeit ist die Frucht deines Leibes, Jesus. Diese anbetungswürdige Frucht, deinen Sohn Jesum Christum — Ihn im Himmel zu schauen, Ihn dort anzubeten und mit Ihm ewig glücklich zu sein, das ist der innigste, der alleinige Wunsch der armen Seelen im Fegfeuer. Bitte doch, heiligste Gottesmutter! bitte, daß dieser ihr Wunsch recht bald erfüllt werde. Versöhne sie mit deinem göttlichen Sohne, empfehle sie seiner Milde, auf daß Er, welcher durch dich unsere menschliche Schwachheit angenommen, auf deine Fürsprache sie auch an seiner Herrlichkeit theilnehmen lasse.

Heilige Maria, Mutter Gottes, du wunderbare, liebliche Mutter! bitt für uns arme Sünder und für alle dahingeschiedenen Gläubigen, an denen noch eine Sündenmakel haftet. In der Stunde ihres Absterbens bist du ihnen bereits zu Hilfe gekommen; eile jetzt auch, um sie aus ihrer Angst und Noth zu befreien und sie in die unvergängliche Ruhe und Seligkeit einzuführen — dort bei Jesus Christus, deinem göttlichen Sohne, welchem sei Ehre und Anbetung in alle Ewigkeit. Amen.

Gebete während der heiligen Messe.
Vom Anfang bis zur Wandlung.

Als Christen trauern wir — der Verstorbenen wegen — nicht auf eine trostlose Weise; wir sind nicht wie die Heiden und Ungläubigen (1. Thess. 4, 12), die keine Hoffnung haben auf ein anderes Leben nach dem Tode. O nein! nach der Lehre unserer heiligen Religion sind die lieben Abgestorbenen nicht für immer gestorben; sie haben nur ihre vergängliche Leibeshülle abgelegt, ihre Seele lebt fort in jener andern Welt, die kein Ende nimmt. Das ist unser Glaube an ein anderes, ewiges Leben, und dieser Glaube ist unser süßester Trost in den Leiden dieses irdischen Lebens, ganz besonders bei dem für uns so schmerzlichen Hinscheiden geliebter Personen.

Doch die christliche Liebe stirbt nicht aus; sie kann auch den Seelen im Reinigungsorte noch Gutes thun und ihnen Werke der Barmherzigkeit erweisen.

Gebete für die Verstorbenen.

In dieser Liebe will ich jetzt dem hochheiligen Meßopfer andächtig beiwohnen. Und wie sollte ich nicht voll Vertrauen für jene leidenden Seelen beten dürfen? Du, o Vater im Himmel, Du bist ja selbst der Vater der Barmherzigkeit und der Gott alles Trostes; wirst Du denn nicht auch gegen diese lieben Seelen Dich gütig und barmherzig erzeigen? O ja, in voller Zuversicht rufe ich mit dem Priester am Altare: Herr, gib ihnen die ewige Ruhe und laß ihnen leuchten das ewige Licht! Herr, erbarme Dich ihrer! Sei ihnen gnädig und barmherzig!

Ja, o mein Gott, erhöre das Gebet, das ich jetzt aus schuldiger Dankbarkeit und christlichem Mitleiden zum Heile der armen Seelen im Fegfeuer verrichte. Sollte wohl dieses Werk der Barmherzigkeit vor Dir kein Wohlgefallen finden? Schon die Israeliten des alten Bundes haben es gar wohl erkannt, es sei eine heilige und heilsame Sache, für die Abgestorbenen zu beten, auf daß sie von ihren Sünden möchten erlöst werden. Der fromme Anführer der Machabäer sandte ja deßhalb große Summen Geldes nach Jerusalem, damit für die in der Schlacht Gefallenen mehrere Opfer der Versöhnung dargebracht würden.

Doch wir katholische Christen haben ein ganz anderes, ein reines und heiliges, ein unendlich kostbares Opfer — jenes nämlich, das eben jetzt am Altare dargebracht wird. Ja siehe, o himmlischer Vater! siehe, Jesus Christus, dein vielgeliebter ewiger Sohn — Er bringt sich Dir jetzt auf geheimnißvolle Weise zum Heile der Lebendigen und auch der Abgestorbenen zum Opfer dar. O dieses große, dieses deiner erhabenen Majestät allein würdige Opfer, in Vereinigung mit den Verdiensten der allerseligsten Jungfrau und aller lieben Heiligen — laß dasselbe Dir wohlgefällig sein und erbarme Dich unser, sowie aller abgestorbenen Seelen, die noch etwas abzubüßen haben, besonders dieser . . .

Zur Erstattung der Anbetung und Liebe, welche diese Seelen in ihrem Leben Dir zu erweisen unterlassen haben, nimm jetzt gütig an — alle die heiligen Werke, welche dein göttlicher Sohn, unser Herr und Heiland, in den dreiunddreißig Jahren seines sterblichen Lebens ausgeübt hat. Zum Ersatz für alle Nachlässigkeiten und jede Lauigkeit, die diese lieben Seelen in deinem Dienste etwa gezeigt haben, siehe auf den Eifer, die Andacht und vollkommene Meinung, womit der göttliche Erlöser alle seine Handlungen verrichtete. Zur Verzeihung aller Fehler und Unvollkommenheiten, die diese Seelen sich haben zu Schulden kommen lassen, opfere ich Dir auf — alle Leiden und Schmerzen, die Jesus Christus von der Geburt an bis zu seinem letzten Athemzuge am Kreuze in so wunderbarer Geduld ertragen hat. O dieses kostbarste Opfer, diese unendlich werthvolle Gabe gereiche doch zum Troste der armen Seelen und zu ihrer baldigen Befreiung!

Nach der heiligen Wandlung.

Nun bist Du wahrhaft auf dem Altare gegenwärtig, o göttlicher Heiland! Da bist Du als lebendiger, verherrlichter Gottmensch, mit Leib und Seele, mit Fleisch und Blut. Ich glaube das fest und ohne allen Zweifel, weil Du, die ewige und unfehlbare Wahrheit, dieses so geoffenbaret hast.

In tiefster Ehrfurcht bete ich Dich an — als unsern Herrn und Gott, als unsern gekreuzigten Erlöser, welcher in Pracht und Herrlichkeit einst kommen wird, um alle Menschen zu richten. Ich rufe aus ganzem Herzen: Mein Herr und mein Gott! erbarme Dich meiner.

Erbarme Dich aber auch der armen Seelen im Fegfeuer! Ach, daß sie deiner seligen Anschauung noch beraubt sind, das ist ihre größte Qual. Nach dieser süßesten Seligkeit seufzen sie so innig; — o stille doch bald ihr heißes Verlangen! Durch die Kraft deines heiligsten Blutes reinige sie von allen Makeln der Sünde. Opfere Du selbst dieses heiligste Blut deinem himmlischen Vater auf, damit sie — ganz gereinigt, in den Himmel eingehen können.

O Jesu! Du hast einst den drei Jünglingen in dem babylonischen Feuerofen einen Engel zugesandt, der sie dann in den furchtbaren Flammen beschützt und unverletzt erhalten hat: sende jetzt den heiligen Erzengel Michael in die Wohnung der lieben Abgestorbenen, auf daß er sie aus ihrem

Reinigungsfeuer bald herausführe, dagegen die
Pforten deines himmlischen Reiches ihnen öffne
und sie dorthin bringe, wo nur ewige Freude
herrscht.

O Jesu! Du bist das Lamm Gottes, das
für alle Menschen am Kreuze ist geschlachtet wor=
den, um so für die Sünden der ganzen Welt
der göttlichen Gerechtigkeit genugzuthun: tilge auch
die Sünden derjenigen, für welche wir jetzt deine
Barmherzigkeit anrufen. Auch für sie hast Du
nach deinem Tode dein heiligstes Herz eröffnen
lassen; o so schließe sie doch ein in dieses Herz
der Erbarmung. Mit dem kostbaren Blute und
Wasser, das aus deiner geöffneten Seite floß,
lösche aus jenes peinliche Feuer, in welchem sie
noch leiden und berufe sie bald zu Dir in die
ewige Seligkeit.

Uns aber, die wir noch immer so vielen Ge=
fahren ausgesetzt sind, komme mit deiner allmäch=
tigen Gnade zu Hilfe. Gib, daß wir das An=
denken an die lieben Abgestorbenen zu unserer
eigenen Heiligung benützen. Es ist ja, wie wenn
aus jedem Grabe uns zugerufen würde: „Heute
mir, morgen dir!" O laß uns doch diese
mahnende Stimme recht tief zu Herzen nehmen
und eingedenk sein der Stunde unseres, vielleicht
ganz nahen Todes!

Ja, o heiliger und gerechter Gott, der Du
die Seelen im Fegfeuer noch zurückhältst — nicht
wegen schweren, sondern wegen läßlichen Sünden:
ich mache jetzt den ernstlichen Vorsatz, solche Feh=

ler eifriger zu vermeiden und so zu leben, daß ich einst den Tod nicht zu fürchten habe. Jetzt, jetzt ist für mich noch die Zeit des Heiles, die Zeit der Buße und der Gnade. Ich will diese kostbare, diese so geschwind vorbeieilende Zeit gut benützen und viele verdienstliche Werke in die andere Welt vorausschicken. Segne Du, o Herr, diese meine Entschließungen, auf daß ich das Gute nicht nur wolle, sondern dasselbe auch in der That und standhaft vollbringe. Alsdann darf ich hoffen, daß ich die lieben Abgestorbenen, für welche ich jetzt bei dieser heiligen Messe gebetet habe, jenseits wieder finden und mit ihnen auf ewig vereinigt bleiben werde: durch Jesum Christum, unsern Herrn. Amen.

Zu Ehren der heiligen fünf Wunden Jesu.

(Auch während der heiligen Messe zu beten.)

1.

Gekreuzigter Herr und Heiland Jesus Christus! demüthig verehre ich die heilige Wunde deiner rechten Hand. Ich empfehle in dieselbe die lieben Seelen meiner verstorbenen Eltern, Geschwister, (Mitbrüder und Mitschwestern,) sowie aller meiner Blutsverwandten, Freunde und Wohlthäter. Durch das kostbare Blut, das aus dieser Wunde geflossen, und durch alle die Schmerzen, die Du in derselben gelitten hast, bitte ich Dich, Du wollest Dich all dieser genannten Seelen huldvoll erinnern, sie mit dem Blicke der Milde liebreich trösten und sie recht bald der ewigen Seligkeit theilhaftig machen.

Vater unser ꝛc. Gegrüßt seist ꝛc.

2. O Du gütigster Herr und Heiland Jesus Christus! in Ehrfurcht verehre ich die heilige Wunde deiner linken Hand. Ich empfehle in dieselbe alle jene Seelen des Fegfeuers, die ihrer Befreiung am nächsten sind. Durch das kostbare Blut, das aus dieser Wunde geflossen, und durch alle die Schmerzen, die Du in derselben erlitten hast, bitte ich Dich, Du wollest doch deine milden Hände gegen diese Seelen ausstrecken, und sie recht bald in die ewige Herrlichkeit einführen.

Vater unser ꝛc. Gegrüßt seist ꝛc.

3. Liebevoller Herr und Heiland Jesus Christus! andächtig verehre ich die heilige Wunde deines rechten Fußes. Ich empfehle darein insbesondere jene Seelen, welche schon am längsten in dem peinlichen Reinigungsfeuer zurückgehalten werden. Durch das kostbare Blut, das aus dieser Wunde geflossen, und durch die bittern Schmerzen, die Du in derselben erlitten hast, bitte ich Dich, Du wollest Dich doch dieser hilflosen Seelen erbarmen und sie bald von ihren langwierigen Peinen befreien.

Vater unser ꝛc. Gegrüßt seist ꝛc.

4. O Du gnadenreichster Herr und Heiland Jesus Christus! ehrerbietigst grüße ich die heilige Wunde deines linken Fußes. Ich empfehle in dieselbe vorzüglich jene Seelen, welche die allerverlassensten sind und für die Niemand besonders

betet. Durch das kostbare Blut, das aus dieser heiligen Wunde geflossen, und durch die peinlichen Schmerzen, welche Du in derselben erleiden mußtest, bitte ich Dich, Du wollest doch dieser vergessenen Seelen gütigst eingedenk sein und sie recht bald die tröstlichen Worte hören lassen: „Kommet zu Mir, ihr Gesegneten meines Vaters!"

Vater unser 2c. Gegrüßt seist 2c.

5. Barmherzigster Herr und Heiland Jesus Christus! in dankbarer und recht inniger Liebe küsse und verehre ich die Wunde deines heiligsten Herzens. In dieses dein offenes Herz empfehle und verberge ich alle armen Seelen des Fegfeuers ohne Ausnahme, besonders aber diejenigen, welche die größte Liebe und Andacht zu deinem bittern Leiden und zu den Schmerzen deiner theuersten Mutter gehabt haben. Durch das kostbare Blut und Wasser, das aus deiner heiligen Seite geflossen, und durch alle die Schmerzen, die Du in den letzten drei Stunden am Kreuze erlitten hast, bitte ich Dich, Du wollest alle diese armen Seelen mit deinem süßesten Troste erquicken und sie bald dein holdseligstes Angesicht sehen lassen.

Vater unser 2c. Gegrüßt seist 2c.

Kirchengebete — für einzelne und alle Verstorbenen.

An Begräbnißtagen.

O Gott, dessen Eigenschaft es ist, stets sich zu erbarmen und zu schonen! demüthig flehen wir zu Dir für die Seele deines Dieners (deiner

Dienerin) N., welche Du (heute) aus diesem Leben abberufen haſt; übergib ſie nicht den Händen des böſen Feindes, noch vergiß ihrer für immer; ſondern laß ſie von den heiligen Engeln aufnehmen und in das himmliſche Vaterland einführen: ſie hat ja immer auf Dich gehofft und an Dich geglaubt; gib deßhalb nicht zu, daß ſie die hölliſchen Strafen ausſtehen müſſe, vielmehr verleihe ihr die ewigen Freuden. Durch unſern Herrn Jeſum Chriſtum, der mit Dir ꝛc.

An gewöhnlichen Gedächtnißtagen.

Wir bitten Dich, o Herr, Du wolleſt die Seele deines Dieners (deiner Dienerin) N. von ihren Sünden erledigen, damit ſie, für dieſe Welt geſtorben, droben bei Dir leben möge; und was ſie etwa nach der menſchlichen Gebrechlichkeit, ſo lange ſie hienieden im Fleiſche wandelte, geſündigt hat, das verzeihe ihr nach deiner erbarmungsvollen Huld und Güte. Durch Chriſtum ꝛc.

Für verſtorbene Biſchöfe oder Prieſter.

O Gott, der Du deinen Diener N. unter den apoſtoliſchen Prieſtern die biſchöfliche (prieſterliche) Würde bekleiden ließeſt: verleihe gnädigſt, daß derſelbe auch ihrer ewigen Gemeinſchaft einverleibt werde. Durch Chriſtum ꝛc.

Für ſeine Eltern.

O Gott, der Du uns geboten haſt, Vater und Mutter zu ehren: erbarme Dich gnädig der

Seelen meiner lieben Eltern; verzeihe ihnen alle ihre Sünden und gib, daß ich sie einst in der Freude der ewigen Klarheit wieder sehen möge. Durch Christum ꝛc.

Für Geschwister, Verwandte und Wohlthäter.

O Gott, der Du den Menschen so gerne Verzeihung ertheilest und ihr Heil so innig liebst und wünschest: wir bitten deine mildreiche Güte, Du wollest unsere Brüder und Schwestern, unsere Anverwandten und Gutthäter, die aus dieser Zeitlichkeit schon geschieden sind, durch die Fürbitte der seligsten Jungfrau Maria und aller Heiligen zur Theilnahme an der ewigen Seligkeit gelangen lassen. Durch Christum ꝛc.

Für einen einzelnen Verstorbenen.

Neige dein Ohr, o Herr, zu unsern Bitten, wodurch wir deine Barmherzigkeit demüthigst anrufen: auf daß Du die Seele deines Dieners N., den Du aus dieser Welt abberufen hast, an den Ort des Friedens und des Lichtes und in die Gesellschaft deiner Heiligen aufnehmen wollest. Durch Christum ꝛc.

Für eine Verstorbene.

Wir bitten Dich, o Gott, erbarme Dich nach deiner Güte der Seele deiner Dienerin N.; reinige sie von allen Makeln menschlicher Schwachheit und verleihe, daß sie recht bald denen beigezählt werde, die das Erbtheil ewiger Erlösung schon besitzen. Durch Christum ꝛc.

Für alle Abgestorbenen.

O Gott, Schöpfer und Erlöser aller Gläubigen! verleihe den Seelen deiner Diener und Dienerinnen die Vergebung aller Sünden, auf daß sie die gnädige Nachlassung, die sie allezeit gewünscht haben, durch fromme Fürbitten erlangen. Der Du lebst und regierst ꝛc.

Der Psalm 129: De profundis.
(Ablaß 24.)

Aus der Tiefe rufe ich zu Dir, o Herr: Herr, erhöre meine Stimme.

Dein Ohr achte: auf die Stimme meines Flehens!

O Herr! wenn Du auf Missethaten achten wolltest: wer könnte, o Herr, bestehen?

Doch bei Dir ist Versöhnung: und um deiner Satzungen willen harre ich auf Dich, o Herr!

Ja, meine Seele verläßt sich auf sein Wort: auf den Herrn hoffet meine Seele.

Von der Morgenwache bis in die Nacht: hoffe Israel auf den Herrn.

Denn beim Herrn ist Barmherzigkeit: und bei Ihm überreiche Erlösung.

Und Er selbst wird Israel erlösen: von allen seinen Sünden.

V. Herr, gib ihnen die ewige Ruhe:

R. Und das ewige Licht leuchte ihnen.

V. Laß sie ruhen im Frieden!

R. Amen.

Gebete für die Verstorbenen.

Aus dem Trauergesang Dies iræ.

Tag des Zornes, o Tag der Zähren,
Wirst die Welt in Asche kehren,
Wie die Seher uns belehren.

Welches Zagen, welches Beben;
Wenn zu richten alles Leben
Sich der Richter wird erheben.

Die Posaun' wird furchtbar klingen,
Durch der Erde Gräber dringen,
Alles vor den Thron zu zwingen.

Tod! Natur! ihr werdet beben,
Wenn erweckt zu neuem Leben
Rechenschaft der Mensch muß geben.

Und das Buch wird aufgeschlagen,
Drin ist Alles eingetragen,
Ueber alle Welt zu tagen.

Wird nun das Gericht beginnen,
Kommt an's Licht des Herzens Sinnen,
Wird der Strafe nichts entrinnen.

Ach! was werd' ich Armer flehen,
Wen zum Schützer mir ersehen,
Da Gerechte kaum bestehen?

König, der Du furchtbar thronest,
Und aus Gnade uns verschonest,
Rette mich, wenn Du belohnest.

Denk', o Jesu, der Beschwerden,
Die um mich Du trugst auf Erden;
Laß mich nicht verloren werden!

Ach, Verzeihung sei beschieden,
Milder Jesu, uns hienieden,
Und den Todten ew'ger Frieden!

XIV. Marianischer Liederkranz.

Kirchengesänge.

1. Vom Advent bis Mariä Lichtmeß.

Alma Redemptoris Mater.

Erhab'ne Mutter unsers Herrn,
O Himmelspfort', o Meeresstern!
Steh' deinem Volk im Falle bei;
Hilf, daß es sich erhebe frei.

Als Jungfrau rein du Mutter warst,
Zum Staunen der Natur gebarst
Du Den, der selbst dein Schöpfer war,
Und bliebest Jungfrau immerdar.

Vom Engel, nach des Herren Rath,
Vernahmst du: „Ave voll der Gnad'!"
O Mutter, voll der Gnad' und Huld,
Hilf uns, die drückt der Sünde Schuld!

Marianischer Liederkranz.

2. Von Mariä Lichtmeß bis Ostern.

Ave Regina cœlorum.

Du, in dem Himmel Hocherhöhte,
Sei, Engelkönigin, gegrüßt;
Du Sprosse David's, Morgenröthe,
Aus der das Heil gekommen ist!

Erfreu' dich Jungfrau, deiner Würde,
Die du vor Allen lieblich bist;
Erflehe du, des Himmels Zierde,
Uns Gnade stets bei Jesus Christ!

3. Von Ostern bis Pfingsten.

Regina cœli, lætare.

Erfreu' dich, Himmelskönigin! Alleluja!
Der dich zur Mutter hat erwählt, Alleluja,
Erstand, wie Er vorhergesagt: Alleluja.
Bitt Gott für uns, Maria! Alleluja.

4. Von Pfingsten bis zum Advent.

Salve Regina.

Sei, o Königin, gegrüßet,
Mutter der Barmherzigkeit!
Unser Leben, unsre Wonne,
Unsre Hoffnung allezeit!

Zu dir flehen wir Verbannte,
Söhne Eva's allzumal,
Unter Seufzern, unter Zähren
Hier in diesem Jammerthal.

Drum schau mild auf uns hernieder
Deren Mittlerin du bist;
Deines Leibs gebenedeite
Frucht uns zeigend, Jesum Christ.

Zeig' Ihn uns, sobald geendet
Unsere Verbannung da;
O du milde, o du fromme,
Süße Jungfrau, o Maria!

5. Gruß an Maria.

Gegrüßt seist du, Maria,
  Gegrüßt mit Herz und Munde,
Gegrüßt zu jeder Stunde,
  Maria sei gegrüßt!

So oft ich nur dich grüße,
O Gnadenreiche, Süße,
Hallt's nach im Paradiese:
  Maria sei gegrüßt!

In Lust und Lieb' und Freuden,
In Trübsal, Noth und Leiden,
Beim Kommen und beim Scheiden,
  Maria sei gegrüßt!

Beim Ausgang' und beim Eingang',
Beim Ende und beim Aufang',
Bei Allem dieser Nachklang:
  Maria sei gegrüßt!

Und drohte auch die Hölle,
Und wich' nicht von der Stelle,
Ich ruf' für alle Fälle:
  Maria sei gegrüßt!

Und wenn man auch mich tödtet,
So lang mein Blick noch redet,
So lang mein Herz noch betet:
  Maria sei gegrüßt!

Auf meinem Grabstein stehe,
Daß es der Wandrer sehe,

Und ohne Gruß nicht gehe:
Maria sei gegrüßt!

Einst wenn die Gräber beben,
Und die Todten wieder leben,
Werd' ich auch mich erheben;
Maria sei gegrüßt!

Und wenn ich dann dich grüße,
O Gnadenreiche, Süße,
Dann grüß' im Paradiese
Auch mich, Maria, du!

Gedeon von der Heide.

6. Weihegebet.

Wunderschön Prächtige,
Hohe und Mächtige,
Liebreichholdselige, himmlische Frau,
Der ich mich ewiglich
Weihe herzinniglich,
Leib dir und Seele zu eigen vertrau'!
Gut, Blut und Leben
Will ich dir geben,
Alles, was immer ich hab', was ich bin,
Geb' ich mit Freuden, Maria, dir hin!

Schuldlos Geborene,
Einzigerkorene,
Du, Gottes Tochter und Mutter und Braut,
Die, aus der Reinen Schaar
Reinste, wie keine war,
Selber der Herr sich zum Tempel gebaut!
Du makellose
Lilien=Rose,
Krone der Erde, der Himmlischen Zier,
Himmel und Erde, sie huldigen dir!

Gottesgebärerin,
Heilands-Ernährerin,
Mutter, an Schmerzen und Freuden so reich!
Welche der Schuldigen
Wär' dir, geduldigen
Mutter, an Reinheit und Tugend je gleich?
Du Gottgeweihte,
Hochbenedeite,
Mutter und Jungfrau, du schuldlos allein,
Woll' eine Mutter uns Sündern auch sein!

Allzeit Sanftmüthige,
Milde, Grundgütige,
Mutter des Heilands, voll Gnade und Huld!
Bitt für uns sündige
Menschen, verkündige
Du uns vom Sohne Verzeihung der Schuld!
Steh', wenn wir scheiden,
Du uns zur Seiten,
Sühne den furchtbaren Richter uns du,
Führe dem göttlichen Sohne uns zu!

Joh. v. Geissel, Cardinal und Erzbischof von Köln.

7. Das Memorare des heiligen Bernard.

Milde Königin, gedenke,
Wie's auf Erden unerhört,
Daß ein Pilger zu dir lenke,
Der verlassen wiederkehrt.
   Nein, o Mutter! weit und breit
   Schallt's aus deiner Kinder Mitte,
   Daß Maria eine Bitte
   Nicht gewährt, ist unerhört,
   Unerhört in Ewigkeit.

Wer in deinen Schutz geflohen,
Wer nur deiner nicht vergißt,

Muß bekennen, daß das Drohen
Auch der Hölle nichtig ist.
 Nein, o Mutter! weit und breit 2c.

Hast, o Mutter! deinen Söhnen
Deine Hilf' du je verneint?
Hat man jemals seine Thränen,
Mutter! dir umsonst geweint?
 Nein, o Mutter! weit und breit 2c.

Mutter, Jungfrau der Jungfrauen!
Sieh, ich laufe hin zu dir;
Sieh, ich komme voll Vertrauen,
Hilf, o Mutter! hilf auch mir.
 Nein, o Mutter! weit und breit 2c.

Sieh mich armen, großen Sünder
Weinend dir zu Füßen knie'n;
Soll das ärmste deiner Kinder
Ohn' Erbarmen von dir zieh'n?
 Nein, o Mutter! weit und breit 2c.

Liebste Mutter! nicht verwehre,
Was ich gläubig bitten kann;
Du, des Wortes Mutter! höre
Meine Worte gnädig an.
 Nein, o Mutter! weit und breit 2c.

Ach, erhöre meine Worte,
Führ' mich einst zu deinem Sohn,
Oeffne mir des Himmels Pforte,
Daß ich ewig bei dir wohn'!
 Nein, o Mutter! weit und breit 2c.

8. An die Mutter der Erbarmung.

Blick' vom Himmelsthron, dem reinen,
O Maria, nur einmal,
Süße Mutter, auf die Deinen,
Nur ein einzig, einzig Mal!

Marianischer Liederkranz.

Reget dann sich von Erbarmen
Nicht dein Herz bei diesem Blick,
O, so wende von uns Armen
Immerhin den Blick zurück!

Sieh, wie Undank uns entweihte,
Wie mit Gottes Herz die Schuld,
Mit dem milden, uns entzweite:
Wir verwirkten seine Huld.

Willst du, daß Er mild erscheine,
O, so sprich ein einzig Wort!
Du, Maria, kannst alleine
Oeffnen uns des Heiles Port.

Daß Er Sich mit uns versöhne,
Süße, theure Mutter, sprich,
Sprich, wir seien deine Söhne;
Sieh, und schnell erbarmt Er Sich.

Sind wir ob der Schuld auch nimmer
Deine Söhne werth zu sein,
Wird dein Mutterherz doch immer
Voll von milder Liebe sein.

Breite, süße Mutter, deinen
Mantel aus, uns zu umfah'n,
Laß uns furchtlos dort uns einen,
Sieh uns Kinder liebreich an.

Theure, süße Mutter, höre,
Ruft zu dir die Andacht laut;
Rette, wer dich liebt; erhöre,
Wer sich kindlich dir vertraut.

Hl. Alphons v. Liguori.

9. Maria, meine Hoffnung.

Maria, meine Hoffnung,
Mein süßer Trost hienieden,
Du meines Lebens Frieden,
Du Liebe meiner Brust.
Gedenk' ich dein, Maria,
Entwehest du dem Munde,
Zerrinnt mein Herz zur Stunde
Vor himmelsüßer Lust.

Wenn irgend ein Gedanke
Mein trauernd Herz umdüstert,
Sowie dein Name flüstert.
Entflieht er bebend fort.
O holder Stern des Meeres!
Ob Wellen hoch sich thürmen,
Du leitest unter Stürmen
Mein Schifflein in den Port.

O hochgeliebte Herrin!
Von deinem Schutz umgeben
Verfließe sanft mein Leben,
Bis mir das Auge bricht.
Dies hoff' ich, o Maria!
Und so ich es erwerbe,
Daß ich, dich liebend, sterbe,
Erwerb' ich Gottes Licht.

O, breite deine Fesseln,
Mein Herz darein zu schlagen,
Es soll sie liebend tragen
Und ewig treu dir sein!
So ist mein Herz, Maria,
Nur dir allein ergeben;
O nimm, es Gott zu geben,
Es ist nicht fürder mein!

Hl. Alphons v. Liguori.

10. Maria, der Trost der Betrübten.

O sel'ge Jungfrau rein
Du bist die Mutter mein!
Auf dich vertraue ich,
Du wachest stets für mich,
Maria, Jungfrau rein,
Du bist die Mutter mein!

An deine treue Hand
Knüpft mich ein festes Band;
Du führst so mütterlich
Durch alle Nöthen mich,
Und läßt mich nie allein
Maria, Mutter mein!

Wann ich in Leiden bin,
Bist du mir Trösterin;
Wann mir Versuchung droht,
In Angst und Seelennoth,
Ruf' ich den Namen dein,
Maria, Mutter mein!

An dich in Freud' und Leid
Denk' ich zu jeder Zeit;
Denn deines Namens Zier
Leuchtet im Herzen mir;
Könnt' ich nur bei dir sein,
Maria, Mutter mein!

Schlägt einst die Todesstund',
Dann thu' mir Freude kund,
Bitt deinen Sohn für mich,
Daß Er erbarme Sich;
Dann werd' ich bei dir sein,
Maria, Mutter mein!

11. Maria, unser Vorbild.

Zu wandeln stets nach Gottes Willen,
Und unter seinem Angesicht,
Und treulich sein Gesetz erfüllen,
War dir, Maria! erste Pflicht.

Er sandt' dir Kummer oder Freude,
So war dein Herz nur Ihm geweiht;
Du gingest nie von seiner Seite
Und priesest Ihn voll Dankbarkeit.

O hilf uns auch so gläubig leben,
Uns unserm Vater innig weih'n,
Hilf uns, so fromm, so gottergeben,
So dankbar gegen Ihn zu sein.

Daß wir in heitern Glückestagen
Nie weg von seinen Wegen geh'n,
Und in dem Unglück ohne Zagen
Auf Ihn, als unsern Vater seh'n!

12. Wallfahrtslied.

O Maria, Jungfrau rein,
Mit dem lieben Kinde dein!
Sei gegrüßet tausendmal,
Sei gegrüßt im Gnadensaal!

Du bist unsre Königin,
Unsre liebste Herrscherin
Du die große Siegerin,
Aller Christen Helferin!

Dich zu preisen kommen wir,
Aller Jungfrau'n schönste Zier!
Sieh uns an im Pilgerkleid,
Mutter der Barmherzigkeit!

Durch das Kind auf deinem Arm
Aller Pilger dich erbarm';
Durch dein mildes Mutterherz
Führ' uns Alle himmelwärts!

In des Lebens Kampf und Streit
Uns zu helfen sei bereit;
Holde Jungfrau, keusch und rein,
Laß uns dir empfohlen sein!

Halt' in dunkler Erdennacht
Ueber deine Kinder Wacht;
Bist ja unser Hoffnungsstern,
Süße Mutter unsers Herrn!

Schau' herab vom Himmelsthron,
Bitt für uns bei deinem Sohn!
Unsre Zuflucht, unser Hort,
Weise nicht die Kindlein fort!

Führe uns durch's Thränenthal
Bis hinauf zum Himmelssaal,
Daß wir mögen bei dir sein
Und in Jesus uns erfreu'n!

W. Tangermann.

13. Vor einem Gnadenbilde.

Sieh mich hier zu deinen Füßen
  Jungfrau, Mutter, Königin!
Laß dich auch von mir begrüßen,
  Ob ich auch so sündhaft bin.

Du die Zuflucht aller Sünder,
  Bist die Zuflucht auch für mich;
Alle armen Evenkinder
  Weiset ja die Kirch' an dich.

Marianischer Liederkranz.

Und Er selbst, der Todbezwinger,
  Der noch von dem Kreuz herab
Dich dem vielgeliebten Jünger
  Und auch mir zur Mutter gab.

O Maria, Heil der Kranken!
  Tröste du mein krankes Herz,
Worte, Werke und Gedanke
  Lenk' sie alle himmelwärts.

Königin, zu deinem Throne
  Seufz' ich reuevoll empor;
Stell' dem Richter, deinem Sohne,
  Mich einst als dein Pflegkind vor.

Huldigung von Millionen
  Sei, Maria, dir geweiht,
Von den Christen aller Zonen
  Sei gegrüßt, gebenedeit!

14. Die einsiedlische Gnadenmutter.

Wo St. Meinrads Blut geflossen,
  In dem dichten, finstern Wald —
Ist ein Heiligthum entsprossen
Das in lichtem Glanze strahlt.
Dahin strömen Millionen
Pilger aller Nationen;
Denn Maria blickt so milde,
Goldumstrahlet vom Altar,
Hier von ihrem Gnadenbilde
Nieder auf die Pilgerschaar.
  O Maria! dich erbarme,
  Rett' uns Sünder, rett' uns Arme!

Welcher Trost! auf ihren Armen
Ruhet Jesus, Gottes Sohn!
Welcher selber aus Erbarmen

Für uns starb in Spott und Hohn.
Wird Maria für uns flehen,
Kann ihr Sohn uns nicht verschmahen;
Zwar als Sünder wir erscheinen,
Doch gebeugt von Reueschmerz.
Mutter, zähl' uns zu den Deinen
Fleh' für uns zu Jesu Herz.
 O Maria! dich erbarme,
  Rett' uns Sünder, rett' uns Arme!

Bitte, daß dein Sohn verzeihe
Uns die große Sündenschuld;
Uns zur Tugend Gnad' verleihe:
Jesu Herz ist ja voll Huld.
O! an diesem Gnadenorte
Finden wir des Heiles Pforte!
Trifft uns Kummer, Trübsal, Leiden,
Nahet Krankheit uns und Tod,
Mahne uns an jene Freuden,
Die der Herr den Seinen bot.
 O Maria, dich erbarme,
  Rett' uns Sünder, rett' uns Arme!

Endet sich die Pilgerreise
Einst für uns auf immerhin,
Trieft die Stirn' vom Todesschweiße,
O dann, Mutter, Königin!
Eile uns dann beizustehen,
Höre unser kindlich Flehen!
Führe uns zu deinem Sohne,
Wenn der Lebensfaden bricht,
Daß wir ewiglich am Throne
Schau'n sein göttlich Angesicht.
 O Maria! dort erhoben,
  Werden wir dich ewig loben!

15. Noch ein Lied vor einem Gnadenbilde.

Sei gegrüßt in diesem Gnadenbilde,
  Sei, Maria, tausendmal gegrüßt!
Mächtig zieht mich an die hohe Milde,
  Die aus deinem Auge sich ergießt.
O wie wohl ist mir zu jeder Stunde,
  Da ich klage dir der Seele Schmerz!
Balsam gießest du in meine Wunde,
  Und Erquickung in das bange Herz.

Deiner Tugend und Verdienste Zierde
  Glänzt zunächst an Gottes Gnadenthron;
Herrlicher doch strahlet deine Würde:
  Dich verehrt als Mutter — Gottes Sohn,
Ja, auf dich will ich die Hoffnung bauen,
  Deine Macht und Liebe bürgen mir;
Und ich weiß, die fest auf dich vertrauen,
  Danken Alle ihre Rettung dir.

Die Gefahr der Seele macht mich beben,
  Da der Feind mich dränget ohne Rast!
Oft, ach, hab' ich treulos mich ergeben,
  Und es mehrt sich meine Schuldenlast!
Hab' Erbarmen, Mutter, und erflehe
  Wahre Buße mir und festen Sinn;
Daß ich siegreich in dem Kampfe stehe,
  Den ich täglich wieder neu beginn'.

Laß dein Bild vor meinem Geiste schweben,
  Deiner Tugend Bild, das hoch entzückt,
Laß mich üben treuer stets im Leben,
  Was betrachtend dort mein Aug' erblickt.
Du wirst mich die hohe Weisheit lehren:
  Treue Sorge für den Gnadenstand;
Wirst die Sehnsucht meines Herzens kehren
  Von der Welt zum wahren Heimathland.

Elend herrscht in diesem Thal der Zähren,
  Groß und vielfach ist des Lebens Noth;
Furchtbar droht das Laster sich zu mehren,
  Und die Seelen stürzen in den Tod!
Mutter, Jungfrau, hab' mit uns Erbarmen
  Himmelskönigin, Maria hilf!
Zeige deines Namens Kraft uns Armen,
  Mutter Gottes, o Maria hilf!

16. Maria, hilf!

Hilf, Maria hilf!
Rufen täglich Millionen,
Christen aller Himmelszonen
In der Näh' und aus der Fern'
Zu dir, Mutter unsers Herrn!

Hilf, Maria hilf!
Fleht die große Zahl der Armen,
Die sich sehnen nach Erbarmen,
Denen man in ihrer Noth
Nirgends reicht ein Stücklein Brod.

Hilf, Maria hilf!
Seufzt der Kranke, der in Schmerzen
Schmachtet dort, an dessen Herzen
Naget ohne Maß und Zahl
Kummer, Bangigkeit und Qual.

Hilf, Maria hilf!
Ruft ein Jeder, der will finden
Wegen seiner vielen Sünden
Einstens in der Ewigkeit
Gnade und Barmherzigkeit.

Hilf, Maria hilf!
Flehen Alle, die dort liegen
In den letzten Athemzügen;

Deren Aug' auf immer bricht,
Deren Mund kein Wort mehr spricht.

Hilf, Maria hilf!
Ruf' auch ich aus Herzensgrunde
Jetzt, sowie zu jeder Stunde
Meiner kurzen Pilgerzeit
In die lange Ewigkeit.

17. Schlußgebet.

Kindlich weihe ich in Treue,
Jungfrau, diese Lieder dir.
O so neige denn und zeige
Dich als milde Mutter mir.

Spende Segen meinen Wegen,
Und wenn einst mein Auge bricht,
O dann führe, Himmelsthüre,
Mich vor Gottes Angesicht!

Alles zur größern Ehre Gottes und zur Verherrlichung der allerseligsten Jungfrau und Gottesmutter Maria.

Inhaltsverzeichniss.

Vorwort.
Seite.

Erklärung des Titelbildes und des Titels   3

Erster Theil.
Betrachtungen über das Leben der allerseligsten Jungfrau und Gottesmutter Maria.

Betrachtung
1. Maria, die Mutter Jesu 9
2. Maria, auch unsere Mutter . . . 12
3. Zur Verehrung Mariä gehört ihre Nachahmung 14
4. Die unbefleckte Empfängniß Mariä . . 17
5. Mariä Geburt und unser Geburtstag . . 20
6. Das frühzeitige Opfer Mariä . . . 22
7. Das vollkommene Opfer Mariä . . . 25
8. Maria betet und arbeitet . . . 27
9. Maria gelobet ewige Jungfräulichkeit . . 30
10. Maria, mit dem heiligen Joseph vermählt . 33
11. Wie Maria den heiligen Joseph liebte und ehrte 36
12. Die demüthigste Magd des Herrn . . 39
13. Maria, in den Willen Gottes ergeben . 42
14. Unser Vorbild bei der heiligen Communion . 44

Inhaltsverzeichniß.

Betrachtung · · · · · · · Seite.

15. Mariä Heimsuchung · · · · · 48
16. Der Lobgesang Mariä (Magnificat) · · 50
17. Maria bei der Betrübniß des heiligen Joseph 53
18. Die Reise nach Bethlehem · · · 56
19. Maria bei der Geburt ihres göttlichen Kindes 61
20. Inbrunst der seligsten Gottesmutter · · 64
21. Die Liebe zu den Armen · · · 67
22. Mariä Reinigung und ihr Gehorsam · · 70
23. Das Opferleben des Christen · · · 73
24. Das Schwert der Schmerzen · · · 76
25. Die Flucht nach Aegypten · · · 79
26. Jesus mit uns · · · · · 82
27. Verborgenes Leben in Nazareth · · 85
28. Der Verlust des göttlichen Kindes · · 88
29. Maria sucht und findet Jesum · · 91
30. Maria beim Hinscheiden des heiligen Joseph 95
31. Maria, mit den Fröhlichen sich freuend · 98
32. Die gütige Jungfrau · · · · 101
33. Maria lehrt uns beten · · · · 104
34. Die höchste Vollkommenheit · · · 107
35. Das Wort Gottes hören und befolgen · 109
36. Der gottergebene Abschied · · · 112
37. Maria auf dem Wege nach Golgatha · 115
38. Maria neben dem Kreuze · · · 118
39. Wie Maria unsere Mutter geworden · 122
40. Der Leichnam Jesu im Schooße Mariä · 124
41. Die Osterfreude der seligsten Jungfrau · 127
42. Maria bei der Himmelfahrt Jesu · · 130
43. Maria am heiligen Pfingsttage · · 134
44. Die letzten Lebensjahre der seligsten Jung=
    frau · · · · · · · 137
45. Vorbereitung zum Tode · · · · 141
46. Mariä seliges Ende · · · · 144
47. Maria, in den Himmel aufgenommen · 148
48. Maria, in dem Himmel gekrönt · · 153
49. Die Macht der heiligsten Gottesmutter · 156
50. Maria, die gütigste Mutter · · · 160

Zweiter Theil.

Allgemeine Andachtsübungen, besonders für die frommen Verehrer Mariä.

I. Morgengebete.

Seite.
- Beim ersten Erwachen 167
- Während dem Ankleiden 168
- Während dem Waschen 168
- Beim Kreuzzeichen mit Weihwasser . . 168
- Ausführliches Morgengebet 168
- Der englische Gruß 172
- Kürzeres Morgengebet 173
- Aufopferungsgebet an Maria 174
- Anrufung Mariä in Versuchungen . . 175

II. Abendgebete.

- Ausführliches Abendgebet 176
- Nachtsegen 180
- Kürzeres Abendgebet 181
- Fromme Gedanken beim Auskleiden und Einschlafen 183

III. Meßgebete.

- Erste Meßandacht — bei feierlichen Aemtern zu gebrauchen 184
- Aufopferung aller heiligen Messen . . 196
- Zweite Meßandacht — zur Ehre der allerseligsten Jungfrau Maria . . . 197

IV. Beichtgebete.

- Vorbereitungsgebet 206
- Reue und Leid wegen schweren Sünden . 207
- Reuegebet nach läßlichen Sünden . . 209

Inhaltsverzeichniß.

Seite.
Anmuthungen vor der heiligen Beicht . . 212
Nach der heiligen Beicht 212
Schlußgebet 213
Zur Beherzigung nach der heiligen Beicht . 214

V. Communiongebete.

Erste Communionandacht 216
   Vor der heiligen Communion . . 216
   Nach der heiligen Communion . . 220
Zweite Communionandacht . . . 223
   Vor der heiligen Communion . . 223
   Nach der heiligen Communion . . 225
Ablaßgebet nach der heiligen Communion vor
   einem Bilde des Gekreuzigten . . 228
Gebete, die man zur Gewinnung eines vollkom-
   menen Ablasses nach der heiligen Communion
   oder sonst am Communiontage verrichten kann 229

VI. Nachmittags-Andachten.

Marianische Vesper 232
   Psalmen des heiligen Bonaventura . . 232
   Der Hymnus: Ave maris stella . . 239
   Der Lobgesang Mariä: Magnificat . . 240
   Salve Regina 242
   Schlußbefehlung 243

VII. Litaneien.

1. Die lauretanische Litanei . . . 244
2. Zum heiligen Herzen Mariä . . . 248
3. Zur schmerzhaften Mutter Gottes . . 251
4. Von der Nachahmung Mariä . . 254

VIII. Gebete für die Hauptfeste der seligsten Jungfrau.

Mariä unbefleckte Empfängniß . . . 258
Mariä Vermählung 260

	Seite.
Mariä Reinigung (Lichtmeß)	261
Mariä Verkündigung	253
Schmerzenfest Mariä	264
Mariä Heimsuchung	266
Am Skapuliersonntag	267
Mariä Himmelfahrt	269
Das Fest des reinsten Herzens Mariä	270
Mariä Geburt	272
Das Namensfest Mariä	273
Das Rosenkranz-Fest	275
Mariä Opferung	277

IX. Maiandacht.

Vorbemerkung	281
Gute Meinung für den ganzen Monat	282
Für den 1. Tag die 1. Betrachtung	9
Schlußgebet	284
Für den 2. Tag die 2. Betrachtung	12
Schlußgebet	285
Für den 3. Tag die 3. Betrachtung	14
Bitte an Maria	286
Für den 4. Tag die 4. Betrachtung	17
Gebet des heiligen Alphons	287
Für den 5. Tag die 5. Betrachtung	20
Schlußgebet	288
Für den 6. Tag die 6. oder 7. Betrachtung	22 ob. 25
Weihegebet des heiligen Aloysius	289
Für den 7. Tag die 8. Betrachtung	27
Schlußgebet	290
Für den 8. Tag die 10. Betrachtung	33
Schlußgebet	291
Für den 9. Tag die 12. Betrachtung	39
Gebet des heiligen Augustin	292
Für den 10. Tag die 13. Betrachtung	42
Gebet des heiligen Athanasius	293
Für den 11. Tag die 14. Betrachtung	44
Schlußgebet	294

Inhaltsverzeichniß.

Seite.

Für den 12. Tag die 15. Betrachtung	48
Schlußgebet	295
Für den 13. Tag die 19. Betrachtung	61
Gebet des heiligen Methodius	296
Für den 14. Tag die 22. Betrachtung	70
Schlußgebet	297
Für den 15. Tag die 24. Betrachtung	76
Schlußgebet	298
Für den 16. Tag die 25. Betrachtung	79
Gebet des heiligen Alphons	299
Für den 17. Tag die 27. Betrachtung	85
Schlußgebet	300
Für den 18. Tag die 28. Betrachtung	88
Schlußgebet	301
Für den 19. Tag die 29. Betrachtung	91
Gebet des heiligen Alphons	302
Für den 20. Tag die 32. Betrachtung	101
Gebet des heiligen Petrus Damiani	303
Für den 21. Tag die 33. Betrachtung	104
Schlußgebet	304
Für den 22. Tag die 35. Betrachtung	109
Schlußgebet	305
Für den 23. Tag die 37. Betrachtung	115
Gebet des heiligen Alphons	306
Für den 24. Tag die 38. Betrachtung	118
Schlußgebet	308
Für den 25. Tag die 39. Betrachtung	122
Gebet des heiligen Anselm	309
Für den 26. Tag die 44. Betrachtung	137
Schlußgebet	310
Für den 27. Tag die 46. Betrachtung	144
Gebet des heiligen Alphons	311
Für den 28. Tag die 47. Betrachtung	148
Schlußgebet	312
Für den 29. Tag die 48. Betrachtung	153
Schlußgebet	313

Inhaltsverzeichniß.

Seite.

Für den 30. Tag die 49. Betrachtung . . . 156
 Gebet des heiligen Ildephons . . . 314
Für den 31. Tag die 50. Betrachtung . . . 160
 Schlußgebet 315
Aufopferung der Maiandacht 317

X. Verschiedene Gebete zur allerseligsten Jungfrau.

Lobgesang auf Maria 319
Freudige Begrüßung 321
Weihe und Hingabe 322
Eine kürzere Aufopferung 324
Bitte um Annahme an Kindesstatt . . . 324
Um Bewahrung der Keuschheit . . . 326
Zufluchtsgebet in schweren Anliegen . . . 328
Gebet um eine glückselige Sterbstunde . . 331
Gebet für sich und die Mitmenschen . . 333
Einige kürzere Gebete 335

XI. Neuntägige Andacht zu Maria in Krankheiten oder andern schweren Anliegen.

Vorbereitungsgebet 337
1. Tag. Maria, die Mutter Jesu . . . 339
2. „ Unsere liebe Frau vom hl. Herzen Jesu 341
3. „ Maria, unsere Mutter . . . 342
4. „ Die Mutter der göttlichen Gnade . 344
5. „ Maria, die Trösterin der Betrübten . 346
6. „ a. Maria, das Heil der Kranken . 348
6. „ b. Maria, die Helferin der Christen . 350
7. „ Maria, die schmerzhafte Mutter . 352
8. „ Maria, unsere Hoffnung . . 354
9. „ Maria auf dem Himmelsthrone . 356
Aufopferungsgebet 357

XII. Gebete zu einigen Heiligen, den vorzüglichsten Verehrern der seligsten Jungfrau.

Seite.

Gebete zum heiligen Nährvater Joseph	360
Grüße an den heiligen Joseph	360
Zufluchtsgebet	362
Lob- und Bittgesang auf den heiligen Nährvater	363
Das kräftige Gebet	364
Die sieben Freuden und sieben Schmerzen des heiligen Joseph	365
Bitte um die Liebe zu Jesus und Maria	369
Bitte um Bewahrung der Keuschheit	370
Gebet um eine glückselige Sterbstunde	372
Vertrauensvolle Bitte	373
Bittseufzer	373
Zum heiligen Erzengel Gabriel	373
Zum heiligen Aloysius	374
Zur heiligen Mutter Anna	376
Zum heiligen Joachim	378
Zum heiligen Bernard	379
Zum heiligen Franziskus Xaverius	380
Fromme Grüße eines Dieners Mariä an alle lieben Heiligen	381

XIII. Gebete für die Verstorbenen.

Ehre sei dem Vater 2c.	384
Vater unser	385
Zum göttlichen Erlöser	388
Das Ave Maria	390
Gebete während der heiligen Messe	392
Zu Ehren der heiligen fünf Wunden Jesu	397
Kirchengebete für einzelne und alle Verstorbenen	399
Der 129. Psalm: De profundis	402
Aus dem Trauergesang: Dies iræ	403

XIV. Marianischer Liederkranz.

	Seite.
Die vier kirchlichen Antiphonen	405
Gruß an Maria	407
Weihegebet	408
Das Memorare des heiligen Bernard	409
An die Mutter der Erbarmung	410
Maria, meine Hoffnung	412
Maria, der Trost der Betrübten	413
Maria, unser Vorbild	414
Wallfahrtslied	414
Vor einem Gnadenbilde	415
Die einsiedlische Gnadenmutter	416
Noch ein Lied vor einem Gnadenbilde	418
Maria, hilf	419
Schlußgebet	420

Verzeichniß der Ablaßgebete, wie sie in diesem Buche der Reihe nach vorkommen.

Nummer

1. Für das jedesmalige Kreuzzeichen, wenn man zugleich die Worte ausspricht: Im Namen des Vaters u. s. w. verlieh Papst Pius IX. den 28. Juli 1863 einen Ablaß von 50 Tagen 168
2. Für das Gebet zum heiligen Schutzengel jedesmal 100 Tage Ablaß. Pius VI. 2. Okt. 1795 171
3. Für den englischen Gruß jedesmal 100 Tage. Benedikt VIII. 14. Sept. 1724. . . 172
4. Wer diese Angelobung täglich Morgens und Abends betet, gewinnt 100 Tage Ablaß, für die kürzere Anrufung aber jedesmal 40 Tage. Pius IX. 5. August 1851 . 175
5. Für jedes dieser drei letztern Gebete jedesmal 100 Tage. Pius VII. 28. April 1807. 183

Inhaltsverzeichniß.

Nummer | Seite.

6. Für diese Aufopferung drei Jahre Ablaß. Pius IX. 11. April 1860. . . . 196
7. So oft dieses Schutzgebetlein (vom heiligen Leonhard von Portu Maur.) andächtig gebetet wird, gewinnt man einen Ablaß von 100 Tagen. Pius IX. 23. Sept. 1846. 212
8. Für dieses Gebet (vom heiligen Hieronymus Aemil.) 50 Tage. Pius IX. 11. Aug. 1851. 212
9. Wer dieses Gebet nach der heiligen Communion reumüthig betet, gewinnt einen vollkommenen Ablaß. Pius VII. 10. April 1821. 228
10. Für einmal des Tages 60 Tage Ablaß für dieses Gebet sammt beigefügtem Lobspruch. Pius VII. 26. Sept. 1817. . . . 271
11. Für diese Aufopferung mit drei Ave jedesmal 100 Tage. Leo XII. 21. Okt. 1823. 324
12. 300 Tage. Pius IX. 25. Juli 1846. . 335
13. 100 Tage. Pius VI. 21. Nov. 1793. . 336
14. 100 Tage. Pius VI. 21. Nov. 1793. . 336
15. Wer diese Gebetsverse siebenmal mit ebenso viel Ave betet, gewinnt 300 Tage Ablaß. Pius VII. 1. Dez. 1815. . . . 336
16. Für diesen Gebetsseufzer, der besonders in Versuchungen recht oft und inbrünstig sollte wiederholt werden, jedesmal 300 Tage. Pius IX. 30. Sept. 1852. . . 336
17. Für die Anmuthung jedesmal 100 Tage. Pius IX. 30. Juni 1867. . . . 336
18. Ebenfalls 100 Tage. Pius IX. 9. Jan. 1852. 336
19. Für diesen Lob- und Bittgesang jedesmal ein Jahr Ablaß. Pius VII. 6. Sept. 1804. 364
20. 300 Tage für einmal des Tages. Pius IX. 3. Febr. 1863. 364
21. Für das Gebet der 7 Schmerzen ꝛc. ein Ablaß von 100 Tagen, — einmal des Tages, — von 300 Tagen alle Mittwochen des ganzen Jahres, — ein vollkommener

Nummer		Seite
	Ablaß für das Fest des heiligen Joseph und das Schutzfest desselben. So Pius VII. 9. Dez. 1819.	365
22.	300 Tage für einmal des Tages. Pius IX. 26. Juni 1863.	373
23.	Für jedesmal 50 Tage. Pius IX. 27. Jan. 1863	373
24.	100 Tage Ablaß, wenn man diesen Psalm oder dafür ein Vater unser und Ave bei einbrechender Nacht betet. Pius VI. 18. März 1781.	402

Bei Gebr. Karl und Nikolaus Benziger in Einsiedeln, New-York und Cincinnati sind ferner (nebst mehr denn 200 andern Andachtsbüchern) erschienen:

Alles für Jesus. Katholisches Gebet- und Andachtsbuch für Kirche und Haus. Größtentheils entnommen aus den Schriften der Heiligen: Lignori, Bernhard, Franz von Sales, Thomas von Aquin und Gertrudis. Approbation. Mit 2 Stahlstichen und feinen Illustrationen. Gr. 24. 1870. (512 Seiten.)
9½ Sgr. 30 kr. Fr. 1. 5 C.

Cochem, P. Martin v., Großer Baumgarten. Neu herausgegeben und verbessert von P. Friedrich Willam. Mit den gewöhnlichen Andachten nebst vielen andern Andachtsübungen zu Gott, zur allerseligsten Jungfrau Maria, den Heiligen in allgemeinen und besondern Nöthen und Anliegen, für Kranke, Sterbende und Abgestorbene. Approbation. 2te Aufl. 4 Bilder. 12. 1869. (512 Seiten.)
13½ Sgr. 42 kr. Fr. 1. 50 C.

Iffinger, P. Conrad. Geistlicher Wegweiser für Eheleute. Ein Lehr- und Gebetbuch für christliche Hausväter und Hausmütter. Approbation. 4 Stahlstiche. 2te Auflage. Gr. 18. 1869. (448 Seiten.)
18 Sgr. fl. 1. Fr. 2.10 C.

— Die Nachfolge Mariä oder die seligste Jungfrau und Gottesmutter Maria in Betrachtungen. Nebst Gebetbuch. Approbation. 5te Auflage. 4 Stahlst, 12. 1868. (480 S.) 15 Sgr. 48 kr Fr. 1. 70 C.

— Die Gnadenkapelle von Einsiedeln. Gebetbuch für jeden katholischen Christen, zunächst für die Wallfahrer nach Maria-Einsiedeln oder die daselbst wohnen. Approb. 3 Bilder Gr. 8. 1868. (440 S.)
9½ Sgr. 30 kr. Fr. 1. 5 C.

Gethsemane und Golgatha. Ein Betrachtungs- und Gebetbuch zur Verehrung des bittern Leidens und Sterbens Jesu Christi. Nach der gottseligen Anna Katharina Emmerich und den Schriften der vor-

züglichsten Verehrer der heil. Passion. 19te Auflage.
4 Bilder. 8. 1869. (542 Seiten.)
14 Sgr. 45 kr. Fr. 1. 60 C.
— **Ausgabe in kleinem Format.** 17te Auflage.
4 Bilder. 18. 1869. (502 Seiten.)
10 Sgr. 33 kr. Fr. 1. 15 C.

Herr, lehre uns beten! Katholisches Gebet= und Erbauungsbuch für Kirche und Haus. Approbation. 2te Aufl. 4 Bild. Gr. 18. 1869. (448 Seiten.)
9½ Sgr. 30 kr. Fr. 1. 5 C.

Jais, P. Aegidius. Guter Samen auf ein gutes Erdreich. Ein Lehr= und Gebetbuch für kath. Christen. Neu bearbeitet und vermehrt von P. Gregor Hürlemann. Approb. Mit 3 Bildern. 3te Aufl. Gr. 18. 1870. (384 Seiten.) 9½ Sgr. 30 kr. Fr. 1. 5 C.

Ich bin eine Dienerin des Herrn! Ein Unterrichts= und Gebetbuch für christl. Jungfrauen, besonders für Dienstboten. Aus dem Englischen übersetzt v. P. Jos. Maria Reifle, Kapitular des Stifts Einsiedeln. 5 feine Bilder. 12. 1866. (482 Seiten.)
15 Sgr. 48 kr. Fr. 1. 70 C.

Kern aller Gebete. Auswahl von Andachten. Mit 12 Altarsbesuchungen und Kreuzweg mit Holzschnitten. 48ste Auflage. 2 Bilder. 12. 1869. (252 Seiten.)
3½ Sgr. 12 kr. 40 C.

Willam, P. Friederich. Das Brod des Lebens. Vollständiges Communionbuch. Mit allgemeinen Andachtsübungen. Approb. 4te Auflage. 5 Bilder. 12. 1870. (448 Seiten.) 14 Sgr 45 kr. Fr. 1. 60 C.

— **Gelobt sei Jesus Christus!** Gebet= und Betrachtungsbuch in 18 Theilen. In feinem Druck. Approb. 4te Auflage. 5 Stahlstiche. 12. 1869. (448 Seit.)
15 Sgr. 48 kr. Fr. 1. 70 C.

Wille, P. Alexander. Vollständiges Gebet- und Erbauungsbuch. 17te Auflage. 3 Bilder. 8 1869. (468 Seiten.) 12 Sgr. 39 kr. Fr. 1. 40 C

Zimmermann, J. A. E. Pfr. Der fromme Landmann. Ein kathol. Lehr = und Gebetbuch für das fromme Landvolk. Approbation. Mit 3 Bildern. 18. 1868. (480 Seiten.) 9½ Sgr. 30 kr. Fr. 1. 5 C.

Deacidified using the Bookkeeper process.
Neutralizing agent: Magnesium Oxide
Treatment Date: Jan. 2006

PreservationTechnologies
A WORLD LEADER IN PAPER PRESERVATION

111 Thomson Park Drive
Cranberry Township, PA 16066
(724) 779-2111